P andas

판다스로 쉽게 배우는
데이터분석과 시각화

조승근 지음

최신 라이브러리 활용하여 저술
pandas
matplotlib
seaborn

* 모든 예제와 문제에 대한 주피터 노트북 제공

光文閣
www.kwangmoonkag.co.kr

머리말

이 책은 크게 데이터 분석과 데이터 시각화라는 두 개의 주제를 다루고 있다.

시중에 나와 있는 다수의 데이터 분석 관련 도서에서 다루지 않은 수학적 배경지식, 기초적인 원리 등을 다루었으며, 이를 통해 원하는 데이터만 추출하고, 정렬하며, 이상치를 찾거나 결측치를 채우는 보다 효과적인 방법에 대해 학습할 수 있게 될 것이다.

또한, 이 책의 큰 장점 중 하나는 현업에서 많이 사용하고 여러 자격 검증에서도 자주 다루는 정형화된 포맷의 그래프 및 차트들을 기초부터 고급 활용 부분까지 세세하게 다루었다는 것이다. pandas를 이용하여 아주 간단히 그래프를 표현하는 방법부터, matplotlib 또는 seaborn 라이브러리를 이용하여 그래프를 표현하는 부분까지 폭넓게 다루고 있다.

만약 데이터 분석가가 장래의 목표이거나, 데이터 분석 전문가 등의 자격증을 준비한다면 이 책으로 시작하는 것도 훌륭한 선택이라 생각한다.

이 책은 파이썬 문법(변수, 함수, 반복문, 조건문, 컬렉션 자료형)을 이미 학습한 사람을 대상으로 쓰여졌지만, 문법을 모르는 사람들도 필요한 문법을 학습하며 본다면 그리 어렵지 않게 따라올 수 있을 것이다.

이 책에서 지면의 부족으로 미처 다루지 못한 예측적 데이터 분석(머신러닝, 딥러닝)은 현재 집필 중이므로 머지 않아 출판될 수 있을 것이다.

끝으로 부족하지만 책이 출판되도록 도움을 주신 광문각출판사 관계자분들과 이 책이 출판되길 기다려 줬던 많은 학생에게 감사의 말을 전한다.

2024년 2월 저자 조승근

🔍 목차 CONTENTS

■ **머리말**

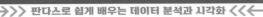

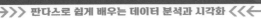

1

파이썬(Python)으로
시작하는 데이터 분석

1.1   파이썬으로 데이터 분석을 해야 하는 이유

파이썬이 대세다!

파이썬은 여러 프로그램 언어 중에서 요즘 가장 **HOT**한 언어이다. 프로그래밍 개발자들이 사용하는 언어에 대해 순위를 부여하는 TIOBE에서 조사한 자료에 따르면, 파이썬은 최근 몇 년 전부터 계속하여 1위를 차지하고 있다.

대세 언어이므로 개발자와 사용자가 많고, 많은 응용 프로그램이 파이썬으로 개발되고 만들어지고 있음을 의미한다.

Dec 2023	Dec 2022	Change	Programming Language		Ratings	Change
1	1			Python	13.86%	-2.80%
2	2			C	11.44%	-5.12%
3	3			C++	10.01%	-1.92%
4	4			Java	7.99%	-3.83%
5	5			C#	7.30%	+2.38%

[그림 1-1] TIOBE 프로그래밍 언어 Index (23년 12월)

라이브러리가 정말 다양하고 훌륭하다.

여러 장점 때문이겠지만, 저자가 생각하는 가장 큰 이유는 라이브러리의 다양성 때문이라고 생각한다. 다른 프로그래밍 언어에 비해 매우 다양한 라이브러리가 기본적으로 포함되어 있고, pandas와 Numpy 이외에도 너무나 아름답고 훌륭한 라이브러리들이 개발되어 있다.

물론 앞으로 더욱 다양하게 인공지능을 비롯한 많은 라이브러리들이 추가될 것이고, 기존 라이브러리 역시 Update가 계속 지속될 것이라 확신한다. 아마도 파이썬처럼 사용자 친화적인 High Level Language는 한동안 개발되기 어려울 것이라 판단된다.

그렇다면 라이브러리가 많아서 좋은 점은 뭘까?

만약 C언어로 구현하면 100줄이 넘을 코드들도 라이브러리가 있으면 단 몇 줄로 동일한 실행 결과를 가질 수 있다. 프로그래밍 구현 목적에 맞는 라이브러리가 이미 개발되어 있다면 가져와서 적용하면 된다. 라이브러리가 개발되어 있다면 사용법을 익혀서 수준 높은 퍼포먼스를 낼 수 있다.

무료이며 가독성도 월등하다.

파이썬은 현재 존재하는 모든 언어 중에서 월등히 가독성도 뛰어나며(들여쓰기를 통한 블록 구분 등), 무료인 이유로 전 세계 많은 개발자에게 사랑을 받고 있다.

참고로, 파이썬은 1990년 초에 귀도 반 로썸이 크리스마스 시즌에 심심풀이로 개발했다고 알려졌으며, 형식은 인터프리터(대화형 명령 해석기)이다. 귀도는 구글에서도 엄청난 활약을 한 사람이고, 이 파이썬이라는 네이밍은 그가 좋아하는 코미디 프로그램의 이름에서 따왔다고 한다. 또한, 파이썬 로고가 뱀 모양으로 그려져 있는데, 파이썬은 뱀의 한 종류이기도 하다. 스티브 잡스가 애플을 사랑하는 사람들에게 '신'적인 존재라고 하면, 프로그래머들에게는 귀도가 바로 그런 존재이다.

1.2 파이썬 개발 도구(주피터노트북) 설치

아나콘다 설치

아나콘다(Anaconda)는 데이터 분석, 수학, 과학 그리고 머신러닝 프로그래밍을 개발할 수 있도록 파이썬 및 R(전용 데이터 분석 프로그래밍 언어) 등의 언어를 지원하며 다양한 라이브러리, 개발 도구, 데이터 분석 도구 등이 미리 설치되어 있는 패키지이다. TensorFlow, PyTorch까지 라이브러리가 기본으로 설치되어 있어서 인공지능, 머신러닝 개발을 위해서도 많이 사용된다. 윈도우와 맥, 리눅스별로 설치 파일이 제공되어 간단히 설치되며, 가상 환경을 지원하므로 여러 프로젝트를 작업하는 환경에도 적합하다.

아나콘다 공식 홈페이지(https://www.anaconda.com/products/distribution)에 접속하여 자신에게 맞는 운영 체제를 선택하여 다운로드하자. 본 책에서는 window용 설치 방법을 기준으로 설명한다.

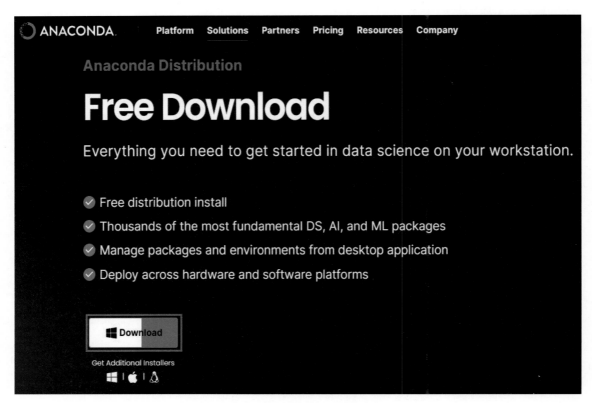

[그림 1-2] 아나콘다 다운로드

다운로드한 디렉토리에서 아나콘다 설치 파일(Anaconda3-2023.09-0-Windows~.exe)을 실행 후 아래의 그림 순서대로 진행하면 된다. 제일 마지막 단계인 Advanced Options에서는 모든 옵션을 선택한 후 Install을 진행하길 바란다.

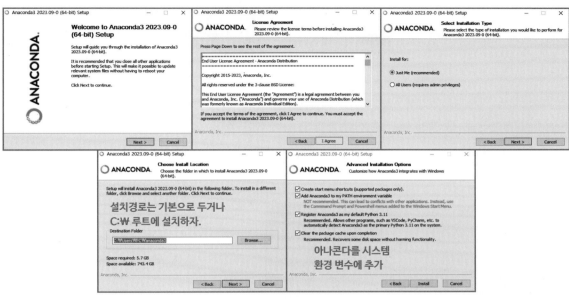

[그림 1-3] 아나콘다 설치 순서

설치가 정상적으로 진행되었다면, 윈도우 시작 메뉴에서 Anaconda3 폴더를 찾은 후 폴더 안에 있는 Jupyter Notebook(anaconda3)에 마우스 우클릭하여 아래 [그림 1-4]처럼 '작업 표시줄에 고정'을 선택하자.

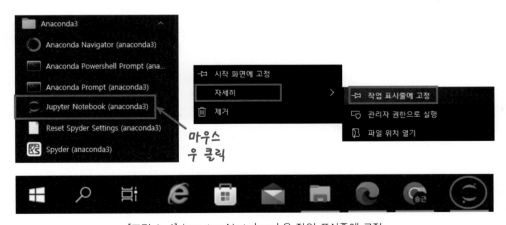

[그림 1-4] Jupyter Notebook을 작업 표시줄에 고정

이제 작업 표시줄의 주피터 노트북 아이콘을 클릭하여 언제든 간편하게 실행할 수 있다.

1.3 주피터 노트북 실행 및 사용 방법

주피터 노트북(Jupyter Notebook)은 웹 브라우저에서 코드를 작성하고 실행할 수 있는 툴이다. JupyterLab이라는 웹 기반 대화형 개발 환경도 함께 제공하며, 코드만 가능한 것이 아니라 텍스트(Markdown)나 그래프, 그림 등을 포함한 콘텐츠를 하나의 문서로 통합하여 관리할 수 있다.

[그림 1-5] 주피터 노트북 실행 화면(좌: 명령 프롬프트, 우: 웹브라우저)

주피터 노트북 아이콘을 클릭하면, 프롬프트 창과 웹 브라우저가 자동으로 열리게 되는데, 둘 중 하나라도 닫으면 주피터 노트북을 실행할 수 없다. [그림 1-5]처럼 'New'를 클릭한 후 'Python 3(ipykernel)'을 선택하면 아래와 같이 빈 파일이 하나 생성된다.

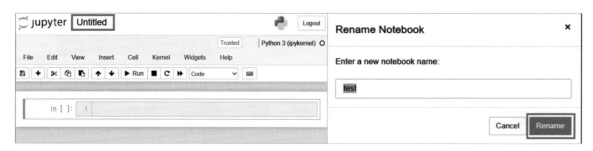

[그림 1-6] 주피터 노트북 빈 파일 생성

위 [그림 1-6]의 'Untitled'는 제목으로, 클릭하여 새로운 제목으로 변경할 수 있다. ((ex) 'test') 확장자는 ipynb로 주피터 노트북이나 구글 코랩에서 저장된 ipynb 파일을 실행할 수 있다.

[그림 1-6] 왼쪽 그림에 코드를 작성할 수 있는 부분(숫자 1)은 주피터 노트북에서 가장 중요 한 개념인 셀(cell)로서, 코드를 작성하거나 문서 편집을 하거나 그래프를 담고 있는 가장 작은 하나의 단위이다. 셀을 실행하면 결과를 셀 바로 아래에서 볼 수 있게 만들어 준다.

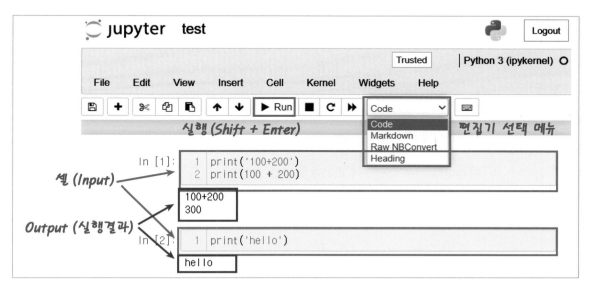

[그림 1-7] 주피터 노트북의 구성 (셀과 실행 결과)

셀의 실행

편집 선택 메뉴가 'Code'로 되어 있을 경우, '▶Run' 버튼을 클릭하면 In 영역(셀)에 입력한 코드들의 실행 결과가 바로 아래 공간에 출력된다.

코드 실행을 위한 단축키는 Ctrl+Enter, Shift+Enter, Alt+Enter가 다 다르게 동작된다. Shift + Enter 또는 Alt + Enter는 코드가 작성된 셀을 실행한 후 아래 빈 셀을 추가한다. 만약 셀 아래에 이미 셀이 있다면, Alt + Enter는 아래 셀과 현재 실행한 셀 사이에 빈 셀을 추가하게 되고, Shift + Enter는 아래에 만약 셀이 있다면 아래 셀로 이동한다. 단순히 현재 셀의 실행을 위해서는 Ctrl + Enter 단축키를 이용할 수 있다

에디터 모드(녹색)와 컨트롤 모드(파랑)

주피터 노트북은 에디터 모드와 컨트롤 모드가 존재한다. 셀 내부의 코드나 주석을 작성하고 수정하기 위해서는 에디터 모드가 활성화되어야 하며, 셀 간 이동 또는 셀 추가, 삭제를 위해서는 컨

트롤 모드가 활성화되어야 한다.

현재의 모드는 셀의 테두리와 왼쪽 바 색상을 통해 확인 가능한데, 에디터 모드는 녹색이며, 컨트롤 모드는 파란색이다.

에디터 모드에서 컨트롤 모드의 전환은 'ESC'를 눌러서 모드 전환이 가능하며, 반대로 컨트롤 모드에서 에디터 모드의 전환은 선택된 셀에서 엔터(Enter)를 클릭하면 모드 전환된다.

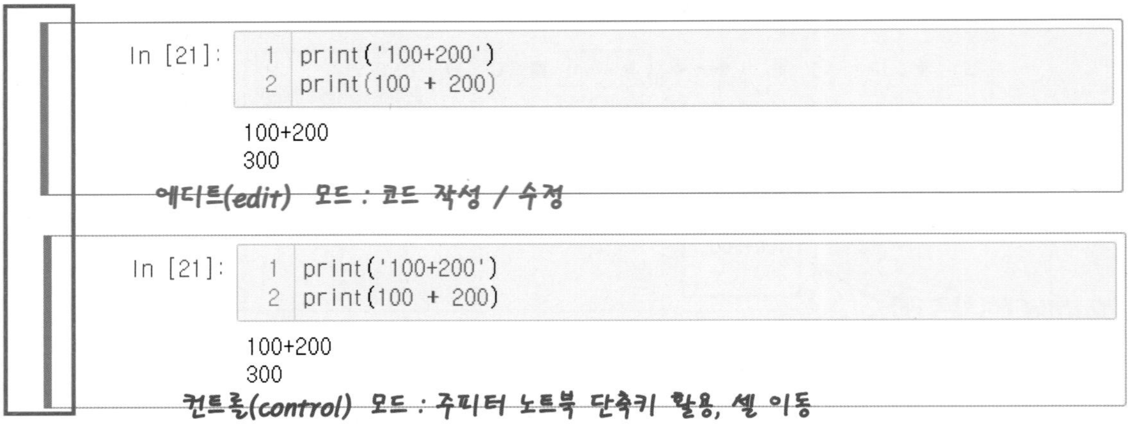

```
In [21]:    1  print('100+200')
            2  print(100 + 200)

100+200
300
```
에디트(edit) 모드 : 코드 작성 / 수정

```
In [21]:    1  print('100+200')
            2  print(100 + 200)

100+200
300
```
컨트롤(control) 모드 : 주피터 노트북 단축키 활용, 셀 이동

[그림 1-8] 에디터 모드와 컨트롤 모드 비교

셀의 실행 순서

위의 In [21]이라는 숫자는 현재 주피터 노트에서 21번째로 실행되었다는 것을 의미한다. 순서를 가진다는 것은 어떤 의미일까?

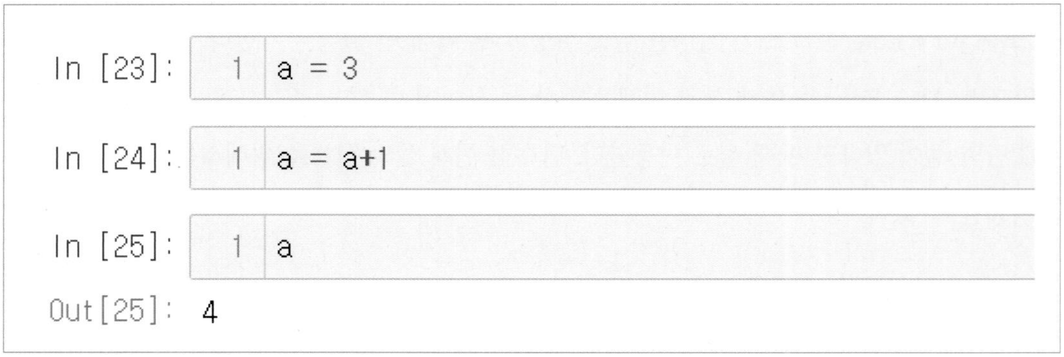

```
In [23]:    1  a = 3

In [24]:    1  a = a+1

In [25]:    1  a
Out[25]:    4
```

[그림 1-9] 셀의 실행 순서 1

위 [그림 1-9]의 셀을 순서대로 실행시키면, 최종적으로 a=4이다. 25번 셀을 실행시킨 후 다시 아래 [그림 1-10]처럼 23번 셀을 실행시키고, 맨 아래의 25번 셀을 실행시키면 각각 26번, 27번 셀로 순서가 변경된다. 그리고 a는 a+1이 적용되지 않은 a=3이 된다.

```
In [26]:    1   a = 3

In [24]:    1   a = a+1

In [27]:    1   a
Out[27]:   3
```

[그림 1-10] 셀의 실행 순서 2

참고로 In [27] 셀을 print(a)로 변경해도 3이 출력된다. 변수가 가진 데이터나 연산의 결과 또는 명제(참과 거짓)의 결과를 출력하는 경우에는 굳이 print() 함수를 사용하지 않아도 결과가 출력이 된다. 다시 한번 말하지만, 맨 마지막 한 문장에 대해서만 그렇다. 셀의 중앙에 위치한 변수나 결과, 계산식은 반드시 print() 또는 display()로 출력시켜야 한다.

셀의 추가 및 삭제

현재 선택된 셀 위쪽에 빈 셀을 추가하기 위해서는 메뉴 중 'Insert'를 클릭하고, 'Insert Cell Above'를 선택하거나 **커맨드 모드로 변경 후 'A'** 키를 클릭하면 현재 셀 위에 새로운 셀이 추가된다.

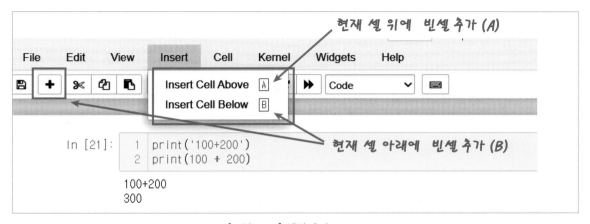

[그림 1-11] 셀의 추가 (위/아래)

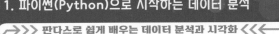

반대로 현재 셀 아래에 새로운 셀 추가는 'Insert Cell Below'를 선택하거나 'B' 키를 클릭하면 된다. 삭제를 하고 싶은 셀이 있다면, 연속하여 'D' 키를 두 번 클릭하거나, 'X' 키를 클릭하면 셀 단위로 삭제된다. 다만 삭제한 셀은 Ctrl + Z가 아니라 'Z'를 클릭하여 복원할 수 있다.

MarkDown

앞서 설명한 바와 같이 주피터 노트북의 장점은 코드와 메모, 그림, 링크, 그래프 등이 하나의 파일로 관리할 수 있다는 것이다. 웹 브라우저에서 HTML로 작성하는 방법과 유사하게 텍스트를 편집할 수 있는 기능이 Markdown이다.

```
In [ ]:  1  #Code 모드

         1  Markdown 모드
```

[그림 1-12] Code 모드와 Markdown 모드 비교

Markdown 기능을 사용하기 위해서는 탑다운 메뉴를 기본 Code에서 Markdown으로 변경하면 되는데, 컨트롤 모드에서 'M' 키를 클릭해도 가능하다.

Markdown으로 설정된 셀에서 #(최소 1개 ~ 최대 6개) 다음에 한 칸 띄워 제목을 작성하면 #의 개수만큼 글자의 크기와 기울임 등이 다르게 적용된다.

Markdown에서 가장 적응하기 어려운 부분이 바로 줄바꿈 부분이다. 줄 변경이 필요한 부분에서는 ENTER가 아니라, space(공백)를 2번 연속으로 넣어 주면 된다.

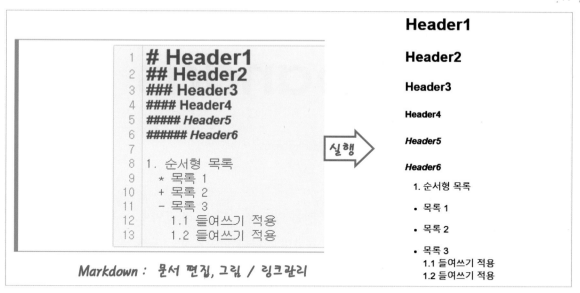

[그림 1-13] Markdown 문단 제목과 글머리 기호

Markdown은 HTML 문법을 이용하여 위의 Header를 다르게 적용하거나, 글자 크기, 웨이트 (Bold), 기울임(Italic), 폰트 변경, 줄 간격 등을 설정할 수 있다.

HTML은 <태그명>으로 열고 </태그명>으로 닫아야 한다는 것에 주의하자.

[그림 1-14] Markdown에 HTML을 적용하여 스타일 변경

웹 이미지 표현

[그림 1-15] Markdown에 이미지 삽입

단축키

지금까지 살펴봤던 주피터 노트북의 단축키는 아래와 같다. 그리고 아주 유용한 **Tip**이 있는데, 앞으로 주피터에서 Numpy와 pandas를 사용하면서 만나게 되는 함수(메서드)들에는 여러 옵션(파라미터)이 있다.

함수의 옵션과 사용법에 대해 궁금하다면 shift + tab 키를 눌러서 함수의 Docstring(도움말)을 볼수 있는데 shift를 고정한 채 tab을 한 번에서 최대 4번 누르기까지 Docstring의 크기와 표시 시간을 조정할 수 있다.

단축키	단축키 설명
A	선택한 셀 위쪽에 셀 삽입
B	선택한 셀 아래쪽에 셀 삽입
C	선택할 셀 복사
V	선택한 셀 아래 붙여넣기
DD	선택할 셀 삭제
X	선택할 셀 삭제
Z	셀 지우기 취소
M	Markdown 기능
Y	Code 기능

2

넘파이(Numpy)

데이터 과학(Data Science)이란 데이터를 과학적으로 연구하여 의사 결정에 도움이 되는 인사이트(insight)를 얻는 학문을 말한다.

보통 데이터를 다루는 사람들을 데이터 엔지니어, 데이터 사이언티스트, 데이터 분석가 등으로 구분하기도 하는데, 최종 단계의 결과물은 다소 차이가 있더라도 데이터를 의미 있는 데이터로 변경하기 위해 비어 있거나 잘못된 데이터를 가공하고, 수치적인 통계적 데이터를 확인(DDA)하고, 탐색적 데이터 분석(EDA)을 통해 시각화(Visualization)하는 공통적인 과정들을 거치게 된다.

데이터를 다루기 위해서는 일반적으로 수치 계산을 위한 넘파이(Numpy) 패키지와 데이터 분석을 위한 판다스(pandas) 패키지, 그리고 데이터 시각화를 위한 Matplotlib 라이브러리를 자유자재로 사용할 수 있어야 한다.

이번 장에서는 넘파이의 기본적인 개념과 필수적인 메서드(함수) 등에 대해 살펴보기로 한다.

2.1 Numpy 기초

Numpy(넘파이)는 Numerical Python을 말하는데, 여기서 Numerical이란 수치라는 뜻을 가지고 있다. C/C++ 기반으로 만들어진 Numpy는 벡터나 행렬 등의 복잡한 계산을 매우 간단하고 빠르게 연산할 수 있도록 도움을 준다.

선형대수, 퓨리에 변환 등에도 자주 사용되며, 데이터 분석을 위해 사용되는 pandas 역시 Numpy를 기본으로 만들어졌다. Numpy는 주피터를 이용하는 경우는 바로 import Numpy를 통해 사용 가능하다.

참고로, 파이썬 IDLE를 사용하는 경우에는 명령 프롬프트(CMD)에서 pip install Numpy를 통해 패키지 설치가 필요하다.

2.1.1 Numpy와 List의 비교

Numpy는 리스트와 유사한 형태이지만 아주 다른 성질을 가지고 있다.

주피터에서 아래를 실행해 보자.

```
lst1 = [1,2,3,4,5]
lst = lst1 * 2
lst
```

결과는 아래와 같다.

결과	[1, 2, 3, 4, 5, 1, 2, 3, 4, 5]

문자열을 숫자로 곱하면 곱해진 숫자만큼 반복되듯이 리스트 역시 동일한 성질을 가지고 있다. 그럼, [1,2,3,4,5]*2가 두 번 반복이 아닌 각 원소에 2가 곱해져 [2,4,6,8,10]이 되도록 할 수는 없을까? 이것을 가능하게 해 주는 것이 바로 이번 단원에서 학습할 Numpy(넘파이)이다.

Numpy를 사용하기 위해서는 Numpy를 import 해야 하며, 보통 별칭(alias)으로 np를 사용한다. 그러면 위의 lst1 리스트를 **Numpy 배열**(array)로 변경해 보자. Numpy 배열로 만들기 위해서는 **array 메서드**(함수)에 인자로 lst1 리스트를 사용하면 된다.

```
numpy.array(data)    # data = list, tuple, dict 자료형 가능
```

```
import numpy as np
np1 = np.array(lst1)
np1
```

결과	array([1, 2, 3, 4, 5])

[1,2,3,4,5]의 리스트가 Numpy 배열 [1,2,3,4,5]로 변경되었다.

그럼, Numpy 배열인 np1에 2를 곱해 보자.

```
np1 * 2
```

| 결과 | array([2, 4, 6, 8, 10]) |

리스트의 연산 결과와는 다르게 각 원소에 2가 곱해져서 출력된 것이 확인된다. 이처럼 Numpy 는 리스트와는 다르게 쉽게 연산을 할 수 있다.

그럼, 리스트를 이용하여 위와 같이 2를 각 원소에 곱해 보자. 아마 얼마나 Numpy 배열에서의 연산이 쉬운지 느낄 수 있을 것이다.

```
lst_n = []    #빈 리스트 생성
for i in lst1:
    lst_n.append(i*2)
lst_n
```

| 결과 | [2, 4, 6, 8, 10] |

이제는 덧셈 연산을 살펴보기로 하자.

리스트끼리의 덧셈은 '+' 연산자 왼쪽의 리스트에 '+' 연산자 오른쪽의 리스트가 더해져 하나의 결합된 형태가 된다. ([그림 2-1] 참조)

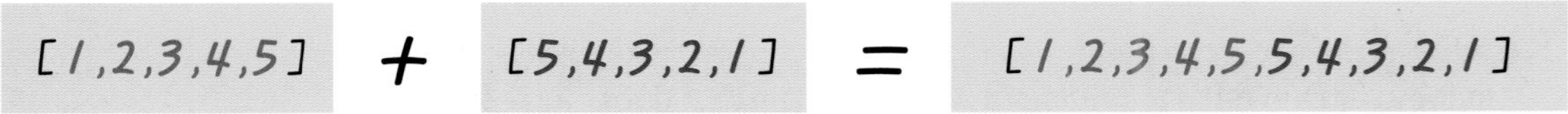

$$[1,2,3,4,5] \quad + \quad [5,4,3,2,1] \quad = \quad [1,2,3,4,5,5,4,3,2,1]$$

[그림 2-1] 리스트의 덧셈

```
lst2  = [5,4,3,2,1]
sum_lst = lst1 + lst2
sum_lst
```

| 결과 | [1, 2, 3, 4, 5, 5, 4, 3, 2, 1]   #sum_lst |

하지만 Numpy 배열의 덧셈은 동일 인덱스 간의 덧셈이 가능하다.(그림 2-2 참조)

$$[1,2,3,4,5]$$
$$+$$
$$[5,4,3,2,1]$$
$$=$$
$$[6,6,6,6,6]$$

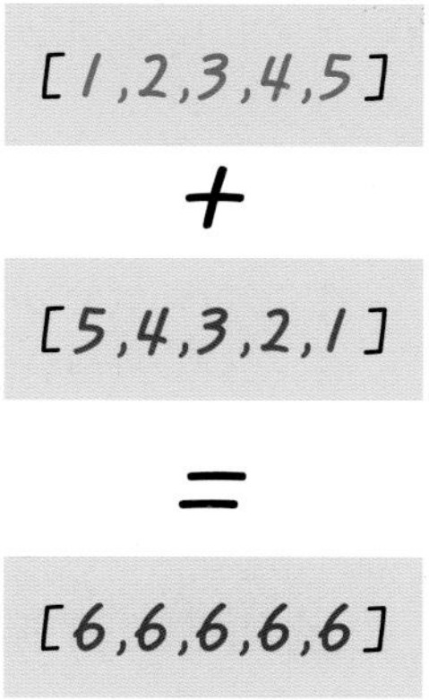

[그림 2-2] Numpy 덧셈

리스트의 연산은 우리가 위에서 다루었던 덧셈 연산과 곱셈(자연수) 연산만을 지원하며, 그 외의 나눗셈, 뺄셈 연산은 지원하지 않는다. 하지만 Numpy의 경우는 사칙연산(+, -, *, /) 모두 가능하다.

```
np2 = np.array(lst2)
sum_np = np1 + np2
sum_np
```

결과	[6 6 6 6 6]

리스트와 Numpy의 또 다른 차이도 있다. 리스트는 데이터의 연산이 목적인 자료형이 아니므로 한 변수에 문자(열), 정수, 실수 등이 동시에 저장 가능하다.

```
    lst3 = ['a','b','c','d','e']
    lst4 = [1,'a',2,'b',3,'c']
1   print(lst3)
2   print(lst4)
```

결과	1	['a', 'b', 'c', 'd', 'e']
	2	[1, 'a', 2, 'b', 3, 'c']

하지만 Numpy의 경우는 Numpy의 이름에서부터 알 수 있듯이 산술 연산이 주된 목적이므로, 빠른 연산을 위해 Numpy 배열에는 통일된 하나의 자료형들의 데이터가 담겨 있어야 한다.

만약 하나의 Numpy 배열에 서로 다른 자료형들(lst4와 같이)이 존재한다면 강제로 하나의 자료형으로 통일된다. 예를 들어, int와 string 자료형이 같이 있다면 int형 원소들이 string으로 변경된다.

참고로 Numpy 배열에는 float, int, string, object와 같은 자료형을 가질 수 있다.

```
      np3 = np.array(lst3)
      np4 = np.array(lst4)
1     print(np3)
2     print(np4)
```

결과	1	['a' 'b' 'c' 'd' 'e'] #np3
	2	['1' 'a' '2' 'b' '3' 'c'] #np4

문제 1 어떤 회사에서 각 제품들을 1000원, 2000원, 2500원, 3000원에 팔고 있다. 각 제품의 가격을 10%씩 상승시키기로 결정했을 때 제품의 가격은 어떻게 되는가?

문제 1.

```
import numpy as np
item_price = [1000,2000,2500,3000]
np_price = _____        # Numpy 배열 생성
np_new_price = _____    # 10% 상승
print(np_new_price)
```

결과	[1100. 2200. 2750. 3300.]

문제 2 A반 학생들의 중간고사와 기말고사 시험 성적이 각각 [70, 90, 80, 100], [90, 60, 90, 100]으로 주어졌을 때 평균을 구하라.

문제 2.

```
import numpy as np
mid = np.array([70,90,80,100])
fin = np.array([90, 60, 90, 100])
avg = _____    # Numpy 배열의 평균
avg
```

결과	[80. 75. 85. 100.]

2.1.2 Numpy 속성

Numpy 배열을 **type**() 함수를 이용해서 확인해 보자.

```
n = np.array([1,2,3,4,5])
print(type(n))
```

결과	<class 'numpy.ndarray'>

Numpy 배열로 생성한 n이라는 변수는 numpy의 ndarray라는 type을 가진다. ndarray의 n은 정수를, d는 dimension(차원)을 의미다. 즉 'n차원 배열' 객체를 의미하므로, 2차원, 3차원 이상의 다차원 배열을 생성할 수 있다는 것을 유추할 수 있다.

Numpy의 몇 가지 속성(attribute) 변수를 통해 간단하게 Numpy 배열의 차원과 데이터 자료형, 원소의 수를 확인할 수 있다.

Numpy Attributes		[[1,2,3], [4,5,6]]
ndim	배열의 차원	2
shape	배열의 모양 (튜플)	(2, 3)
size	원소의 개수	6
itemsize	원소의 크기(byte)	4
dtype	데이터 유형	int32

[그림 2-3] Numpy 속성들

```
1   print(n.ndim)       #n 객체의 차원
2   print(n.shape)      #n 객체의 배열 모양 (행, 열)
3   print(n.size)       #n 객체의 원소 개수
4   print(n.itemsize)   #n 객체 원소들의 메모리 크기
5   print(n.dtype)      #n 객체 원소들의 자료형
```

결과	1	1 # 1차원
	2	(5,) #1행, 5개
	3	5 #5개
	4	4 #byte
	5	int32

ndim이라는 속성은 해당 Numpy 배열의 차원을 알려주고, shape은 행과 열을 이루는 원소들의 개수에 대한 정보를 튜플로 알려준다. 위의 (5,)는 1행으로 이루어져 있고 원소의 개수는 5개라는 것을 의미한다. size 속성은 총 몇 개의 원소가 있는지를 알려준다.

그리고 itemsize는 각 원소들의 메모리 크기를 byte로 알려주며, dtype은 원소들의 자료형을 알려준다. 자료형은 크게 bool, int, float, complex의 4가지 형이 있으며, 특히 int와 float의 경우 int8, int16, int32, int64, float16, float32, float64로 나뉘어져 있다. int와 float 뒤에 있는 숫자는 데이터의 크기를 말하는데, int의 경우 $2^{(숫자)}$로 생각하면 된다. 예를 들어, int16은 2의 16 거듭제곱을 말하며, -32,768부터 32,767 사이의 데이터를 저장할 수 있다. 데이터의 크기에 맞는 자료형을 이용하면 메모리 공간의 낭비를 줄일 수 있고 연산과 처리 속도를 높일 수 있다.

리스트 안에 리스트를 만들어 2차원 리스트를 만들 수 있는 것처럼 동일한 형태로 2차원 Numpy 배열을 만들 수 있다.

```
   np_t1 = np.array([[1,2,3],[4,5,6]])   #2차원 Numpy 배열
1  print(np_t1)
2  print(np_t1.ndim)          #np_t1 객체의 차원
3  print(np_t1.shape)         #np_t1 객체의 배열 모양
4  print(np_t1.size)          #np_t1 객체의 크기
5  print(np_t1.itemsize)      #np_t1 객체 원소들의 메모리 크기
6  print(np_t1.dtype)         #np_t1 객체 원소들의 자료형
```

결과	1	[[1 2 3]
		[4 5 6]]
	2	2 #2차원

3	(2, 3)	#2행 3열
4	6	#6개 (2 * 3)
5	4	#4byte
6	int32	#32bit

위의 경우, np_t1의 각 원소들은 4byte, 32bit의 메모리에 할당되어 있다. 연산의 속도와 메모리 크기를 고려해서 1byte, int8로 데이터 타입을 변경하는 것이 유리하다. **자료형을 변경하는 방법**은 2가지가 존재한다. Numpy 배열 생성과 동시에 자료형을 지정하거나 **astype()** 함수를 이용하면 된다.

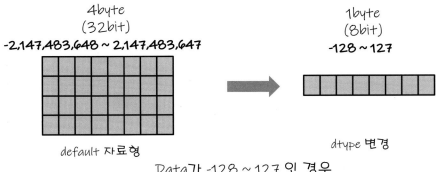

[그림 2-4] astype() 메서드를 이용하여 자료형 변경

| 1 | `np_t1 = np.array([[1,2,3],[4,5,6]], dtype = 'int8')`
`print(np_t1.itemsize)` |
| 2 | `print(np_t1.dtype)` |

| 1 | `np_t1 = np.array([[1,2,3],[4,5,6]])`
`np_t1 = np_t1.astype('int8')`
`print(np_t1.itemsize)` |
| 2 | `print(np_t1.dtype)` |

| 결과 | 1 | 1 | #1byte = 8bit |
| | 2 | int8 | #8bit |

2.1.3 Numpy.arange() 함수

연속되거나 일정한 패턴으로 증감하는 원소를 가진 Numpy 배열을 생성하는 경우에는 **arange**() 메서드를 이용할 수 있다. **arange**() 메서드는 for 반복문에서의 range() 함수와 생김새가 비슷하다고 느낄 것이다. 그렇다. 생김새뿐만 아니라 사용법까지 매우 유사하다.

```
numpy.arange(start, end-1, step)
```

1에서 10 미만의 홀수들로 이루어진 Numpy 배열을 생성해 보자.

```
np_range = np.arange(1,10,2)    # 10은 포함되지 않는다.
print(np_range)
```

결과	[1 3 5 7 9]

다만, 차이점으로는 **range**() 함수를 통해 반환되는 iterator는 정수만 가질 수 있지만 **arange**() 는 실수도 만들 수 있다.

```
list(range(0.1, 10.0, 0.1))
```

```
---------------------------------------------------------------------------
TypeError                                 Traceback (most recent call last)
~\AppData\Local\Temp/ipykernel_26504/580491308.py in <module>
----> 1list(range(0.1,10.0,0.1))

TypeError: 'float' object cannot be interpreted as an integer
```

```
np_array = np.arange(0.1, 1.0, 0.1)
print(np_array)
```

결과	[0.1 0.2 0.3 0.4 0.5 0.6 0.7 0.8 0.9]

arange() 메서드는 reshape() 메서드와 결합하여 흔히 사용된다. reshape() 메서드는 Numpy 배열의 모양, 즉 행과 열을 변경하도록 도와주는 기능을 한다.

> numpy.arange(start, end-1, step).reshape(row, column)

row 위치에 변경을 원하는 행의 수를 오류 없이 입력하면 column 위치에 –1을 사용해도 된다.

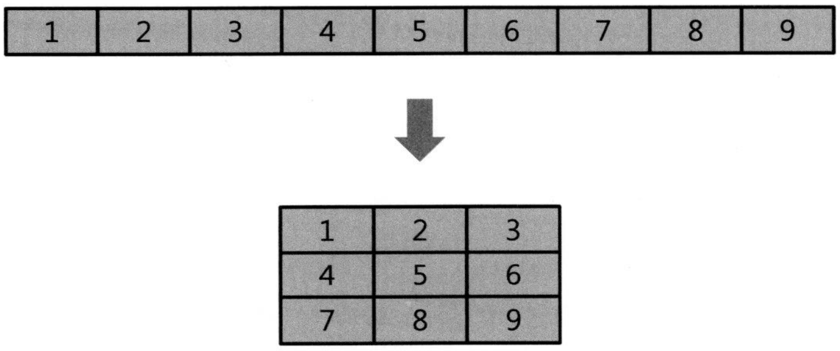

| 1 | 2 | 3 | 4 | 5 | 6 | 7 | 8 | 9 |

⬇

1	2	3
4	5	6
7	8	9

[그림 2-5] reshape 메서드를 이용하여 1행을 3행으로 변경

```
np_array1 = np.arange(1, 10).reshape(3, 3)    #3행 3열로 변경
np_array2 = np.arange(1, 10).reshape(3, -1)   #행은 3행으로, 열은 자동으로 변경
print(np_array1)
print(np_array2)
```

결과	[[1 2 3] [4 5 6] [7 8 9]] [[1 2 3] [4 5 6] [7 8 9]]

문제 3 5의 배수 10개로 구성된 Numpy 배열을 2 x 5(2행 5열) 형태로 생성하라.

문제 3.

```
np_array = _____
print(np_array)
print(_____, '행', _____, '열')
```

결과	[[5 10 15 20 25] [30 35 40 45 50]] 2 행 5 열

np_array.shape는 Numpy 배열의 행과 열의 정보를 튜플로 반환해 준다. 참고로 튜플은 리스트와 마찬가지로 인덱싱과 슬라이싱이 가능한 컬렉션 자료형이지만, 리스트와는 다르게 원소의 변경이 불가능하다.

2.1.4 Numpy 통계 관련 함수

Numpy에는 통계와 관련하여 여러 함수(메서드)들이 있다. 그중 자주 사용하는 함수들만 살펴보면 아래와 같다.

[표 2-1] Numpy 통계 관련 메서드

Function	Description
np.sum()	배열의 합을 구함
np.mean()	배열의 평균을 구함
np.max()	배열 원소들 중 최댓값 구함
np.min()	배열 원소들 중 최솟값 구함
np.median()	배열 원소들 중 중앙값 구함
np.std()	배열의 표준편차를 구함
np.var()	배열의 분산을 구함
np.argmin()	배열 원소들 중 최솟값의 index
np.argmax()	배열 원소들 중 최댓값의 index
np.percentile()	배열 원소들 중 백분위수를 구함

2022년 제주도의 10월 평균 온도는 다음과 같다.

list_oct = [20.1, 19.9, 19.7, 19.6, 19.5, 19.1, 18.8, 18.6, 18.4, 18.2, 18.2, 18.2, 18.2, 18.1, 17.9, 17.7, 17.3, 17.0, 16.8, 16.6, 16.3, 16.1, 15.9, 15.5, 15.3, 15.2, 15.3, 15.5, 15.8, 15.7, 15.6]

제주도의 온도 데이터를 이용해서 위의 함수들을 적용해 보자.

```
    list_oct = [20.1, 19.9, 19.7, 19.6, 19.5, 19.1, 18.8, 18.6, 18.4, 18.2, 18.2,
                18.2, 18.2, 18.1, 17.9, 17.7, 17.3, 17.0, 16.8, 16.6, 16.3, 16.1,
                15.9, 15.5, 15.3, 15.2, 15.3, 15.5, 15.8, 15.7, 15.6]
    np_oct = np.array(list_oct)      # Numpy 배열 생성
    np_oct.size                      # 원소들의 개수 확인
1   print("10월 온도 평균")
2   print(np_oct.mean())             # mean() 메서들을 활용하여 평균을 구함
3   print("10월 온도 중앙값")
4   print(np.median(np_oct))         # median의 경우는 Numpy 배열을 인자로 전달
5   print("10월 온도 중 가장 높았던 온도와 일자")
6   print(np_oct.max(), '10월',str(np_oct.argmax()+1) +'일')
    # argmax()로 구한 index + 1(인덱스는 0부터 시작하므로)
7   print("10월 온도 중 가장 낮았던 온도와 일자")
8   print(np_oct.min(), '10월',str(np_oct.argmin()+1) +'일')
    # argmin()로 구한 index + 1(인덱스는 0부터 시작하므로)
9   print("10월 온도의 분산")
10  print(np_oct.var())              # 분산 variance
11  print("10월 온도의 표준편차")
12  print(np_oct.std())              # 표준편차 Standard deviation
```

결과	1	10월 온도 평균
	2	17.422580645161293
	3	10월 온도 중앙값
	4	17.7
	5	10월 온도중 가장 높았던 온도와 일자
	6	20.1 10월 1일
	7	10월 온도 중 가장 낮았던 온도와 일자
	8	15.2 10월 26일

9	10월 온도의 분산
10	2.4075546305931317
11	10월 온도의 표준편차
12	1.5516296692810214

최댓값, 최솟값은 데이터들 중에서 가장 큰 값과 가장 작은 값을 의미한다.

그럼, 평균값과 중앙값은 어떤 차이가 있는가? 분산과 표준편차는 어떤 의미인가?

만약 대답이 쉽게 나오지 않는다면, 아래에서 다루는 기본적인 통계량에 대한 의미에 대해 반드시 살펴보고 넘어가자.

● 평균(average)과 중앙값(median)

데이터 집합의 특성과 분포를 요약하고 이해하기 위해 제일 먼저 확인해야 하는 통계지표가 있다. 바로 평균과 중앙값이며, 이들은 데이터의 대푯값이라고 할 수 있다.

평균은 이미 우리가 흔히 일상생활 속에서 사용하고 있다. 초등학교 학생들의 평균 키, 어떤 회사의 평균 연봉 및 평균 임금, 특정 지역의 평균 땅값과 아파트의 평균 분양가 등 가장 흔히 사용하는 통계적 수치이다.

평균이란 모든 데이터의 합을 데이터의 총 개수로 나눈 값을 의미한다.

$$\bar{x} = \frac{\sum(x_i)}{n}$$

```
list_oct = [20.1, 19.9, 19.7, 19.6, 19.5, 19.1, 18.8, 18.6, 18.4, 18.2, 18.2,
            18.2, 18.2, 18.1, 17.9, 17.7, 17.3, 17.0, 16.8, 16.6, 16.3, 16.1,
            15.9, 15.5, 15.3, 15.2, 15.3, 15.5, 15.8, 15.7, 15.6]
np_oct = np.array(list_oct)              # Numpy 배열 생성
print("10월 온도 평균")
print(sum(np_oct) / len(np_oct))         # np_oct.sum() / np_oct.size
print(np_oct.mean())
```

결과	1	10월 온도 평균
	2	17.42258064516129
	3	17.422580645161293

이제 **중앙값**에 대해 알아보자. 중간값이라고도 하며, 순서상 한가운데 위치한 데이터를 말한다. 여기서 '한가운데의 데이터'라는 의미는 **데이터 값을 오름차순으로 정렬한 후 정중앙에 있는 데이터**를 말한다.

그런데 만약 데이터의 개수가 홀수 개라고 하면, 정중앙에 위치한 데이터는 반드시 1개 존재하지만, 데이터 개수가 짝수 개라고 하면 정중앙이라는 표현이 맞지 않다. 이때는 중앙의 두 데이터의 평균을 내어서 중앙값을 구할 수 있다.

$$\tilde{x} = \frac{n+1}{2} \text{ 번째 데이터}$$
(중앙값, when 데이터가 홀수 개일 때)

$$\tilde{x} = \frac{(\frac{n}{2} \text{ 번째 데이터}) + (\frac{n}{2} + 1\text{번째 데이터})}{2}$$
(중앙값, when 데이터가 짝수 개일 때)

(여기서 n은 데이터의 개수)

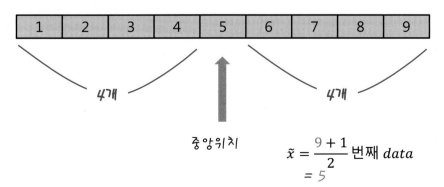

[그림 2-6] 홀수 개의 데이터를 가진 자료에서의 중앙값

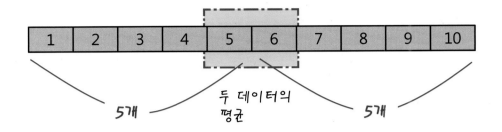

$$\tilde{x} = \frac{(\frac{10}{2}\text{번째 데이터}) + (\frac{10}{2} + 1\text{번째 데이터})}{2}$$

$$= \frac{5+6}{2} = 5.5$$

[그림 2-7] 짝수 개의 데이터를 가진 자료에서의 중앙값

	np_odd = np.arange(1,10) #홀수 개의 데이터 생성
	np_even = np.arange(1,11) #짝수 개의 데이터 생성
1	print("np_odd의 중앙값")
2	print(np_odd[(len(np_odd)+1)//2 - 1]) # //2는 정수로 반환
3	print(np.median(np_odd))
4	print("np_evend의 중앙값")
	n1 = len(np_even)//2 - 1 #index는 0에서 시작하므로 -1
	n2 = n1+1 #n1보다 +1 인덱스값
5	print((np_even[n1] + np_even[n2])/2)
6	print(np.median(np_even))
7	print(np_even[n1])

결과	1	np_odd의 중앙값
	2	5
	3	5.0
	4	np_evend의 중앙값
	5	5.5
	6	5.5
	7	5

위의 예는 1부터 9까지, 1부터 10까지 각각 순서대로 생성시킨 배열을 이용하여 중앙값을 구한 예로, 실제의 데이터들은 오름차순으로 정렬한 다음에 중앙값을 구해야 한다.

제주도 10월 온도를 이용해서 중앙값을 확인해 보자.

```
1   np_oct = np.array(list_oct)                      # Numpy 배열 생성
    np_oct_sort = np.sort(np_oct)                    #오름차순으로 정렬
    print(np_oct_sort)                               #[15.2 15.3  ~~~~19.7 19.9 20.1]
2   print(len(np_oct_sort))                          #짝수 개인지 홀수 개인지 확인
3   print(np_oct_sort[(len(np_oct_sort)+1)//2 - 1])  #홀수일 때의 중앙값 공식 적용
4   print(np.median(np_oct_sort))
```

결과		
	1	[15.2 15.3 15.3 15.5 15.5 15.6 15.7 15.8 15.9 16.1 16.3 16.6 16.8 17. 17.3 17.7 17.9 18.1 18.2 18.2 18.2 18.2 18.4 18.6 18.8 19.1 19.5 19.6 19.7 19.9 20.1]
	2	31 #데이터의 개수는 홀수
	3	17.7
	4	17.7

● **편차(Deviation)와 분산(Variance) 그리고 표준편차(Standard Deviation)**

분산을 설명하기에 앞서 **편차**에 대한 이해가 있어야 한다.

아래 산점도는 x축이 day, y축이 temperature에 대해 나타낸 것으로, 가로선이 평균온도이다.

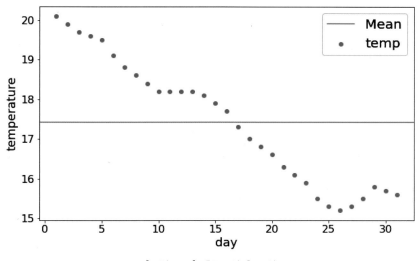

[그림 2-8] 제주도의 온도 산포도

편차란 관측값과 평균의 차이를 의미하며, 각각의 온도에서 평균온도를 빼면 편차가 구해진다.

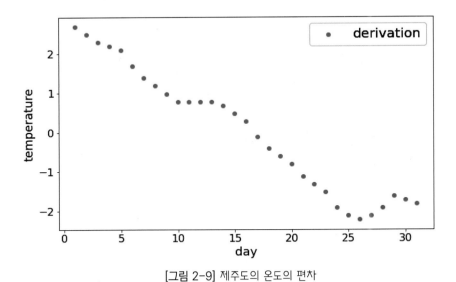

[그림 2-9] 제주도의 온도의 편차

이 편차들을 분석에 이용하기 위해서는 편차들의 경향을 대표할 수 있는 값으로 표현해야 하는데, 편차들의 합을 한번 나타내 보자.

```
list_oct = [20.1, 19.9, 19.7, 19.6, 19.5, 19.1, 18.8, 18.6, 18.4, 18.2, 18.2,
            18.2, 18.2, 18.1, 17.9, 17.7, 17.3, 17.0, 16.8, 16.6, 16.3, 16.1,
            15.9, 15.5, 15.3, 15.2, 15.3, 15.5, 15.8, 15.7, 15.6]
np_oct = np.array(list_oct)        # Numpy 배열 생성
np_der = np_oct - np_oct.mean()    # 편차
```
1 ```
  print('편차')
  ```
2 ```
  print(np_der)                    # 편차
  ```
3 ```
  print('편차의 합')
  ```
4 ```
  print(np_der.sum())              # 편차의 합
  ```

결과	1	편차

	2	[2.67741935 2.47741935 2.27741935 2.17741935 2.07741935 1.67741935
		  1.37741935 1.17741935 0.97741935 0.77741935 0.77741935 0.77741935
		  0.77741935 0.67741935 0.47741935 0.27741935 -0.12258065 -0.42258065
		 -0.62258065 -0.82258065 -1.12258065 -1.32258065 -1.52258065 -1.92258065
		 -2.12258065 -2.22258065 -2.12258065 -1.92258065 -1.62258065 1.72258065
		 -1.82258065]

3	편차의 합
4	-8.526512829121202e-14

편차의 합에서 e-14은 10^{-14} 거듭제곱을 의미하므로 상당히 작은 값이다. 즉 컴퓨팅의 오차를 감안하면 0이라고 해도 무방하다. 상식적으로 각 데이터들에 평균으로 뺀 값들을 다 더하면 0이 될 것이라고 이미 예상했을 수도 있다.

수학자들은 이 편차의 합을 의미 있는 값으로 변경하기 위해 편차의 제곱의 합이라는 것을 도입했고, 이는 곧 우리가 알아보고자 하는 분산이라는 것과 연결된다.

분산은 데이터들이 얼마나 흩어져 있는지를 표현하는 지표가 되는데, s^2 또는 σ^2로 표기한다. 표본분산의 경우, 즉 표본(sample)을 추출하여 분산을 구할 때는 s^2으로 표기하고, 모집단 전체를 대상으로 할 때는 σ^2으로 표기한다.

s^2과 σ^2의 계산식은 분모에서 차이가 있는데, 표본 평균이 모평균보다 항상 값이 작거나 같기 때문에 값을 크게 해주기 위함이며, 이는 자유도와도 연관이 있다.

$$s^2 = \frac{\sum (x_i - \bar{x})^2}{n - 1} \quad \text{(표본분산 식)}$$

$$\sigma^2 = \frac{\sum (x_i - \bar{x})^2}{n} \quad \text{(모분산 식)}$$

Numpy의 경우 var()를 통해 데이터의 분산을 구하면, default로 모분산이 구해지도록 되어 있다. 만약 표본의 분산을 구하고 싶다면, ddof(delta degrees of freedom)에 1을 지정하면 된다. (뒤에 나올 표준편차 역시 동일) 아래 코드를 통해 살펴보자.

```
1   print("10월 온도의 분산(모분산)")
2   print(np_oct.var())   # 분산 variance
    #모분산을 구하기 위한 계산식
3   print(sum((np_oct - np_oct.mean())**2) / len(np_oct))
4   print("10월 온도의 분산(표본분산)")
5   print(np_oct.var(ddof = 1))
```

```
       #표본 분산을 구하기 위한 계산식
6      print(sum((np_oct - np_oct.mean())**2) / (len(np_oct)-1))
```

결과	1	10월 온도의 분산(모분산)
	2	2.4075546305931317
	3	2.4075546305931317 #계산식에 의한 결과
	4	10월 온도의 분산(표본분산)
	5	2.487806451612903
	6	2.487806451612903 #계산식에 의한 결과

분산은 흩어진 정도를 나타내는 지표가 분명하지만 몇 가지 단점을 가진다. 그중 가장 큰 단점은 편차 제곱의 합을 이용하기 때문에 단위의 miss matching이 발생한다. 예를 들어 (관측치 키 – 평균 키)는 Cm로 표현되지만, (관측치 키 – 평균 키)^{2}의 경우는 단위가 Cm^{2}가 된다. 그뿐만 아니라 제곱의 합을 구하므로, 구해지는 값 역시 크다.

이런 문제들을 해결하기 위해 등장한 것이 표준편차이다.

표준편차는 분산에 제곱근(루트)를 씌워 구할 수 있다. 따라서 표준편차는 분산과는 다르게 데이터의 단위와 일치한다. 표준편차가 0에 가까울수록 데이터들이 평균을 중심으로 흩어져 있음을 알 수 있다.

분산이 모분산과 표본분산이 있듯이, 표준편차 역시 모분산을 이용한 모표준편차(일반적으로 표준편차라고 함)와 표본분산을 이용한 표본표준편차가 있다.

$$s = \sqrt{s^2} = \sqrt{\frac{\sum(x_i - \bar{x})^2}{n-1}} \qquad \text{(표본표준편차)}$$

$$\sigma = \sqrt{\sigma^2} = \sqrt{\frac{\sum(x_i - \bar{x})^2}{n}} \qquad \text{(모표준편차)}$$

```
1      print("10월 온도의 표준편차(모표준편차)")
2      print(np_oct.std())    # 표준편차 standard deviation
```

```
        #모표준편차를 구하기 위한 계산식
        std_mother = (sum((np_oct - np_oct.mean())**2) / len(np_oct))**(1/2)
3       print(std_mother)
4       print("10월 온도의 분산(표본표준편차)")
5       print(np_oct.std(ddof = 1))
        #표본표준편차를 구하기 위한 계산식
        std_sample = (sum((np_oct - np_oct.mean())**2) / (len(np_oct)-1))**(1/2)
6       print(std_sample)
```

결과	1	10월 온도의 표준편차(모표준편차)
	2	1.5516296692810214
	3	1.5516296692810214
	4	10월 온도의 분산(표본표준편차)
	5	1.5772781782592769
	6	1.5772781782592769

표준편차가 1.55도 정도라는 의미는 우리가 위에서 구했었던 평균온도인 17.42도에서 +/- 1.55 정도로 데이터가 산포되어 있다고 생각할 수 있다.

2.2 Numpy 인덱싱(indexing), 슬라이싱(slicing), 반복(iterating)

Numpy 배열과 파이썬 리스트 사이에는 비슷한 생김새 외에도 또 비슷한 것이 있다. 그것이 바로 이번 챕터에서 다룰 인덱싱, 슬라이싱, 이터레이팅에 관한 것이다.

2.2.1 Numpy 인덱싱과 슬라이싱

먼저 1차원 Numpy 배열의 인덱싱과 슬라이싱을 살펴보자. 리스트의 인덱스처럼 Numpy 배열에도 각 원소들마다 연속적인 번호를 가진다.

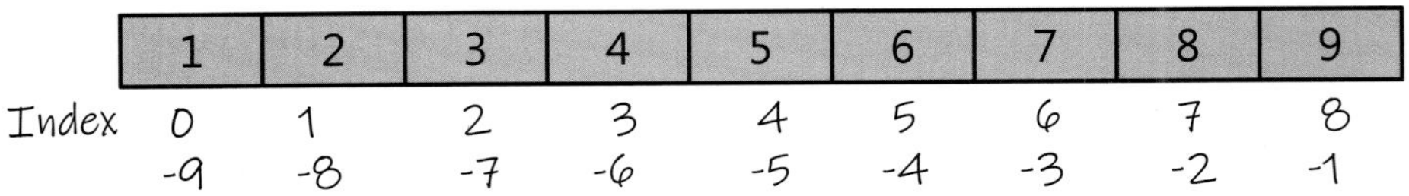

1	2	3	4	5	6	7	8	9

Index   0   1   2   3   4   5   6   7   8
           -9   -8   -7   -6   -5   -4   -3   -2   -1

[그림 2-10] Numpy 인덱스(index)

```python
np1 = np.arange(1, 10)  #[1, 2, 3, 4, 5, 6, 7, 8, 9]
print("np1[1] + np1[2] = {} + {} = {}".format(np1[1], np1[2], np1[1] + np1[2]))
```

결과	np1[1] + np1[2] = 2 + 3 = 5

여러 개의 인덱스를 한꺼번에 지정하여 인덱싱도 가능하다. 이때는 리스트 형태로 여러 인덱스를 지정하면 된다.

```python
1   print(np1[[1,3,5]])  #[1],[3],[5]에 해당하는 인덱스를 한 번에 인덱싱
    np_1 = [1,3,5]
2   print(np1[np_1])      # np_1 리스트를 사용하여 인덱싱
```

결과	1	[2 4 6]
	2	[2 4 6]

리스트처럼 Numpy 배열 역시 인덱스를 통해 값의 변경이 가능하다.

```python
np1[2] = 0              #np1의 [2]번 인덱스에 위치한 값 3을 0으로 변경
np1[[1,3,5]] = [1,1,1]  #np1의 [1,3,5]에 위치한 값들을 모두 1로 변경
print(np1)
```

결과	[1 1 0 1 5 1 7 8 9]

슬라이싱 역시 리스트와 같다. 아래와 같이 [4,5,6] 부분만 슬라이스해 보자.

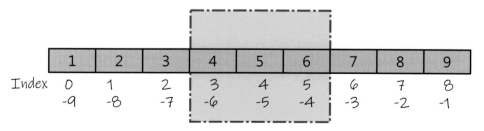

[그림 2-11] 슬라이싱

```
np1 = np.arange(1, 10)
np1[3:6]    # [3],[4],[5] 인덱스를 가져올 수 있다. [6]은 포함되지 않는다.
```

결과	array([4, 5, 6])

Numpy 배열을 이용한 인덱싱도 가능하다. 아래의 np2 배열은 [3,4,5]를 원소로 가진다. np1 배열에서 [3],[4],[5]번째 인덱스만 가져오기 위해 아래와 같이 표현할 수도 있다.

```
np2 = np.arange(3,6)  # np2 = array([3,4,5])
np1[np2]
```

결과	array([4, 5, 6])

2.2.2 논리적 인덱싱

어떤 사람이 한 주일 동안 수면 시간을 기록했고, 그 결과가 다음과 같다고 가정하자.

```
        DAY        1    2    3    4    5    6    7
  sleep_time = [6.6, 7.2, 6.0, 7.2, 5.5, 9.5, 9]
```

이 사람이 6.5시간보다 많이 잔 날은 과연 일주일 동안 며칠이나 될까? 이것은 for 반복문을 사용한다면 다음과 같이 프로그래밍할 수 있다.

```
sleep_time = [6.6, 7.2, 6.0, 7.2, 5.5, 9.5, 9]
count = 0
for i in sleep_time:
    if i > 6.5:
        count += 1
print(count)
```

결과	5

위의 예제는 다음과 같이 Numpy 배열에 직접 조건식과 비교하여 구할 수 있다.

```
np_time = np.array(sleep_time)
days = np_time > 6.5
print(days)
print(days.sum())   #True들만 더해진 결과를 얻을 수 있다.
```

결과	[True True False True False True True] 5

Day	1	2	3	4	5	6	7
Time	6.6	7.2	6.0	7.2	5.5	9.5	9

Time > 6.5

Result	True	True	False	True	False	True	True
Sum()	1	1	0	1	0	1	1

= 5

[그림 2-12] Numpy 조건식으로 비교

np_time > 6.5는 np_time 배열의 개별 원소들을 6.5와 비교하여 참이면 True로, 거짓이면 False로 반환되는 것을 알 수 있다.

True이면 1, False는 0과 같으므로 모두 더하여 전체 개수를 구할 수 있다.

이제 데이터를 늘려 보자.

이전에 살펴봤던 제주도의 10월 온도 데이터 중에서 평균온도보다 높은 날, 즉 **온도 데이터 > 평균온도**인 날들은 31일 중 과연 며칠이나 될까? 다소 복잡해 보이는 문제일 수 있지만 Numpy를 이용하면 아주 쉽게 해결된다.

```
list_oct = [20.1, 19.9, 19.7, 19.6, 19.5, 19.1, 18.8, 18.6, 18.4, 18.2, 18.2,
            18.2, 18.2, 18.1, 17.9, 17.7, 17.3, 17.0, 16.8, 16.6, 16.3, 16.1,
            15.9, 15.5, 15.3, 15.2, 15.3, 15.5, 15.8, 15.7, 15.6]
np_oct = np.array(list_oct)          # Numpy 배열 생성
days = np_oct > np_oct.mean()        # np_oct.mean()은 배열의 평균온도 계산
```
```
1  print(days)                       # True와 False로 구성된 배열 생성
2  print(days.sum())                 # True가 몇 개인지 sum()을 통해 확인
```

결과	1	[True True True True True True True True True True True True True True True True False False False False False False False False False False False False False False False]
	2	16

np_oct 배열의 평균을 **np_oct.mean**()을 이용하여 구하고, np_oct 배열의 각 원소와 평균을 비교하면서 days라는 배열에 True와 False로 값을 구성한다.

이 문제를 풀어보면서, 평균온도보다 높은 온도들은 과연 몇 도인지가 궁금할 것이다.

np_oct 배열 중 평균온도보다 높은 온도들만 선택하면 되는데, True에 해당하는 온도들만 인덱싱하면 된다. 이처럼 조건을 이용하여 배열에서 원하는 값만 선택하는 것을 **논리적 인덱싱**(Logical Indexing)이라고 한다.

```
np_oct[days]
```

결과	array([20.1, 19.9, 19.7, 19.6, 19.5, 19.1, 18.8, 18.6, 18.4, 18.2, 18.2, 18.2, 18.2, 18.1, 17.9, 17.7])

만약 위의 결과가 잘 이해가 되지 않는다면 아래를 참조하길 바란다.

```
np_test = np.array([1,2,3,4,5])
np_bool = np.array([True,True,False,False,False])
np_test[np_bool]
```

결과	array([1, 2])

또한, **np.where()**를 이용하면 True인 값들이 위치한 index를 확인할 수 있다.

```
np.where(np_bool)
```

결과	(array([0, 1], dtype=int64),)

np.where()는 두 개의 원소를 가진 튜플을 결과로 반환하는데, 첫 번째 원소는 True가 위치한 Numpy 배열이며, 두 번째 원소는 dtype이다.

문제 4 ○○휴대전화 매장에서 올해 동안 매월 아이폰이 팔린 개수가 다음과 같다.

```
           1월 2월 3월 4월 5월 6월 7월 8월 9월 10월 11월 12월
iphone_sold = [92, 71, 83, 79, 63, 42, 53, 77, 91, 104, 121, 101]
```

평균 몇 개의 아이폰이 팔리는 지를 구하고, 평균보다 작게 팔린 달은 몇 월이었는지 확인하라.

문제 4.

```
iphone_sold = [92, 71, 83, 79, 63, 42, 53, 77, 91, 104, 121, 101]
month = _____  # 1 ~ 12원소를 가진 Numpy 배열 생성
np_sold = np.array(iphone_sold)
print("평균 판매량 :", _____, '대')
less_avg = _____  # 조건
print(month[less_avg])
```

```
# 달로 표현하기 위해서
for i in month[less_avg]:
    print(str(i)+'월', end= ' ')
```

결과	평균 판매량 : 81.41666666666667 대
	[2 4 5 6 7 8]
	2월 4월 5월 6월 7월 8월

np.where()을 이용해서 몇 월이었는지를 계산해 보자.

```
a = np.where(less_avg)[0]    #튜플에서 [0]번째 값만 인덱싱
print(a+1)
# print(month[a])   #이렇게도 문제를 풀 수 있다.
```

결과	[2 4 5 6 7 8]

np.where(less_avg)를 실행하면 tuple 형의 다음과 같은 결과가 나온다.

```
(array([1, 3, 4, 5, 6, 7], dtype=int64),)
```

이 중에서 우리는 0번 인덱스([0])만 필요하므로, **np.where**(less_avg)[0]으로 인덱싱하면 [1, 3, 4, 5, 6, 7]의 data만을 추출할 수 있다. 하지만 인덱스는 0부터 시작하므로 1을 더해야 정확한 '월'로 표현할 수 있는 것에 주의하자.

2.2.3 2차원 배열에서의 인덱싱과 슬라이싱

이제 2차원 Numpy 배열에서 인덱싱과 슬라이싱을 살펴보자.

앞에서 설명한 대로 2차원 리스트를 이용하여 Numpy 배열을 생성하거나, 1차원 배열을 **reshape**() 메서드를 이용하여 2차원 배열로 생성할 수 있다.

```
     two_d = [[1,2,3],[4,5,6],[7,8,9]]        #2차원 리스트
     np_2d = np.arange(1,10).reshape(3,-1)    #2차원 Numpy 배열
1    print(two_d)
2    print(np_2d)
```

결과	[[1, 2, 3], [4, 5, 6], [7, 8, 9]] #2차원 리스트
	[[1 2 3] #2차원 배열
	[4 5 6]
	[7 8 9]]

이 중에서 1행 1열에 있는 '5'의 값만 선택해 보자.

```
1    print(two_d[1][1])  #리스트에서 인덱싱
2    print(np_2d[1][1])
3    print(np_2d[1,1])
     #print(two_d[1,1])  #에러 발생, 리스트에서 지원하는 않는 인덱싱 방식
```

결과	5
	5
	5

리스트에서는 위의 예제처럼 two_d[1][1] 방식으로 접근해야 한다. Numpy 배열에서는 **np_2d[1][1]** 와 **np_2d[1,1]** 모두 1행 1열로 접근할 수 있지만 두 인덱싱 사이에는 차이가 존재한다. 이것은 아래에서 다루기로 한다.

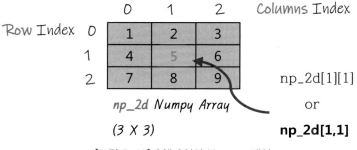

[그림 2-13] 3행 3열의 Numpy 배열

한 행 또는 한 열 전체를 인덱싱해 보자. 2행 [7,8,9]을 선택하기 위해서는 아래와 같은 방법들이 있다.

```
1  print(np_2d[2, :])  #2행, 열은 모두 선택
2  print(np_2d[2])     # 2행만 인덱싱
```

결과	[7 8 9]
	[7 8 9]

이제 반대로 2열 [3,6,9]만을 인덱싱하자.

```
print(np_2d[:, 2]) # 행은 모두 선택, 2열 선택
```

결과	[3 6 9]

　np_2d[2]가 2행만 인덱싱했듯이, np_2d[:][2]로 하면 2열만 선택할 수 있을 것 같지만 결과는 그렇지 않다.

```
print(np_2d[:][2])
```

결과	[7 8 9]

　np_2d[:, 2]와 np_2d[:][2]는 차이가 있다. np_2d[:][2]에 대해 살펴보자.

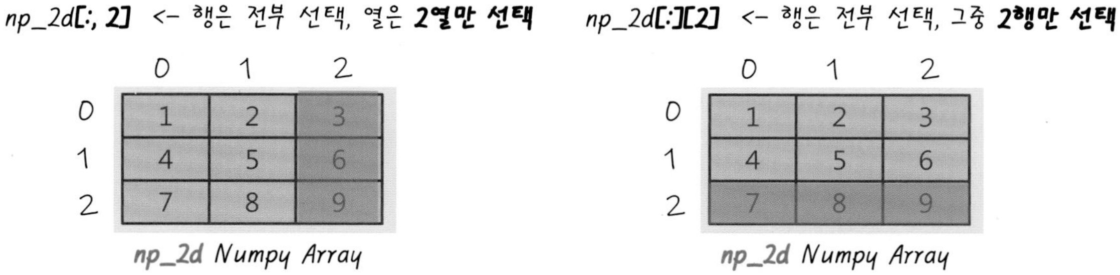

[그림 2-14] np_2d[:, 2]와 np_2d[:][2] 비교

np_2d[:][2]는 **np_2d[:]**를 먼저 인덱싱하고, 그 결과를 바탕으로 np_2d[:][2]를 인덱싱한다. 즉 np_2d[:]를 통해 모든 행을 선택하고, np_2d[2]를 통해 선택된 것 중에 2번째 행 인덱스를 가진 것을 선택한 것이다.

np_2d[:, 2]의 경우는 [행, 열]로 분리되어 있으므로 행은 전부, 열은 2열만 선택한 것이다.

np_2d[[0,2], 0]와 np_2d[[0,2]][0]을 비교해 보자. 행이나 열을 2개 이상 선택하기 위해서는 리스트를 사용해야 한다.

```
np_2d[[0,2], 0]   #행은 0행, 2행 선택, 열은 0열 선택
```

결과	array([1, 7])

```
np_2d[[0,2]][0]   # 0행과 2행 선택, 그중 0행 선택
```

결과	array([1, 2, 3])

np_2d[[0,2], 0] <- 행은 [0,2]행 선택, 열은 **0 열만 선택**   np_2d[[0,2]] [0] <- [0,2]행 , 그중 **0행만 선택**

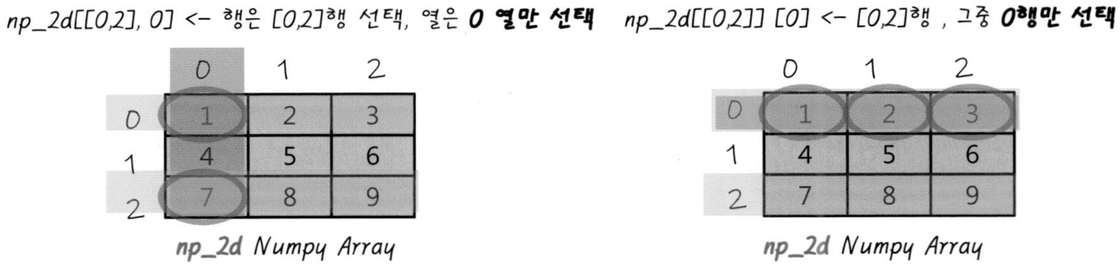

[그림 2-15] np_2d[[0,2], 0]와 np_2d[[0,2]][0]의 비교

문제 5 np_2d[0:2, 0:2]와 np_2d[0:2][0:2]를 비교해 보자.

결과	array([[1, 2], [4, 5]])

결과	array([[1, 2, 3], [4, 5, 6]])

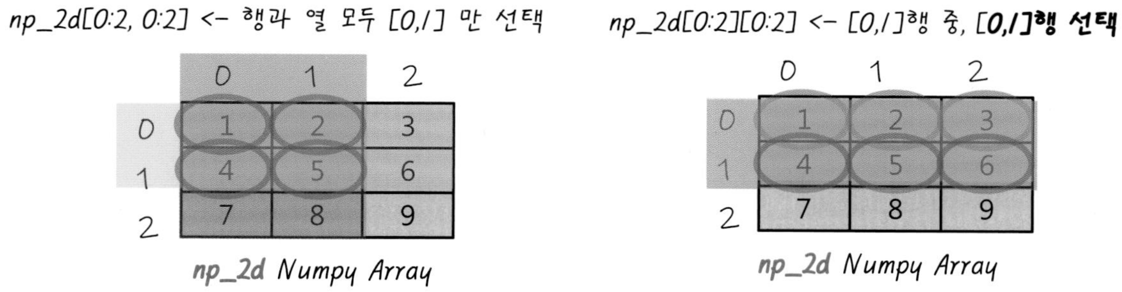

np_2d[0:2, 0:2] <- 행과 열 모두 [0,1] 만 선택

np_2d[0:2][0:2] <- [0,1]행 중, [0,1]행 선택

np_2d Numpy Array

np_2d Numpy Array

[그림 2-16] np_2d[0:2, 0:2]와 np_2d[0:2][0:2]의 비교

2.3   결합(concatenate)과 분리(split)

데이터를 분석하거나 연산하기 위해 여러 개의 Numpy 배열을 결합하거나, 하나의 Numpy 배열을 쪼개어서 분리시켜야 하는 경우가 종종 발생한다.

이번 절에서는 **concatenate**() 메서드를 이용하여 배열 간 결합하는 방법과 split() 메서드를 이용하여 배열을 분리하는 방법에 대해 알아보자.

2.3.1 배열의 결합과 전치 [np.concatenate()와 np.transpose()]

concatenate는 '연결시키다'라는 뜻을 가지고 있다. concatenate() 메서드를 이용하면 두 개 이상의 배열을 연결시킬 수 있는데, 1차원 배열끼리 서로 연결하더라도 2차원 배열은 될 수 없다.

```
np.concatenate( [array1, array2] , axis=0(행) / 1(열), dtype )
```

```
n1 = np.array([1,2,3])
n2 = np.array([4,5,6])
n3 = np.array([7,8,9])
print(np.concatenate([n1,n2,n3]))  #1차원 배열의 결합
```

결과	[1 2 3 4 5 6 7 8 9]

2차원 이상의 배열들은 행과 열을 가지고 있으므로 행을 기준으로 또는 열을 기준으로 배열들을 연결할 수 있다. 이때는 파라미터로 axis = 0(default, 행) 또는 1(열)로 설정해야 한다.

```
n1 = np.arange(1,7).reshape(2,-1)
n2 = np.arange(7,13).reshape(2,-1)
n_con1 = np.concatenate((n1, n2), axis = 0)  #행으로 연결
n_con2 = np.concatenate([n1, n2], axis = 1)  #열로 연결
1   print(n_con1)
2   print(n_con2)
```

결과	1	[[1 2 3] # '행'으로 결합 결과
		[4 5 6]
		[7 8 9]
		[10 11 12]]
	2	[[1 2 3 7 8 9] # '열'로 결합 결과
	6	[4 5 6 10 11 12]]

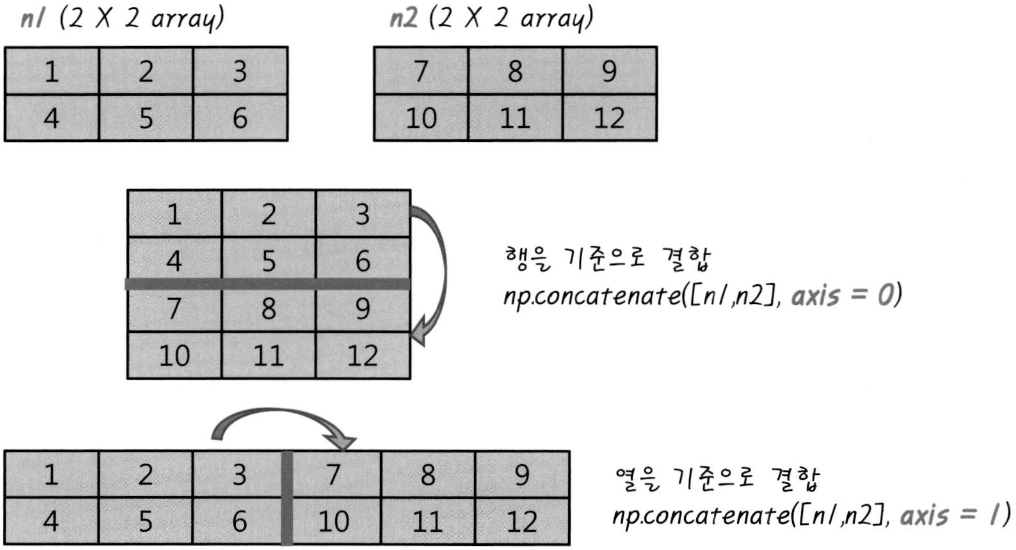

[그림 2-17] np.concatenate() 메서드 옵션 설명

조금 더 axis 파라미터에 대해 설명하고 넘어가자.

앞으로 다루게 될 데이터들은 열과 행이 있는 2차원 데이터들이다. 이런 데이터 세트에 대한 데이터 분석을 위해 열이나 행을 삭제, 대체, 결합하거나 각 열 단위 또는 행 단위로 데이터 집계를 구해야 하는 경우가 있다.

axis=0은 행 기준이며, 각 열의 모든 행 원소에 대해 작동하게 된다고 이해해야 된다. 즉 모든 동일 열 원소들에 대한 연산이 진행된다. 반대로 axis=1은 열 기준이며, 각 행의 모든 열 원소에 대해 작동된다. 즉 모든 동일 행 원소들에 대한 연산이 진행된다.

다시 concatenate() 메서드로 돌아가서, 모든 2차원 배열을 다 결합할 수 있는 것은 아니다. 행으로 결합하려면 열의 길이가, 열로 결합하려면 행의 길이가 일치해야 한다.

```
n1 = np.array([[1,2,3],[4,5,6]])        #3행 2열
n2 = np.array([[10,20],[30,40],[50,60]])  #2행 3열
np.concatenate([n1, n2], axis = 1)
```

```
---------------------------------------------------------------
ValueError                            Traceback (most recent call last)
~\AppData\Local\Temp/ipykernel_22644/1024860964.py in <module>
    1 n1 = np.array([[1,2,3],[4,5,6]])        #3행 2열
    2 n2 = np.array([[10,20],[30,40],[50,60]])  #2행 3열
----> 3np.concatenate([n1, n2], axis =1)

<__array_function__ internals> in concatenate(*args, **kwargs)

ValueError: all the input array dimensions for the concatenation axis must match exactly,
but along dimension 0, the array at index 0 has size 2 and the array at index 1 has size 3
```

경우에 따라서는 **전치(Transpose)**를 통해 행과 열의 길이를 변경해서 결합할 수도 있다. 참고로 전치 행렬이란 행을 열로, 열을 행으로 바꾼 행렬을 말한다.

```
n1 = np.array([[1,2,3],[4,5,6]])        #3행 2열
n2 = np.array([[10,20],[30,40],[50,60]])  #2행 3열
n2_1=np.transpose(n2)
```

```
1    print(n2_1)
2    print(n2.T) #np.transpose(n2) 와 n2.T는 같은 결과를 가진다.
3    print(np.concatenate([n1, n2_1], axis = 0))
```

결과	1	[[10 30 50]
		[20 40 60]]
	2	[[10 30 50]
		[20 40 60]]
	3	[[1 2 3]
		[4 5 6]
		[10 30 50]
		[20 40 60]]

행 -> 열,
열 -> 행

전치
(Transpose)

[[10,20],

[30,40],

[50,60]]

전치방법
np.transpose(n2)
또는
n2.T

[[10 30 50]

[20 40 60]]

n2 (3 X 2 array)

n2_1 (2 X 3 array)

[그림 2-18] 전치행렬 만들기

2.3.2 배열 분리

split() 메서드는 문자열을 나눌 때도 사용되지만 행렬을 나눌 때도 사용된다.
메서드를 사용하는 방법은 다음과 같다.

```
(1) np.split( array, [기준 행(열) 번호], axis = 0(1) )
(2) np.split( array, 분리 원하는 수, axis = 0(1) )
```

(1)번 방법을 사용한 예제를 살펴보자.

| 1 | ```
np_array = np.arange(1, 17).reshape(4,-1)  #4X4  행렬 생성
print(np_array)
``` |
| 2 | ```
a,b = np.split(np_array, [2], axis = 0)  # 2행을 기준으로 분리
print(a)                       #np.split(np_array, [2], axis = 0 )[0]
``` |
| 3 | `print(b)                       #np.split(np_array, [2], axis = 0 )[1]` |

결과		
| | 1 | ```
[[ 1  2  3  4]
 [ 5  6  7  8]
 [ 9 10 11 12]
 [13 14 15 16]]
``` |
| | 2 | ```
[[1 2 3 4]        #2행을 기준으로 나눈 첫 번째 행렬
 [5 6 7 8]]
``` |
| | 3 | ```
[[ 9 10 11 12]    #두 번째 행렬
 [13 14 15 16]]
``` |

열을 기준으로 배열을 분리해 보자.

```
print(np.split(np_array, [2], axis = 1 )[0]) #2열을 기준으로 분리, [0]번째 인덱스 행렬
print(np.split(np_array, [2], axis = 1 )[1]) #2열을 기준으로 분리, [1]번째 인덱스 행렬
```

결과		
| | 1 | ```
[[ 1  2]        #2열을 기준으로 나눈 첫 번째 행렬
 [ 5  6]
 [ 9 10]
 [13 14]]
``` |
| | 2 | ```
[[ 3  4]        #두 번째 행렬
 [ 7  8]
 [11 12]
 [15 16]]
``` |
```

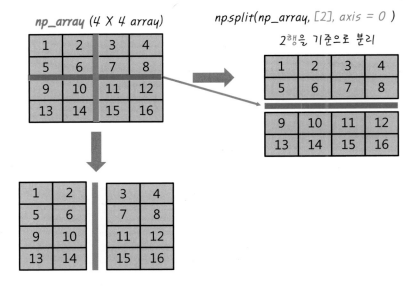

[그림 2-19] np.split()을 이용한 행/열 분리

이제 **(2)번째 방법을 이용해서 배열을 분리시켜** 보자. 주의할 점은 분리시키고자 하는 행이나 열의 개수가 같은 크기를 가져야 된다는 것이다. 즉 위의 예처럼 4 × 4의 행렬에서는 행이나 열을 각각 2개, 4개(1차원)로만 분리시킬 수 있다.

```
# 행을 기준으로 배열 분리
np.split(np_array, 2, axis = 0 )  #axis = 0(행 기준), 2개의 행렬로 분리
```

결과	[array([[1, 2, 3, 4], #행을 2개로 분리한 첫 번째 행렬
	[5, 6, 7, 8]]),
	array([[9, 10, 11, 12], #두 번째 행렬
	[13, 14, 15, 16]])]

```
# 열을 기준으로 배열 분리
np.split(np_array, 2, axis = 1)   #axis = 1(열 기준), 2개의 행렬로 분리
```

결과	[array([[1, 2], #열을 기준으로 분리한 첫 번째 행렬
	[5, 6],
	[9, 10],

```
        [13, 14]]),
 array([[ 3,  4],            #두 번째 행렬
        [ 7,  8],
        [11, 12],
        [15, 16]])]
```

```
# 4개의 행으로 분리
np.split(np_array, 4, axis = 0)    #axis = 0(행 기준), 4개의 행으로 분리
```

결과	`[array([[1, 2, 3, 4]]),`
	` array([[5, 6, 7, 8]]),`
	` array([[ 9, 10, 11, 12]]),`
	` array([[13, 14, 15, 16]])]`

문제 6 np.array([[1,2,3],[4,5,6],[7,8,9]]) 배열에서 [[5,8],[6,9]]만 추출하자.

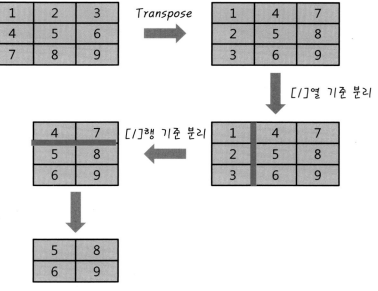

[그림 2-20] np.array([[1,2,3],[4,5,6],[7,8,9]]) 배열에서 [[5,8],[6,9]] 추출

문제 6.

```
import numpy as np
n_d = np.array([[1,2,3],[4,5,6],[7,8,9]])
```

1	`n_d = n_d.T #행과 열을 전치(Transpose)` `print(n_d)`
2	`n1 = np.split(_____) #1열 기준으로 분리 후 [1] 행렬` `print(n1)`
3	`print(np.split(_____) #1행 기준으로 분리 후 [1] 행렬`

결과	1	`[[1 4 7]`
		` [2 5 8]`
		` [3 6 9]]`

	2	`[[4 7]`
		` [5 8]`
		` [6 9]]`

	3	`[[5 8]` ` [6 9]]`

```
# 두 번째 풀이 방법 - 슬라이싱 이용
import numpy as np
n_d = np.array([[1,2,3],[4,5,6],[7,8,9]])
n_d[1:,1:].T   #2,3행, 2,3열 분리 후 Transpose
```

| 결과 | `array([[5, 8],`
`       [6, 9]])` |

2.4 Numpy의 특별한 행렬과 벡터

Numpy를 이용하여 벡터, 행렬, 연립방정식 등 선형대수(linear algebra) 계산이 가능하다.

행렬은 2차원의 행과 열로 이루어져 있고, 1차원 행이나 열은 벡터라고 볼 수 있다. 이번 절에서는 행렬 계산을 위해 자주 사용되는 영행렬, 일행렬, 단위행렬 등을 만드는 방법에 대해 살펴보자.

선형대수 하면, 먼저 중학교에서 열심히 배웠던 연립방정식을 떠올릴 수 있다.

아주 간단한 다음의 문제를 풀어보면서, Numpy로 연립방정식 계산을 어떻게 하는지 알아보자. 단, 선형대수 부분은 이 책의 주제와 방향에 맞지 않아서 다루지 않으므로, 혹 공부가 필요한 경우 다른 책들을 참고하기 바란다.

참고) $3x + 2y = 18,\ 2x + 6y = 26$에서 미지수 x, y를 구하라.

$\begin{pmatrix} 3 & 2 \\ 2 & 6 \end{pmatrix} \begin{pmatrix} x \\ y \end{pmatrix} = \begin{pmatrix} 18 \\ 26 \end{pmatrix}$ 라고 행렬로 만들 수 있고, $\begin{pmatrix} x \\ y \end{pmatrix} = \begin{pmatrix} 3 & 2 \\ 2 & 6 \end{pmatrix}^{-1} \begin{pmatrix} 18 \\ 26 \end{pmatrix}$ 로 정리할 수 있다.

이것을 Numpy를 이용해서 연립방정식을 계산하면 아래와 같다.

```
  a = np.array([[3, 2],[2,6]])
  ans1 = np.dot(np.linalg.inv(a), np.array([18, 26]).T)  #내적 계산(VS 외적)
  ans2 = np.linalg.inv(a) @ np.array([18, 26]).T  #행렬곱 계산 (VS '*')
1 print(ans1)
2 print(ans2)
3 print("x=", round(ans1[0],2), "y=", ans1[1])
```

결과		
	1	[4. 3.]
	2	[4. 3.]
	3	x= 4.0 y= 3.0

2.4.1 np.zeros()와 np.ones()

영행렬은 행렬의 모든 원소가 0인 행렬을 말한다. 일반 계산식에서 n+0=n이 되는 것처럼, X 행렬에 영행렬을 더하면 원래의 X 행렬이 된다. 주로 무언가를 증명하거나 고유 벡터, 고윳값 등의 개념에서 사용된다.

```
np.zeros(shape, dtype)
```

| | ```
nz1 = np.zeros(4)              #0벡터 (0으로만 구성된 1차원 행렬)
nz2 = np.zeros(4).reshape(2,2) #2x2 0행렬
nz3 = np.zeros([2,2])          #2x2 0행렬
``` |
1	`print(nz1)`
2	`print(nz2)`
3	`print(nz3)`

결과	`[0. 0. 0. 0.]`
	`[[0. 0.]`
	` [0. 0.]]`
	`[[0. 0.]`
	` [0. 0.]]`

영행렬과는 반대로, 모든 구성 원소가 1인 행렬(또는 벡터)도 있다.

---

np.ones(shape, dtype)

| | ```
nz1 = np.ones(4)                      #1x4 벡터(모든 구성 원소가 1)
nz2 = np.ones(4).reshape(2,2)         #2x2 일행렬
nz3 = np.ones([2,2])                  #2x2 일행렬
nz4 = np.ones([2,2], dtype = np.int8) #2x2 일행렬 , 데이터 자료형은 int8(8bit)
``` |
1	`print(nz1)`
2	`print(nz2)`
3	`print(nz3)`
4	`print(nz4)`

결과	1	`[1. 1. 1. 1.]` #1차원 벡터
	2	`[[1. 1.]` ` [1. 1.]]`
	3	`[[1. 1.]` ` [1. 1.]]`
	4	`[[1 1]` ` [1 1]]`

2.4.2 np.full()와 np.eye()

np.full() 메서드는 동일한 숫자로 가득 찬 벡터나 행렬을 만들 때 사용한다.

```
np.full(shape(튜플 형태), fill_value, dtype)
```

	nf1 = np.full(10,1) #np.full(개수, 채울 값)
	nf2 = np.full([3,3], 5)
	nf3 = np.full([3,3], 5, dtype = np.int8)
1	print(nf1)
2	print(nf2, "데이터 타입 :", nf2.dtype)
3	print(nf3, "데이터 타입 :", nf3.dtype)

결과	1	[1 1 1 1 1 1 1 1 1 1]
	2	[[5 5 5]
		[5 5 5]
		[5 5 5]] 데이터 타입 : int32
	3	[[5 5 5]
		[5 5 5]
		[5 5 5]] 데이터 타입 : int8

단위 행렬을 만들 때 사용하는 메서드는 **np.eye**()이다. 단위 행렬은 흔히 'I'로 표기하기 때문에 eye()라는 메서드 이름을 가진다. 대각 성분은 모두 1을 가지고, 나머지 원소들은 모두 0을 가진다. 어떠한 행렬을 단위 행렬에 곱하더라도 그 자신의 행렬이 된다.

```
np.eye(Number of row, Number of columns, dtype)
```

	ne1 = np.eye(5,5) #np.full(개수, 채울 수)
	ne2 = np.eye(5,5, dtype = np.int8)
1	print(ne1, "데이터 타입 :", ne1.dtype)
2	print(ne2, "데이터 타입 :", ne2.dtype)

결과	1	[[1. 0. 0. 0. 0.]
		[0. 1. 0. 0. 0.]
		[0. 0. 1. 0. 0.]
		[0. 0. 0. 1. 0.]
		[0. 0. 0. 0. 1.]] 데이터 타입 : float64
	2	[[1 0 0 0 0]
		[0 1 0 0 0]
		[0 0 1 0 0]
		[0 0 0 1 0]
		[0 0 0 0 1]] 데이터 타입 : int8

2.4.3 np.random()

Numpy에서도 난수(무작위 수)를 생성할 수 있다. 기본적으로 np.random.rand()라고 입력하면 0에서 1 사이의 실수 값을 가진 난수를 생성한다.

```
np.random.rand(num)   #num 개수만큼의 1 미만의 무작위 수 추출
```

np.random.rand(숫자)를 입력하면 숫자만큼의 1차원 난수 벡터를 생성시키고, 차원, 예를 들어 np.random.rand(2,2)을 입력하면 입력한 수만큼의 난수 행렬을 만들 수 있다.

np.random.random() 메서드와 가장 큰 차이는 행렬을 만들기 위해 차원을 입력할 때에 있다. np.random.random([3,3])과 같이 튜플이나 리스트로 차원을 입력해야 한다.

```
1  print(np.random.rand())          #0~1 사이의 난수 생성
2  print(np.random.rand(10))        #0~1 사이의 10개의 벡터 생성
3  print(np.random.rand(2,5))       #0~1 사이의 2행 5열 난수 생성
4  print(np.random.random([2,5]))   #0~1 사이의 2행 5열 난수 생성
```

결과	1	0.46013620766929086　　#0~1 사이의 난수
	2	[0.64503071 0.33599023 0.86134295 0.4964084 0.09585109 0.54187114
		0.95149422 0.28075262 0.31829906 0.67424518]　　　　　**#1차원 벡터**
	3	[[0.11838136 0.28569783 0.77433551 0.15308516 0.26016871]
		[0.92271478 0.82571044 0.07653955 0.91316884 0.09604393]]　**#2차원**
	4	[[0.94314677 0.04899042 0.96894888 0.62443687 0.48738153]
		[0.74200259 0.33368425 0.17414946 0.8633365 0.63705561]]　**#2차원**

```
np.random.randint(minimun_num, maximum_num-1, size)
```

np.random.randint()는 정해진 구간(최소~ 최대-1)에서 주어진 차원의 벡터나 행렬을 만들 때 사용한다.

```
1  print(np.random.randint(1,10,3))      # 1 ~ 9 사이에 3개의 원소를 가지는 벡터
2  print(np.random.randint(1,10,[3,3])) # 1 ~ 9 사이에 3x3 행렬
```

결과	1	[8 9 1]　　#1~9 사이의 벡터
	2	[[2 1 6]　#1~9 사이의 행렬
		[5 5 8]
	3	[9 9 6]]

이런 난수들에 패턴을 부여하거나, 반복적이고 예측 가능한 난수를 발생시키기 위해서는 seed 메서드를 사용해야 한다.

```
np.random.seed(num)  #예측 가능한 난수 발생
```

```
1  print(np.random.randint(1,10,3)) # 1~9 사이에 3개의 난수 생성
2  print(np.random.randint(1,10,3)) # 결과가 틀리게 나온다.
   np.random.seed(5)  #seed에 임의의 5 전달
3  print(np.random.randint(1,10,3)) # [4,7,7]로 고정
   np.random.seed(5)
4  print(np.random.randint(1,10,3)) # [4,7,7]로 고정
```

결과	1	[8 1 1]	
	2	[8 2 6]	
	3	**[4 7 7]**	#같은 Seed에서는 같은 패턴의 결과가 나온다.
	4	**[4 7 7]**	

이 장에서는 Numpy 배열에 대해 살펴보았다.

마지막으로 Numpy의 인덱싱, 슬라이싱과 몇 가지 메서드에 대해 복습하고자 한다.

아래 코드의 결과를 각자 예상해 보자.

```python
import numpy as np            #np라는 별칭으로 Numpy 패키지 사용
print(np.array([1,2,3]))
print(np.arange(1,10))
n_d = np.arange(1,10).reshape(3,3)
n_d[1,2] = 0
print(n_d)
print(n_d[0])
print(n_d[0:2, 1:3])
print(n_d[0:2][1:3])
print(n_d.sum())
print(n_d.mean())
print(np.median(n_d))   #median은 np.median()으로 접근해야 함에 주의
print(n_d.std())
print(np.concatenate([n_d, np.arange(10,100,10).reshape(3,3), axis = 0))
print(np.splite(n_d, [1], axis = 1)[0])
```

3

판다스(pandas)
- 시리즈(Series)

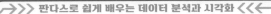
R 프로그래밍 언어를 혹시 들어본 적이 있는가? R은 통계 및 데이터 시각화에 최적화된 무료 프로그래밍 언어이다.

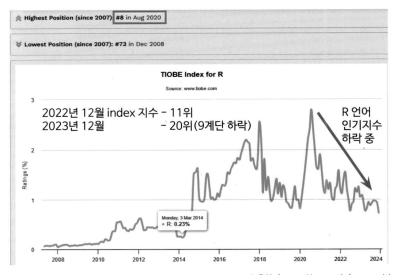

[그림 3-1] R언어의 인기지수(from TIOBE)

데이터 분석의 중요성이 주목받기 시작하면서 통계학자, 데이터 엔지니어, 데이터 사이언티스트 사이에서 독보적인 인기를 받고 있다. 물론 2023년 12월에 20위에 랭크되었을 정도로 사용자도 많이 있지만, R은 데이터 분석 전용 언어이므로 파이썬과 같은 범용 프로그래밍 언어와는 다르게 적용 분야가 제한적이다. 더군다나 이번 챕터에서 학습할 pandas 패키지가 2012년에 파이썬에 적용되면서부터 데이터 분석을 위해 R보다는 파이썬을 선택하는 추세가 두드러지고 있다.

pandas의 장점은 우선 Numpy를 기본으로 제작되었으므로 연산 속도, 실행 속도가 다른 프로그래밍 언어에 비해, 특히 R에 비해 매우 빠르다. 데이터프레임을 이용하여 통계적 수치 계산도 용이하고, 결측치(비워져 있는 데이터)를 찾아 채워 넣거나 제거하는 등의 데이터를 다루는 작업도 매우 쉽다.

Numpy를 사용할 때와 마찬가지로, 아나콘다의 주피터 노트북에는 기본적으로 pandas가 설치되어 있으며, 파이썬 idle를 사용할 때는 pandas 패지키를 설치해야 한다.

명령 프롬프트(CMD)에서 아래 그림과 같이 **pip install pandas**를 통해 패키지를 설치할 수 있다.

```
CMD 명령 프롬프트 - pip install pandas
Microsoft Windows [Version 10.0.19044.2251]
(c) Microsoft Corporation. All rights reserved.

C:₩Users₩user>pip install pandas
Requirement already satisfied: pandas in c:₩users₩user₩anaconda3₩lib₩site-packages (1.3.4)
Requirement already satisfied: python-dateutil>=2.7.3 in c:₩users₩user₩anaconda3₩lib₩site-pac
```

[그림 3-2] 판다스 설치

Numpy를 import 하고, 별칭으로 'np'를 사용했듯이 pandas 역시 패키지를 사용하기 위해선 아래와 같은 절차가 필요하다. 다만 pandas는 흔히 'pd'라는 별명을 이용한다.

```
import pandas as pd    #pd라는 별칭으로 pandas의 기능에 접근
```

주피터나 idle를 이용해서 위와 같이 작성하고 실행해 보자. 만약 에러가 발생한다면 패키지가 제대로 설치되지 않았기 때문이다.

* **중요**: 이 책의 모든 예제 또는 문제 풀이에서 위의 한 줄은 생략하여 표기되므로 항상 주피터 노트북을 다시 실행하는 경우, **import pandas as pd**를 실행해야 됨에 주의하자.

pandas 자료 구조(Series와 DataFrame)

pandas는 데이터 분석과 처리를 위한 패키지이다. 데이터는 1차원 데이터도 있을 수 있고, 행렬이나 엑셀에서 흔히 보는 2차원 구조의 데이터도 있을 수 있다. 먼저 판다스의 자료 구조에 대해 살펴보자.

pandas는 1차원 자료형인 시리즈(Series)와 2차원 배열의 데이터프레임(DataFrame)을 제공한다. Numpy와는 다르게 서로 다른 자료형의 데이터들을 하나의 공간에 담을 수 있다.

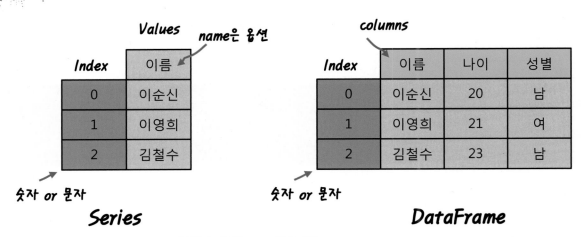

[그림 3-3] Numpy 자료 구조 (시리즈와 데이터프레임)

3.1 시리즈 생성과 정렬

3.1.1 시리즈 생성

시리즈는 1차원 배열의 형태를 가지며 인덱스(이름표)와 데이터가 일대일로 매칭된다. 즉 인덱스를 통해 데이터로 접근할 수 있다. Numpy처럼 인덱스가 숫자일 수도 있지만 문자를 가질 수도 있다.

```
pd.Series(data, index, dtype, name)
```

pandas의 Series() 메서드를 이용하여 리스트, 튜플 그리고 딕셔너리 자료 구조를 Series로 만들 수 있다.

● 시리즈 생성하는 방법

```
import pandas as pd
s1 = pd.Series([20,21,23])              #리스트로 Series 생성
s2 = pd.Series(('남','여','남'))         #튜플로 Series 생성
s3 = pd.Series({'가':'이순신','나':'이영희','다':'김철수'})    #딕셔너리로 생성
1   print(s1)      #index, values와 dtype을 확인할 수 있다.
2   print(s2)
3   print(s3)
```

결과	1	0 20 #인덱스를 따로 지정하지 않으면 default로 숫자와 매칭
		1 21
		2 23
		dtype: int64 #숫자 data는 default int64 자료형
	2	0 남
		1 여
		2 남
		dtype: object #문자 data는 object 자료형(파이썬의 Str과 동일)
	3	가 이순신
		나 이영희
		다 김철수
		dtype: object

튜플과 리스트의 경우는 인덱스를 따로 지정하지 않는 경우 순차적인 위칫값이 정수 형태로 나열되지만, 딕셔너리의 경우에는 key 값이 index 된다.

시리즈 객체의 type을 살펴보면 pandas.core.series.Series라고 확인되는데, padnas 패키지의 서브 모듈들 중의 하나라고 이해하면 된다.

● 시리즈 속성(dtype, shape, size, ndim)

1	`print(type(s1))`
2	`print(s1.dtype)` #시리즈 원소의 자료형
3	`print(s1.shape)` #시리즈의 차원
4	`print(s1.size)` #시리즈 원소의 개수
5	`print(s1.ndim)` #시리즈의 차원(당연히 1차원)

결과	1	`<class 'pandas.core.series.Series'>`
	2	`int64`
	3	`(3,)`
	4	`3`
	5	`1`

Numpy 배열에서 원소가 정수일 경우에는 default로 int32, 4byte로 메모리에 할당되지만, 판다스에서는 int64, 8byte로 할당된다.

● 시리즈의 dtype 변경

```
s1 = pd.Series([20,21,23], dtype = 'int8')
print(s1)
```

결과	0 20
	1 21
	2 23
	dtype: int8

3.1.2 시리즈 인덱싱, 슬라이싱

리스트나 튜플 또는 Numpy 배열처럼 시리즈 또한 인덱싱이나 슬라이싱이 가능하다.

Numpy와 동일한 방법으로 인덱싱이 가능하며, 시리즈는 인덱스를 따로 지정할 수 있으므로(s3 처럼) 숫자가 아닌 이름을 통해 인덱싱이 가능한 특징이 있다.

● **시리즈의 인덱싱**

```
1    print(s1[0])
2    print(s2[0])
3    print(s3['가'])  # s3[0]과 동일
4    print(s3[0])
```

결과	1	20
	2	남
	3	이순신
	4	이순신

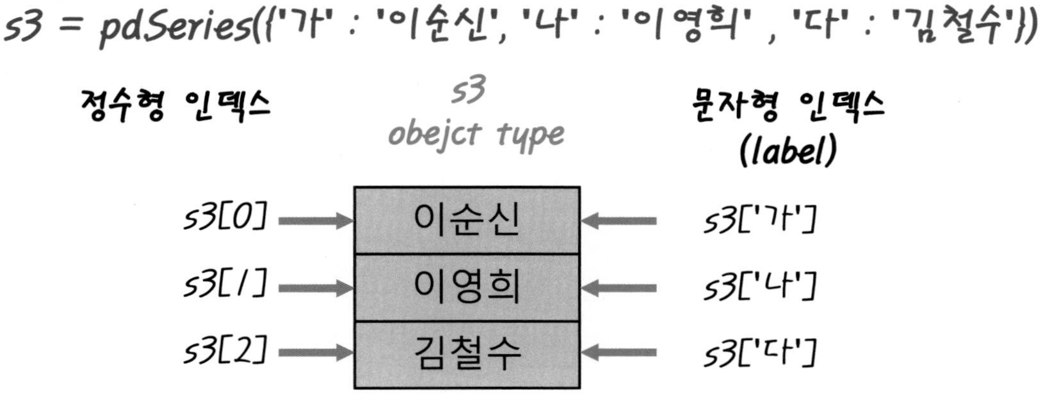

$$s3 = pdSeries(\{'가' : '이순신', '나' : '이영희' , '다' : '김철수'\})$$

정수형 인덱스   s3 obejct type   문자형 인덱스 (label)

s3[0] ⟶ 이순신 ⟵ s3['가']

s3[1] ⟶ 이영희 ⟵ s3['나']

s3[2] ⟶ 김철수 ⟵ s3['다']

[그림 3-4] s3 Series의 인덱싱

시리즈나 다음에 소개할 데이터프레임은 **loc 또는 iloc 인덱서**를 이용하여 각 원소(데이터)에 접근 할 수 있다.

```
Series객체명.loc[행 index명]
Series객체명.iloc[행 번호]
```

```
1    print(s3['가'])
2    print(s3.loc['가'])
3    print(s3.iloc[0])                    #loc[0]은 오류 발생
4    print(s3[['가','나','다']])         #다중 인덱싱
5    print(s3.loc[['가','나','다']])     #다중 인덱싱
6    print(s3.iloc[[0,1,2]])             #다중 인덱싱
```

결과	1	이순신	
	2	이순신	
	3	이순신	
	4	가 이순신	#s3[['가','나','다']]
	~	나 이영희	
	6	다 김철수	
		dtype: object	

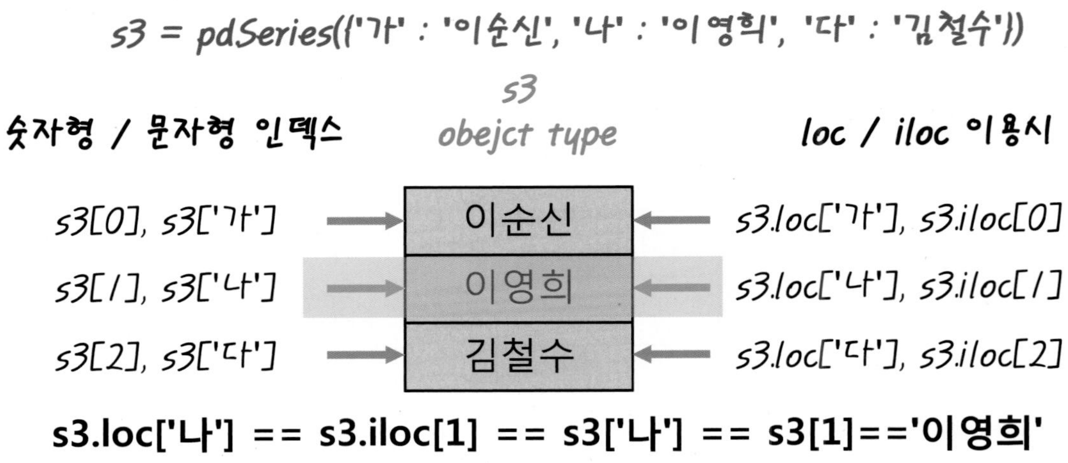

$$s3 = pdSeries(\{'가' : '이순신', '나' : '이영희', '다' : '김철수'\})$$

숫자형 / 문자형 인덱스   s3 obejct type   loc / iloc 이용시

s3[0], s3['가']	→	이순신	←	s3.loc['가'], s3.iloc[0]
s3[1], s3['나']	→	이영희	←	s3.loc['나'], s3.iloc[1]
s3[2], s3['다']	→	김철수	←	s3.loc['다'], s3.iloc[2]

s3.loc['나'] == s3.iloc[1] == s3['나'] == s3[1]=='이영희'

[그림 3-5] s3 Series의 인덱싱

loc는 Location(위치)의 약어로 iloc의 경우 Integer Location, 즉 정수형 위치로 이해할 수 있다. 따라서 iloc[정수]는 정수만 가능하다. 슬라이싱 역시 다양한 방법이 있다.

● 시리즈의 슬라이싱

```
1   print(s1[0:2])              #0번, 1번 인덱스 선택, 2번은 포함되지 않음
2   print(s2[1:])              #1번 인덱스 후 모두 선택
3   print(s3['가':'다'])        #'가','나','다' 인덱스 모두 선택 ('다' 포함)
4   print(s3.iloc[0:3])        #0번, 1번, 2번 인덱스 선택   (3 미포함)
5   print(s3.loc['가':'나'])   #'가','나' 인덱스 선택
```

결과				
	1	0	20	#s1[0:2]
		1	21	
		dtype: int8		
	2	1	여	#s2[1:]
		2	남	
		dtype: object		#s3['가':'다']
	3	가	이순신	
		나	이영희	
		다	김철수	
		dtype: object		
	4	가	이순신	#s3.iloc[0:3]
		나	이영희	
		다	김철수	
		dtype: object		
	5	가	이순신	#s3.loc['가':'나']
		나	이영희	
		dtype: object		

s3['가':'다'] 또는 **s3.loc['가':'다']**의 경우 **s3['다']**를 포함하지만, 숫자형으로 슬라이싱 하는 경우에는, 즉 **s3[0:3]**, **s3.iloc[0:3]**는 마지막 **s3[3]**을 포함하지 않음에 주의하자.

시리즈의 인덱스에 문자 형태의 이름을 지정하는 방법은 dict 자료형으로 Series를 생성할 때 key를 통해 인덱스명(label)을 부여할 수 있었다. 하지만 리스트와 튜플로 시리즈를 생성할 때 index와 name 파라미터를 통해 변경할 수 있다. 이때 데이터의 개수와 동일하게 문자형 index(label)를 리스트 형태로 전달해야 한다.

● 시리즈에 **name** 추가 및 **index** 지정

```
s_age = pd.Series([20, 21, 23], index = ['이순신', '이영희', '김철수'], name = 'age')
s_age
```

결과	이순신 20
	이영희 21
	김철수 23
	Name: age, dtype: int64

파라미터로 name='age'로 지정했으므로, 이전에는 없었던 Name=age라는 부분이 추가되었다.

3.1.3 시리즈 values 변경, 추가

Numpy 배열이나 리스트와 마찬가지로 pandas의 시리즈 역시 값(value)을 변경할 수 있다. 시리즈의 인덱싱 또는 슬라이싱을 통해 원소의 값을 원하는 값으로 변경해 보자.

아래는 마트에서 판매 중인 과자의 가격이다. (단위: 천 원)

```
snack_price = [1.2, 1.5, 2.3, 0.9, 2500]
snack_name = ['A과자','B과자','C과자','D과자','E과자']
s_snack = pd.Series(snack_price, index = snack_name, name = '과자')
s_snack
```

결과	A과자 1.2
	B과자 1.5
	C과자 2.3
	D과자 0.9
	E과자 2500.0
	Name: 과자, dtype: float64

무언가 이상하지 않은가? 점원이 실수로 E과자의 가격을 2.5로 입력하지 않고, 2500으로 입력한 상황이다. 2500을 2.5로 변경해 보자.

```
s_snack.loc['E과자'] = 2.5
s_snack
```

결과	A과자	1.2
	B과자	1.5
	C과자	2.3
	D과자	0.9
	E과자	2.5

s_snack['E과자'] 또는 s_snack.loc['E과자']로 'E과자'의 값에 접근하여 값을 변경할 수 있다.

리스트를 이용하거나 슬라이싱을 이용해서 s_snack의 여러 값을 한 번에 변경도 가능하다.

● **여러 값(values) 변경하기**

```
s_snack.loc[['A과자','B과자','C과자']] = [1.3,1.6,2.4]    #다중 인덱싱
s_snack.loc['D과자':'E과자'] = [1.0, 2.6]               #슬라이싱
s_snack
```

결과	A과자	1.3
	B과자	1.6
	C과자	2.4
	D과자	1.0
	E과자	2.6

만약 기존 인덱스에 없는 ['F과자']로 접근해서 값을 변경하면 어떻게 될까?

Numpy 배열에서는 **없는 인덱스에 접근**하면 오류가 발생하지만, **pandas**의 시리즈나 데이터프레임에서는 **새롭게 추가**된다는 것을 기억하자.

● 시리즈에 원소 추가

```
s_snack.loc['F과자'] = 3.5
s_snack
```

결과	A과자	1.2
	B과자	1.5
	C과자	2.3
	D과자	0.9
	E과자	2.5
	F과자	3.5

3.1.4 시리즈 index와 values

```
Seires객체명.index  : 시리즈의 모든 index를 반환
Series객체명.values : 시리즈의 모든 value(data)를 반환
```

시리즈에는 여러 속성(attribute)이 존재하는데, 시리즈 인덱스(들의) 이름을 반환하는 속성과 시리즈의 값을 반환하는 속성에 대해 살펴보자. (참고로 **메서드**는 함수와 같이 기능을 실행하고 '()'를 사용한다. **속성**은 변수와 같이 속성에 저장되어 있는 값을 참조한다. 메서드와 속성은 클래스의 용어이다.)

위의 예제들에서는 사실 인덱스와 데이터가 몇 개 되지 않지만, 실제 데이터들에는 한눈에 파악하기 어려울 만큼 많은 정보가 있으므로 이런 속성들은 자주 사용된다.

한국환경공단의 공공 하수처리시설 현황을 보면, 부산광역시에 있는 하수처리시설의 일부는 아[그림 3-6]과 같다.

시도	구군	시설명	시설용량
부산광역시	서구	중앙	120000
부산광역시	영도구	영도	95000
부산광역시	동래구	수영	452000
부산광역시	남구	남부	340000
부산광역시	해운대구	동부	135000
부산광역시	해운대구	해운대	65000
부산광역시	사하구	강변(장림)	450000
부산광역시	강서구	녹산	160000
부산광역시	강서구	서부	15000

[그림 3-6] 하수처리시설(부산광역시)

이 중 '구군'을 value로 하고, '시설명'을 인덱스로 하는 Seires를 생성해 보자.

인덱스는 가능하면 중복되지 않는 것이 좋다. 인덱스를 통해 데이터로 접근할 수 있으므로, 만약 중복된 인덱스가 있는 경우 원하는 인덱스가 가진 데이터에 접근하지 못할 수 있다. 그래서 '구군'이나 '시도'는 인덱스로 적절하지 못하다.

```
import pandas as pd
gugun = ['서구','영도구','동래구','남구','해운대구','해운대구','사하구','강서구','강서구']
facility = ['중앙','영도','수영','남부','동부','해운대','강변(장림)','녹산','서부']
s_public = pd.Series(gugun, index = facility, name ='하수처리장')
s_public
```

결과	
중앙	서구
영도	영도구
수영	동래구
남부	남구
동부	해운대구
해운대	해운대구
강변(장림)	사하구
녹산	강서구
서부	강서구
Name: 하수처리장, dtype: object	

● 시리즈의 index & values 속성

s_public.index

결과	Index(['중앙', '영도', '수영', '남부', '동부', '해운대', '강변(장림)', '녹산', '서부'], dtype='object')

s_public.values

결과	array(['서구', '영도구', '동래구', '남구', '해운대구', '해운대구', '사하구', '강서구', '강서구'], dtype=object)

문제 1 1에서 45사이의 랜덤한 6개의 숫자를 value로 가지고, 인덱스는 1부터 6까지를 가지는 시리즈를 생성해 보자. 이때 시리즈의 dtype은 int8이 되도록 한다.

(2장에서 배운 random 이용)

문제 1.

```
  import numpy as np
  import pandas as pd
  s_4 = pd.Series(_____)
1 print(s_4)
2 print(s_4.index)  #s_4시리즈의 인덱스
3 print(s_4.values) #s_4시리즈의 value
```

결과	1	1 38
		2 44
		3 13
		4 9
		5 10
		6 12
		dtype: **int8**
	2	Int64Index([1, 2, 3, 4, 5, 6], dtype='int32')
	3	[38 44 13 9 10 12] # 실행할 때마다 변경되므로 참고만 하길 바란다.

시리즈의 index 변경

시리즈를 생성할 때 인덱스는 결정되지만, 이미 만들어진 인덱스 역시 변경이 가능하다. 아래와 같이 지역별 평균온도를 가지는 시리즈가 있다고 하자.

```
s_5 = pd.Series([15, 18, 22, 21.5])
s_5.index  # [0,1,2,3]
```

결과	RangeIndex(start=0, stop=4, step=1)

따로 인덱스를 지정하지 않으면, default로 숫자형 인덱스를 가진다는 것은 확인한 바 있다. s5 시리즈가 생성된 후에도 아래처럼 s5.index에 변경하고자 하는 인덱스를 리스트로 전달하면 되는데, 리스트의 원소의 수와 시리즈의 원소의 수는 같아야만 한다.

```
s5 = pd.Series(s_5, name = '온도')
s5.index = ['강릉','서울','부산','대구']
s5
```

결과	강릉	15.0
	서울	18.0
	부산	22.0
	대구	21.5

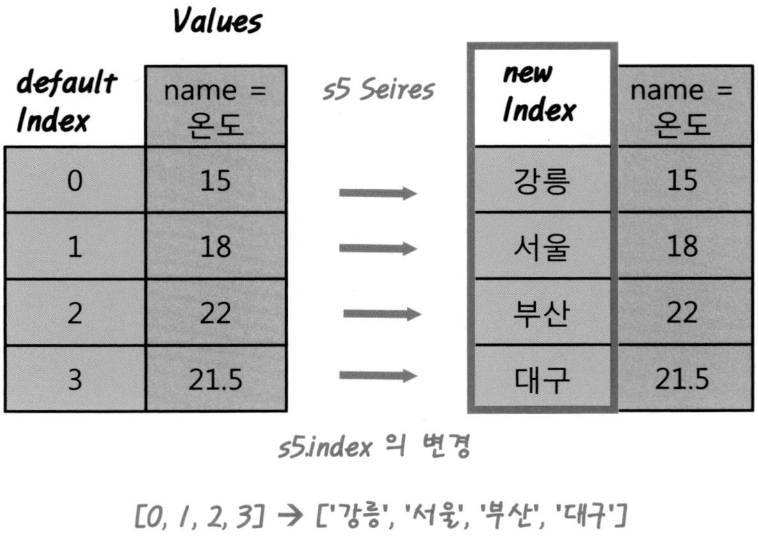

s5.index 의 변경

[0, 1, 2, 3] → ['강릉', '서울', '부산', '대구']

[그림 3-7] s5 시리즈의 index 변경

3.1.5 시리즈 index 재설정

때로는 인덱스의 순서를 변경해야 하는 경우가 있다. 인덱스를 '강릉', '대구', '부산', '서울' 순으로 바꾸고 싶으면 어떻게 해야 할까?

단순히 위의 예제처럼 s5.index=['강릉', '대구', '부산', '서울']로 변경하면 문제가 발생한다. 바로 index와 매칭되는 온도 value의 위치는 바뀌지 않은 채로 단순히 index 명만 바뀐 것이다. 즉 기존의 서울이 18도였는데, 이제는 대구가 18도가 되고, 서울이 대구의 온도 21.5도를 가지게 된다.

```
s5 = pd.Series(s_5, name = '온도')
s5.index = ['강릉','대구','부산', '서울']
s5
```

결과	강릉 15.0
	대구 18.0
	부산 22.0
	서울 21.5
	Name: 온도, dtype: float64

이런 경우에는 **reindex**() 메서드를 사용하여 인덱스를 재배열하면 된다. **reindex**() 메서드는 인덱스의 순서를 변경하도록 해 준다.

> **Seires객체명.reindex([새로운 인덱스의 순서])**

```
s5.reindex(['강릉','대구','부산','서울'])
```

결과	강릉 15.0
	대구 18.0
	부산 22.0
	서울 21.5

하지만 다시 s5를 출력하면 변경된 순서가 아니라 기존 순서대로 출력된다.

s5

결과	강릉 15.0
	서울 18.0
	부산 22.0
	대구 21.5
	Name: 온도, dtype: float64

즉 **s5.reindex()**가 s5 자체를 변경하는 것은 아니므로, 재배열된 시리즈 결과를 새로운 변수에 저장하거나 기존 변수에 업데이트하는 방법을 사용해야 한다.

reindex() 메서드를 이용하여 원하는 인덱스만 선택할 수 있으며, 만약 **reindex**에 적용할 리스트의 원소 중 기존 시리즈에 없는 새로운 인덱스의 경우 NaN(결측치)으로 채워진다. (결측치 부분은 나중에 다루기로 한다.)

```
   s6 = s5.reindex(['강릉','대구','부산','서울'])
   s7 = s5.reindex(['강릉','부산', '광주'])
1  print(s5)
2  print(s6)
3  print(s7)
```

결과	1	강릉	15.0	# reindex가 미적용된 s5 시리즈
		서울	18.0	
		부산	22.0	
		대구	21.5	
	2	강릉	15.0	# reindex가 적용된 s6 시리즈
		대구	21.5	
		부산	22.0	
		서울	18.0	
	3	강릉	15.0	# 원하는 index만 선택
		부산	22.0	
		광주	NaN	# 광주 index는 s5에 없으므로, NaN으로 채워진다.

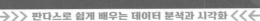
3.1.6 시리즈 정렬

시리즈는 인덱스나 value 기준으로 정렬할 수 있는데, 정렬에는 오름차순과 내림차순 정렬이 있다.

```
Seires객체명.sort_index( ascending = True(False), inplace = True )
Seires객체명.sort_values( ascending = True(False), inplace = True )
```

학생들 이름과 학번이 다음과 같다고 하자.

```
import pandas as pd
name = ['강감찬','이순신','권율','김종서','맥아더']
id_num = [1001, 1003, 1002, 1005, 1004]
s7 = pd.Series(name, index = id_num)
s7
```

결과	1001	강감찬
	1003	이순신
	1002	권율
	1005	김종서
	1004	맥아더
	dtype: object	

● 시리즈의 index 정렬

```
s7.sort_index(ascending=True)   #오름차순
```

결과	1001	강감찬	#인덱스를 오름차순으로 정렬
	1002	권율	
	1003	이순신	
	1004	맥아더	
	1005	김종서	

sort_index() 메서드를 이용하여 ascending 파라미터를 True로 두면, 인덱스의 오름차순으로 정렬된다. (참고로 ascending이라는 단어의 뜻이 오름차순이라는 뜻을 지니고 있다.)

따라서 1001부터 1005로 정렬되며, 만약 내림차순으로 정렬을 원하면 ascending을 False로 변경해야 한다. 하지만 다시 s7 시리즈를 출력하면 원래의 상태로 돌아온다.

```
s7
```

결과	1001	강감찬
	1003	이순신
	1002	권율
	1005	김종서
	1004	맥아더

정렬한 상태로 s7 시리즈를 업데이트하려면, 파라미터에 inplace=True로 지정해야 한다.

```
s7.sort_index(ascending=False, inplace=True)  #내림차순
s7
```

결과	1005	김종서	#인덱스를 내림차순으로 정렬
	1004	맥아더	
	1003	이순신	
	1002	권율	
	1001	강감찬	

이제는 values의 값들을 기준으로 오름차순과 내림차순으로 정렬해 보자.

● **시리즈의 values 정렬**

```
s7.sort_values(ascending=True)      #오름차순
```

결과	1001	강감찬	#values를 가~하 순으로 오름차순으로 정렬
	1002	권율	
	1005	김종서	
	1004	맥아더	
	1003	이순신	

sort_values()는 value 기준으로 시리즈를 정렬하게 되는데, 위의 s7은 values의 값이 오름차순으로 정렬된 것을 알 수 있다. **sort_values()** 역시 **sort_index()**와 마찬가지로 s7 **시리즈 자체를 업데이트하려면 inplace=True** 옵션을 사용해야 한다.

```
s7.sort_values(ascending=False, inplace=True)
s7
```

결과	1003	이순신	#Values를 하~가 순으로 내림차순으로 정렬
	1004	맥아더	
	1005	김종서	
	1002	권율	
	1001	강감찬	

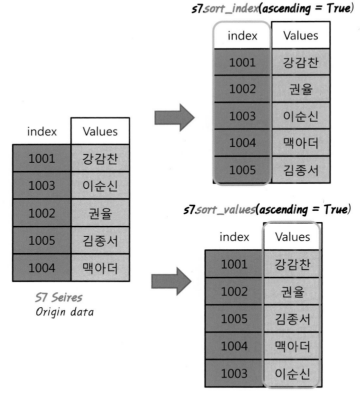

[그림3-8] sort_index와 sort_values

3.2 시리즈 주요 메서드

3.2.1 head()와 tail()

Series의 데이터들이 한 번에 파악하기 힘들 정도로 많은 경우가 있다. 이럴 경우 데이터프레임의 최상단에 위치하거나 최하단에 위치한 데이터들만을 간단히 확인할 수 있는 방법이 있다.

```
Seires객체명.head(nuber)      # 상단에 위치한 데이터를 number 수만큼 확인
Seires객체명.tail(number)     # 하단에 위치한 데이터를 number 수만큼 확인
```

```
1    s7.head(3)
2    s7.tail(3)
```

결과	1	2
	1003　　이순신 1004　　맥아더 1005　　김종서 dtype: object	1005　　김종서 1002　　권율 1001　　강감찬 dtype: object

문제 2   s7 데이터프레임을 values 기준으로 오름차순으로 정렬한 후 제일 위에 있는 사람은 누구인가? (head 메서드 이용)

문제 2.	

결과	1001　　강감찬 dtype: object

문제 3 다음 데이터는 1961년부터 1990년까지 11월의 세계 여러 도시의 평균기온에 대한 것이다. 가장 높은 평균기온을 가진 도시와 가장 낮은 평균기온을 가진 도시는 어디인가?

```
city = ['노퍽섬','갈라파고스','돔보스','루카스','방콕','앙카라','웰링턴','체르비아',
    '푸켓']
temp = [18.9, 22.5, -3.9, 5.3, 26.9, 7.1, 14.5, 8, 26.6]
```

문제 3.	

	`import pandas as pd`
	`city = ['노퍽섬', '갈라파고스', '돔보스', '루카스', '방콕', '앙카라', '웰링턴',`
	`    '체르비아', '푸켓']`
	`temp = [18.9, 22.5, -3.9, 5.3, 26.9, 7.1, 14.5, 8, 26.6]`
	`s_temp = pd.Series(temp, index = city, name = 'temp')`

1	`print(s_temp.sort_values())  #온도를 오름차순으로 정렬(낮은 온도부터)`
2	`print('가장 낮은 온도 도시',_____)`
3	`print('가장 높은 온도 도시',_____)`

결과	1	돔보스 -3.9 루카스 5.3 앙카라 7.1 체르비아 8.0 웰링턴 14.5 노퍽섬 18.9 갈라파고스 22.5 푸켓 26.6 방콕 26.9 Name: temp, dtype: float64
	2	가장 낮은 온도 도시 Index(['돔보스'], dtype='object')
	3	가장 높은 온도 도시 Index(['방콕'], dtype='object')

3.2.2 unique(), nunique() 그리고 value_counts()

데이터 분석을 위해 다루어야 할 데이터들에는 시리즈의 values가 중복되는 경우가 흔히 발생하며, 중복된 values의 개수와 중복되지 않은 values의 종류, 그리고 그 개수는 중요한 의미를 지닌다.

```
Seires객체명.unique()    # 중복된 values를 제거하고 unqiue한 values 반환
Series객체명.nuique()    # unique한 values의 개수 반환
```

'역대 장군들 중에서 가장 인기 있는 장군이 누구일까?'라는 설문조사에서 아래와 같은 결과를 얻었다고 하자.

name = ['이순신', '이순신', '강감찬', '권율', '김종서', '이순신', '강감찬']

여기는 이순신 장군과 강감찬 장군의 이름이 중복된다. 만약 전체 중 중복되지 않는 고유의 values 값들은 몇 개가 있고, 어떤 값들일까?

```
  name = ['이순신', '이순신', '강감찬', '권율', '김종서', '이순신', '강감찬']
  s_name = pd.Series(name)
1 print('중복되지 않는 values :', s_name.unique())        # 고유의 values 확인
2 print('중복되지 않는 values의 수 :',s_name.nunique()) # 고유의 values 넘버
```

결과	1	중복되지 않는 values : ['이순신' '강감찬' '권율' '김종서']
	2	중복되지 않는 values의 수 : 4

이제는 어떤 장군이 몇 명에게 선택받았는지를 확인해 보자.

이 문제는 **value_counts**() 메서드를 이용하여 매우 간단하게 누가 몇 명에게 선택되었는지 확인할 수 있다. 사실 **value_counts**() 메서드는 데이터 분석 시에 매우 빈번하게 사용된다.

```
# value_counts()를  이용한 중복값 count
Seires객체명.value_counts(normalize=False, sort=True, ascending=False,
                          bins=None, dropna=True)
```

```
name = ['이순신', '이순신', '강감찬', '권율', '김종서', '이순신', '강감찬']
s_name = pd.Series(name)
s_name.value_counts()
```

결과	이순신	3
	강감찬	2
	권율	1
	김종서	1
	dtype: int64	

value_counts()는 시리즈의 원소들이 몇 번씩 중복되는지를 알려주는데 ascending=True 설정을 통해 values의 개수가 낮은 순(오름차순)으로 정렬할 수 있다. 또한, normalize=True로 설정하면 각 원소들의 중복을 상대적인 비율로 표현할 수 있는데, 상대적이란 개념은 전체가 1일 때의 비중을 의미한다.

```
s_name.value_counts(ascending=True, normalize=True) * 100
```

결과	권율	14.285714
	김종서	14.285714
	강감찬	28.571429
	이순신	42.857143
	dtype: float64	

위의 결과를 분석해 보면, 권율 장군은 설문에서 14.28% 지지를 받았고, 압도적으로 이순신 장군이 지지를 받았는데 비율은 42.85% 정도이다.

문제 4 다음 리스트의 데이터들은, 세계 기후를 측정한 국가와 지점(도시)의 명이다.
   1. 어떤 나라들이 있는가?
   2. 몇 개의 나라가 있는가?
   3. 가장 많은 도시에서 기후를 측정한 나라는 어떤 나라이고 또 몇 개의 도시였는가?

문제 4.

```
country = ['남아프리카', '뉴질랜드', '뉴질랜드', '남극(호주)', '뉴질랜드',
'마케도니아', '남아프리카', '남극(호주)', '남아프리카', '뉴질랜드', '남아프리카']
```

```
city = ['고프', '기즈번', '뉴플리머스', '데이비스 해협', '라울 섬', '라자로폴레',
'매리언 아일랜드', '모슨', '블룸폰테인', '오클랜드', '요하네스버그']

    s_country = pd.Series(country, index = city)
1   print('중복되지 않는 나라들의 이름은?')
2   print(s_country._____)
3   print('몇 개의 나라가 있는가?')
4   print(s_country._____)
5   print('가장 많은 지점에서 측정한 나라와 그 나라의 도시 수')
6   print(s_country._____)    #내림차순 정렬
```

결과		
	1	중복되지 않는 나라들의 이름은?
	2	['남아프리카' '뉴질랜드' '남극(호주)' '마케도니아']
	3	몇 개의 나라가 있는가?
	4	4
	5	가장 많은 지점에서 측정한 나라와 도시 수
	6	남아프리카 4
		dtype: int64

4

판다스(pandas)
- 데이터프레임(DataFrame)

　3장에서 살펴본 시리즈(Series)는 1차원 구조로, 하나의 인덱스와 하나의 Value가 1:1로 매칭되었다. 한마디로 시리즈는 인덱스를 가지는 1차원 열 구조이다.

　데이터프레임은 같은 인덱스를 공유하면서 2개 이상의 열을 가지는 구조, 2차원 행렬의 구조를 지닌다. 마이크로소프트사의 엑셀과 유사한 구조라고 생각하면 편하다.

　각 원소에 접근하기 위해서는 index와 column 이름(header, 헤더)으로 접근할 수 있다.

　각 열은 개별의 시리즈가 되고, 공통된 자료형을 가지며, 각 행은 개별 열들의 정보를 하나씩 가지는 시리즈가 된다.

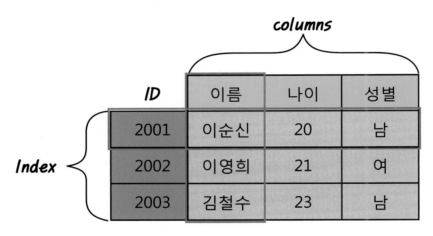

[그림 4-1] 데이터프레임 구조

　위의 그림에서는 '2001'부터 '2003'까지의 ID가 각 행에 접근하는 index가 되고, '이름'부터 '성별'까지가 각 열에 접근하는 column이 된다. '2001' 행(index)은 '이순신', '20', '남'이라는 데이터들을 가지며, '이름'의 열(column)은 '이순신', '이영희', '김철수'라는 공통된 자료형을 가진다.

4.1 데이터프레임 생성과 정렬

4.1.1 데이터프레임 생성과 이름 변경

```
pd.DataFrame(data, index, columns, dtype)
```

이제부터 pandas의 데이터프레임을 생성하는 방법에 대해 살펴보자.

pd.Series()로 시리즈를 생성했듯이 데이터프레임은 **pd.DataFrame(data)**으로 생성할 수 있다. data에 해당되는 부분에는 2차원 **리스트**(또는 **튜플**) 형태가 가능하고, **딕셔너리**와 **시리즈**로도 데이터 프레임을 만들 수 있다.

시리즈를 생성하는 방법과 크게 다르진 않지만, 시리즈에는 하나만 존재하는 열이 데이터프레임 에는 여러 개 있으므로 columns라는 파라미터가 있다. 따라서 데이터프레임 생성 시에 index의 이 름을 지정할 수 있을 뿐만이 아니라, 열들(columns)의 이름 역시 지정할 수 있다.

아래 데이터는 **2023년 7월 Tiobe 프로그래밍 인덱스 지수**이다.

● **리스트를 이용한 데이터프레임 생성**

```python
import pandas as pd
import numpy as np
df = pd.DataFrame( [ ['13.42%','-0.01%'], ['11.56%', '-1.57%'],
                     ['10.80%', '0.79%'], ['10.50%', '-1.09%'] ],
                  index = ['python', 'c', 'c++', 'java'],
                  columns = ['Ratings', 'Change'] )
df
```

결과		Ratings	Change
	python	13.42%	-0.01%
	c	11.56%	-1.57%

| c++ | 10.80% | 0.79% |
| java | 10.50% | -1.09% |

위의 예는 리스트를 이용하여 데이터프레임을 생성한 예이다. 만약 위의 예에서 index와 columns를 지정하지 않았다면 어떻게 될까? index와 columns를 따로 지정하지 않으면 index와 columns 모두 default인 정수형 번호들을 가지게 된다. 따라서, 데이터들이 가진 의미를 유추하기 힘들어진다.

딕셔너리를 이용해 데이터프레임을 생성하는 방법도 자주 사용한다. 이 경우는 열의 이름을 key로 지정해야 하고, 각 열의 데이터들을 values로 지정해야 한다.

아래의 예에서는 key인 '**Ratings**', '**Change**'가 열의 이름이 된다.

● 딕셔너리를 이용한 데이터프레임 생성

```
df = pd.DataFrame({ 'Ratings': ['17.18%', '15.08%', '11.98%', '1.14%' ],
                    'Change': ['+5.14%', '4.35%', '1.26%', '-0.14%'] },
                  index = ['python', 'c', 'java', 'r'] )
df
```

결과		Ratings	Change
	python	17.18%	+5.14%
	c	15.08%	4.35%
	java	11.98%	1.26%
	r	1.14%	-0.14%

마지막으로 살펴볼 방법은 여러 시리즈를 이용해서 데이터프레임으로 만드는 방법이다.

● 시리즈를 이용한 데이터프레임 생성

```
df = pd.DataFrame([pd.Series(['17.18%','+5.14%'], index = ['Ratings', 'Cahnge']),
                   pd.Series(['15.08%', '4.35%'], index = ['Ratings', 'Cahnge']),
```

```
        pd.Series(['11.98%', '1.26%'], index = ['Ratings', 'Cahnge']),
        pd.Series(['1.14%', '-0.14%'], index = ['Ratings', 'Cahnge']) ],
        index = ['python', 'c', 'java', 'r'])
df
```

결과		Ratings	Change
	python	17.18%	+5.14%
	c	15.08%	4.35%
	java	11.98%	1.26%
	r	1.14%	-0.14%

How to make like this?

	Ratings	Cahnge
python	17.18%	+5.14%
C	15.08%	4.35%
Java	11.98%	1.26%
R	1.14%	-0.14%

방법 1
```
pd.DataFrame( [ ['17.18%','+5.14%'], ['15.08%', '4.35%'],
                ['11.98%', '1.26%'], ['1.14%', '-0.14%'] ],
              index = ['python', 'C', 'Java', 'R'],
              columns = ['Ratings', 'Change'] )
```

방법 2
```
pd.DataFrame({ 'Ratings': ['17.18%', '15.08%', '11.98%', '1.14%' ],
               'Change' :['+5.14%', '4.35%', '1.26%', '-0.14%'] },
             index = ['python', 'C', 'Java', 'R'] )
```

방법 3
```
pd.DataFrame([pd.Series(['17.18%','+5.14%'], index = ['Ratings', 'Cahnge']),
              pd.Series(['15.08%', '4.35%'], index = ['Ratings', 'Cahnge']),
              pd.Series(['11.98%', '1.26%'], index = ['Ratings', 'Cahnge']),
              pd.Series(['1.14%', '-0.14%'], index = ['Ratings', 'Cahnge']) ],
             index = ['python', 'C', 'Java', 'R'])
```

[그림 4-2] 데이터프레임 생성 방법

시리즈를 이용해서 데이터프레임을 만들 때 index가 동일하면 시리즈 내에서의 배치 순서가 틀려도 자동으로 동일한 idnex를 기준으로 value 값들을 정렬한다.

```
s1 = pd.Series({'python' : '17.18%', 'c' :'15.08%', 'java' :'11.98%',  'r': '1.14%'})
s2 = pd.Series({'r': '-0.14%','java' :'1.26%',  'c' :'4.35%', 'python' : '5.14%' })
df = pd.DataFrame({'Ratings' : s1, 'Change' : s2})
df
```

결과		Ratings	Change
	c	15.08%	4.35%
	java	11.98%	1.26%
	python	17.18%	5.14%
	r	1.14%	-0.14%

기본적으로 데이터프레임은 index의 오름차순으로 정렬하게 되므로 s1,s2 시리즈의 index 순서와는 별개로 c, java, python, r 순으로 정렬된다.

이미 생성된 데이터프레임의 index 이름 또는 columns의 이름을 변경할 수 있는 기능도 있다. **rename()** 메서드를 이용하는 것인데, 딕셔너리를 통해 기존 index 명을 key로, 변경을 원하는 index 이름을 values로 지정하면 되는데, 데이터프레임에 업데이트하려면 inplace를 True로 설정해야 한다.

```
DataFrame객체.rename(index = {기존 인덱스 : 새 인덱스 , ...}, inplace = True)
DataFrame객체.rename(columns = {기존 열이름 : 새 열이름, ...}, inplace = True)
```

문제 1   df 데이터프레임을 이용하여 프로그램 언어들의 첫 번째 글자를 대문자로 변경하고, 열의 첫 번째 글자를 소문자로 변경해 보자.

문제 1.

```
df.rename(index = _____)
df.rename(columns = _____)
df
```

결과		Ratings	Change
	C	15.08%	4.35%
	Java	11.98%	1.26%
	Python	17.18%	5.14%
	R	1.14%	-0.14%

4.1.2 데이터프레임 행과 열

시리즈 객체에서 인덱스와 values 값을 확인할 수 있었던 것처럼 데이터프레임 역시 인덱스, values 그리고 columns를 확인할 수 있다.

```
DataFrame객체.index     #데이터프레임의 모든 index 열거
DataFrame객체.columns   #데이터프레임의 모든 columns 열거
```

* 아래 예제는 위 문제 1에 연결되어진다.

```
print(df.index)      #df 객체의 모든 index 열거
print(df.columns)    #df 객체의 모든 Columns 열거
```

결과	Index(['C', 'Java', 'Python', 'R'], dtype='object') Index(['ratings', 'change'], dtype='object')

rename() 메서드를 사용하지 않고도 index와 columns 속성을 이용하여 간단히 index 또는 columns 값을 변경할 수 있다.

```
df.index = ['C언어', '자바', '파이썬', 'R']
df
```

결과		Ratings	Change
	C언어	15.08%	4.35%
	자바	11.98%	1.26%
	파이썬	17.18%	5.14%
	R	1.14%	-0.14%

만약 원래의 df.index 개수가 4개인데, 하나라도 적거나 많은 개수로 변경을 시도하면 에러가 발생하니 주의하자.

다음 표와 같은 데이터프레임을 생성해 보자.

	이름	국어	영어	수학
0	기훈	70	80	90
1	상우	100	100	90
2	새벽	80	60	80

```
import pandas as pd
name = ['기훈', '상우', '새벽']
kor = [70, 100, 80]
eng = [80, 100, 60]
math = [90, 90, 80]
df_score = pd.DataFrame({'이름': name, '국어': kor, '영어':eng, '수학':math})
df_score
```

결과

	이름	국어	영어	수학
0	기훈	70	80	90
1	상우	100	100	90
2	새벽	80	60	80

문제 2   df_score 데이터프레임을 인덱스(index)를 '1번', '2번', '3번'으로 변경해 보자.

문제 2.

결과

	이름	국어	영어	수학
0번	기훈	70	80	90
1번	상우	100	100	90
2번	새벽	80	60	80

● 데이터프레임 특정 열을 인덱스로 지정

　2차원 표 형식의 데이터에서 인덱스는 그 행으로 접근할 수 있는 이름이자 주소와 같은 중요한 역할을 하므로 중복된 데이터가 존재하거나 너무 긴 이름을 가지고 있으면 곤란하다. 즉 유일하고

간결하며 각 행을 대표할 수 있는 이름이여야 하는데, df_score의 데이터프레임에는 index가 될 수 있는 열이 하나 있다. 바로 학생들의 '이름' 열인데, 이 '이름' 열을 인덱스로 변경하는 방법을 살펴보자.

set_index()라는 메서드를 통해 index로 변경하고자 하는 열의 이름을 지정하면 된다.

```
DataFrame객체.set_index('열 이름', inplace = True)  #특정 열을 index로 지정
```

```
df_score.set_index('이름', inplace = True)
df_score
```

결과	국어	영어	수학
이름			
기훈	70	80	90
상우	100	100	90
새벽	80	60	80

위의 결과에서 '**이름**'이라는 index name은 여태껏 다룬 다른 예제들에서는 존재하지 않았지만, **set_index**()로 특정 열을 index를 지정하면 기존 열의 이름을 자동으로 가지고 온다.

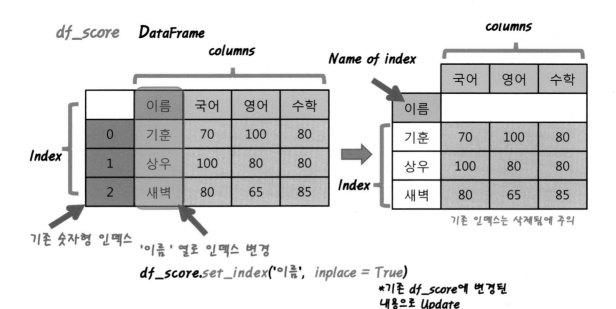

[그림 4-3] set_index() 메서드를 이용한 index 열 변경

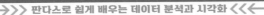
```
df_score.index
```

결과	Index(['기훈', '상우', '새벽'], dtype='object', name='이름')

set_index() 메서드로 인덱스를 변경한 새로운 데이터프레임을 기존 데이터프레임인 df_score에 업데이트하고 싶으면 inplace=True라는 옵션을 사용해야 한다.

그런데 여기서 하나 주의할 점이 있다. **set_index**()를 통해 기존의 열을 새로운 index로 지정하게 되면, 기존 index는 삭제되어 더 이상 데이터프레임에는 존재하지 않게 된다. 만약 기존 인덱스가 중요한 의미를 지니고 있으면, 기존 인덱스를 새로운 열로 추가하면 된다. 이 방법은 **'4.1.5절 데이터프레임 행/열 선택 및 추가'**에서 자세히 다루기로 한다.

● **데이터프레임 reset_index**

'이름' 열을 index로 지정해서 데이터프레임을 변경한 후, 필요에 따라서 다시 index를 데이터프레임의 시리즈로 변경해야 하는 경우가 간혹 있다. 이때는 **reset_index**() 메서드를 이용하면 된다. **reset_index**()를 사용하면, 현재 index가 데이터프레임의 열로 추가되고, 정수형 인덱스로 자동 설정된다. 이때 기존의 인덱스를 열에 추가하고 정수형 인덱스로 대체하기 위해서는 drop 옵션을 False(기본값)로 하면 되고, 만약 제거한 인덱스를 데이터프레임 열에 추가하는 것을 원치 않으면 drop=True로 설정하면 된다.

```
# 설정된 인덱스를 제거하고 기본 정수형 인덱스(0,1,~,n)로 변경
DataFrame객체.reset_index(drop=False, inplace=False )  #index 초기화
```

```
df_score.reset_index(inplace=False) #데이터프레임에 저장은 하지 않는다.
```

결과		이름	국어	영어	수학
	0	기훈	70	80	90
	1	상우	100	100	90
	2	새벽	80	60	80

4.1.3 데이터프레임 인덱싱과 슬라이싱

　3.1절에서 loc와 iloc 인덱서를 이용하여 시리즈의 특정 원소에 접근하는 인덱싱 방법을 알아보았다. 데이터프레임 역시 loc와 iloc를 통해 각 원소에 접근해서 데이터를 추출할 수 있다. 다만, 시리즈와의 차이점은 시리즈는 행의 이름이나 행의 색인번호로 원소에 접근할 수 있었지만, 데이터프레임은 행과 열이 있는 2차원 표 형태이므로, 아래와 같이 행의 index와 열의 이름(header) 정보로 특정 데이터에 접근할 수 있다.

● **데이터프레임 인덱싱**

```
DataFrame객체.loc[행 이름, 열 이름]    #loc는 위치를 의미
DataFrame객체iloc[행 번호, 열 번호]    #iloc는 정수형 위치 의미
```

위에서 다룬 데이터프레임에서 기훈이의 영어 점수와 상우의 수학 점수만을 추출해 보자.

```
print(df_score.loc['기훈', '영어'])
print(df_score.loc['상우', '수학'])
```

결과	80
	90

```
print(df_score.iloc[0, 1])
print(df_score.iloc[1, 2])
```

결과	80
	90

　데이터프레임에서 특정 행이나 열의 원소를 선택하기 위해 보통 loc와 iloc 인덱서를 혼용해서 사용하는데, 만약 행이나 열의 길이가 긴 데이터프레임의 경우는 특정 행(열)을 숫자로 지정하기 어려우므로 loc 인덱서를 사용하며, 중복되는 인덱스가 있는 경우에는 원하는 인덱스를 선택하기 위해서는 iloc를 사용해야 한다.

새벽이의 영어 점수가 잘못 채점되어 60점에서 65점으로 변경되었다고 한다. 새벽이의 영어 점수
에 접근하여 새로운 값으로 변경하자.

```
#새벽이의 영어점수 변경 60 -> 65
df_score.loc['새벽', '영어'] = 65
df_score
```

결과	국어	영어	수학
이름			
기훈	70	80	90
상우	100	100	90
새벽	80	**65**	80

시리즈와 마찬가지로 개별 원소에 loc로 접근한 후에 새로운 값을 입력하면 값이 변경된다.

문제 3 수학 문제에서 출제 오류가 발견되었다. 그로 인해 모든 학생의 수학 점수가 5점씩 상
승되었다. 데이터프레임을 변경해 보자.

문제 3.

```
#모든 학생의 수학 점수 변경 + 5
df_score._____ = 95        # 훈이의 수학 성적 변경
df_score._____ = 95        # 상우의 수학 성적 변경
df_score.loc['새벽', '수학'] = _____ + 5   # 새벽이의 기존 점수 + 5
df_score
```

결과	국어	영어	수학
이름			
기훈	70	80	**95**
상우	100	100	**95**
새벽	80	65	**85**

물론 위의 코드보다 더 간단한 방법도 있다. 학생들의 이름은 모두 다르지만, '수학'은 동일하므
로 학생들의 이름을 리스트로 전달하여 아래와 같이 변경할 수도 있다.

```
df_score.loc[['기훈','상우','새벽'], '수학'] = [95, 95, 85]
df_score
```

● **데이터프레임 슬라이싱**

이제 데이터프레임의 슬라이싱을 살펴보도록 하자. 리스트의 슬라이싱과 크게 다르지 않다.

> **데이터프레임의 특정 부분 선택 (Slicing)**
> DataFrame객체.loc[(행) start name : end name , (열)start name : end name]
> DataFrame객체.iloc[(행) start num : end num -1, (열)start num : end num -1]

슬라이싱을 이용하여 모든 학생들의 **영어** 점수만을 가져와 보자.

```
df_score.loc['기훈':'새벽', '영어']      #방법 1
df_score.loc[:, '영어']                 #방법 2  (모든행 선택)
df_score.loc['기훈':, '영어']           #방법 3
df_score.loc[:'새벽', '영어']           #방법 4
```

결과	이름	
	기훈	80
	상우	100
	새벽	65

이번에는 **새벽**이의 모든 점수를 가져와 보자.

```
df_score.loc['새벽', '국어' : '수학']
df_score.loc['새벽', : ]
df_score.loc['새벽', '국어':]
df_score.loc['새벽', : '수학']
```

결과	국어	80
	영어	65

```
수학      85
Name: 새벽, dtype: int64
```

위 예제의 결과처럼 새벽이의 모든 과목 점수를 iloc 인덱서로 가져와 보자.

```
df_score.iloc[2, 0:3]
df_score.iloc[2, : ]
df_score.iloc[2, 0:]
df_score.iloc[2, :3]
```

문제 4 기훈이와 상우의 영어 점수와 수학 점수를 슬라이싱을 통해 추출해 보자.

문제 4.

```
df_score.loc[_____]    #슬라이싱을 이용한 방법
df_score.iloc[_____]
```

결과		영어	수학
	기훈	80	95
	상우	100	95

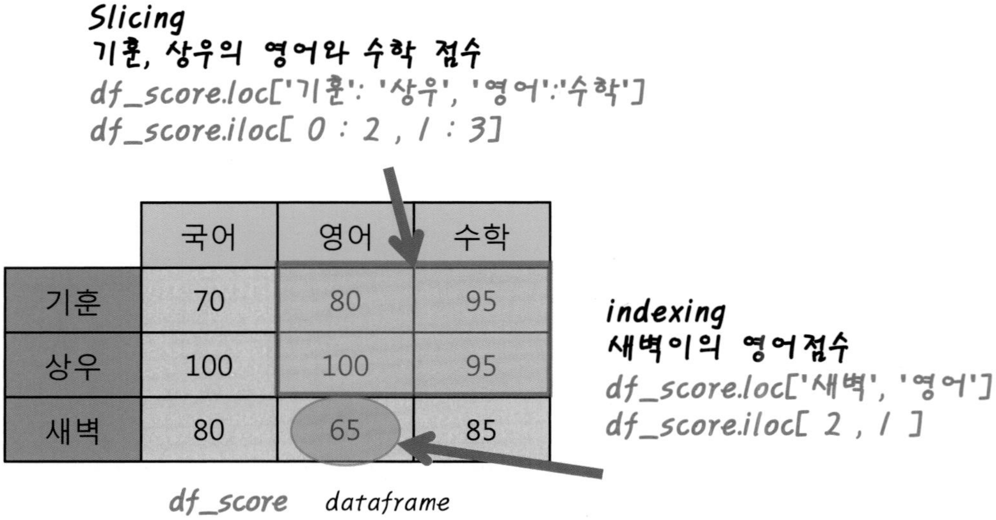

Slicing
기훈, 상우의 영어와 수학 점수
df_score.loc['기훈': '상우', '영어':'수학']
df_score.iloc[0 : 2 , 1 : 3]

	국어	영어	수학
기훈	70	80	95
상우	100	100	95
새벽	80	65	85

indexing
새벽이의 영어점수
df_score.loc['새벽', '영어']
df_score.iloc[2 , 1]

df_score   *dataframe*

[그림 4-4] 인덱싱과 슬라이싱

시리즈에서 다루었던 reindex() 메서드는 데이터프레임에도 적용 가능한데, 원하는 행과 열로만 구성된 데이터프레임을 쉽게 생성할 수 있다. index와 columns에 반드시 리스트 형태로 인덱스와 열의 이름을 전달하면 해당 인덱스와 열로 구성된 데이터프레임이 생성되는데, 아래와 같이 기존 인덱스와 열에 없는 값을 주더라도 에러 발생 없이 NaN(not a number)으로 채워진다.

```
df_score2 = df_score.reindex(index = ['기훈','새벽','미녀'], columns = ['국어','수학',
                             '과학'])
df_score2
```

결과		국어	수학	과학
이름				
기훈		70.0	95.0	**NaN**
새벽		80.0	85.0	**NaN**
미녀		**NaN**	**NaN**	**NaN**

4.1.4 데이터프레임 복사

이번 절에서 다룰 내용은 다소 어려우면서도 중요한 내용이다. 도중에 이해하기 어렵다면 우선은 이 절을 다른 절의 학습 후 다시 돌아와서 학습하는 것도 좋다.

위 df_score2 데이터프레임에서 기훈과 상우의 영어, 수학 점수를 새로운 객체 df_new에 저장해 보자.

그리고 df_new의 모든 원소의 값을 80점으로 변경하자.

```
# 뷰(view)로서의 복사
df_new = df_score.loc['기훈':'상우', '영어':'수학']
df_new.loc[:,:] = [[80,80], [80, 80]]  #2행 2열이므로 2행 2열로 원소 전달
df_new
```

결과		영어	수학
이름			
기훈		80	80
상우		80	80

df_score의 데이터프레임이 아닌 df_new의 데이터프레임의 점수를 변경하였다. df_new와 df_score는 분리된 개별 데이터프레임으로 보인다. 하지만 df_score를 출력해 보면 예상한 결과와 다를 것이다.

```
df_score
```

결과		국어	영어	수학
이름				
기훈		70	80	80
상우		100	80	80
새벽		80	65	85

이와 같이 Numpy와 pandas에서 위와 같은 방법으로 복사를 하면 두 개의 객체가 공유되어 원본과 사본이 서로에게 영향을 끼친다. 즉 df_score의 데이터를 변경해도 사본인 df_new의 값 역시 변경이 된다. **이를 얕은 복사(shallow copy) 또는 뷰(View)라고 한다.**

```
df_score.loc['기훈','영어'] = 100
df_new        #원본을 변경해도 복사본의 값이 변경된다, 뷰
```

결과		영어	수학
이름			
기훈		100	80
상우		80	80

그럼, 복사본과 원본이 완전히 독립된 객체로 서로에게 영향을 주지 않는 방법은 없을까?
아래 예제는 **깊은 복사(Deep copy 혹은 copy)**에 대한 것이다.

```
# 깊은 복사
df_new2 = df_score.loc['기훈':'상훈', '영어':'수학'].copy()
print(df_new2)
```

결과		영어	수학
	이름		
	기훈	100	80
	상우	80	80

깊은 복사는 두 객체가 완벽하게 독립적이므로 서로에게 영향을 주지 않는다.

```
  df_new2.loc['기훈', '영어'] = 80   #사본 df_new2의 data 변경
1 print(df_new2)
2 print(df_score)                    #원본 df_score에는 영향을 주지 않는다.
```

결과	1		영어	수학		#사본 df_new2의 출력 결과
		이름				
		기훈	80	80		
		상우	80	80		
	2		국어	영어	수학	#원본 df_scire의 출력 결과
		이름				
		기훈	70	100	80	
		상우	100	80	80	
		새벽	80	65	85	

4.1.5 데이터프레임 행/열 선택 및 추가

인덱싱과 슬라이싱은 원하는 데이터를 선택하거나 추출할 수 있다. 인덱싱을 통해 원소 하나를 선택하면 선택된 데이터의 자료형은 numpy type이 되고, 2개 이상의 데이터를 행에서만 또는 열에서만 추출한다면 시리즈가 된다. 슬라이싱을 통해 행의 원소가 2개 이상이고, 열이 2개 이상이면

데이터프레임이 된다.

```
1    print(type(df_score.loc['기훈','영어']))              #하나의 숫자(int64데이터)
2    print(type(df_score.loc['기훈':'상훈','영어']))         #영어 열(Seires)
3    print(type(df_score.loc['기훈':'상훈','영어':'수학']))   #데이터프레임
```

결과	1	`<class 'numpy.int64'>`
	2	`<class 'pandas.core.series.Series'>`
	3	`<class 'pandas.core.frame.DataFrame'>`

이번 절에서 다룰 것은 한 행 전체를 또는 한 열 전체를 추출하는 방법을 알아볼 것이다. 즉 **한 행과 한 열을 추출하게 되면 시리즈가 되고** 3.1절에서 학습한 **시리즈의 모든 속성과 시리즈의 연산 그리고 시리즈 메서드를 이용할 수 있게 된다.**

한 행 또는 한 열을 추출하기 위해선 이전에 학습한 슬라이싱을 이용해도 되지만, 아래와 같이 조금 특별한 인덱싱으로도 추출할 수도 있다.

'수학' 열만을 선택할 수 있는 3가지 방법에 대해 살펴보자.

● **한 열을 선택하여 시리즈 생성**

```
print(df_score.loc[:,'수학'])    #방법 1
print(df_score.iloc[:,2])        #방법 2
print(df_score['수학'])          #방법 3
print(df_score.수학)             #방법 4
```

결과	이름
	기훈 80
	상우 80
	새벽 85
	Name: 수학, dtype: int64

첫 번째, 두 번째 방법은 슬라이싱을 이용한 방법이다. 모든 행을 선택하고, 열은 '수학'만을 선택

했으므로 위의 결과가 출력된다.

세 번째와 네 번째 방법은 매우 자주 사용되는 방법들이고, 이 책에서도 혼용하여 사용되니 **반드시 기억해 두길 바란다.** 네 번째 방법에서 '수학'으로 표기하지 않음에 주의하자.

● **한 행을 선택하여 시리즈 생성**

이제 한 행을 선택하는 방법을 살펴보자. 수학 열을 선택하기 위해서는 df_score['수학']으로 표기하면 되지만, 행을 선택할 경우에는 반드시 loc나 iloc 인덱서를 사용해야 한다. 기훈이의 모든 과목의 성적은 다음과 같다.

```
df_score.loc['기훈', :]    #방법 1
df_score.loc['기훈']       #방법 2
```

결과	국어 70
	영어 100
	수학 80
	Name: 기훈, dtype: int64

사실, 데이터 분석은 행에 대한 분석보다 열을 기준으로 한 분석이 주를 이루는데, 한 열은 공통된 자료형이고 공통된 주제로 묶여져 있기 때문이다.

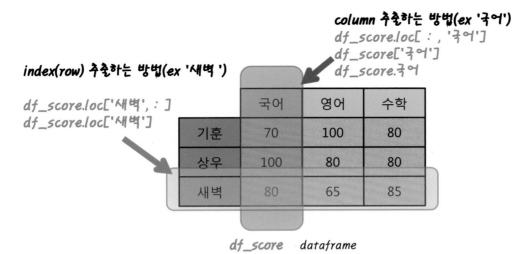

[그림 4-5] 한 행 또는 한 열 추출 방법

문제 5 아래의 data 딕셔너리를 이용하여 '**이름**' 열을 인덱스로 하는 df_class 데이터프레임을 만들고, '**혜담**' 행과 '**성적**' 열을 각각 출력하라. 이때 '**혜담**' 행과 '**성적**' 열은 모두 시리즈이다.

문제 5.

```
data = {
    '이름': ['민성', '혜담', '민수', '성현', '현직'],
    '나이': [25, 23, 22, 24, 21],
    '성적': [85, 90, 78, 95, 88]
}
data
df_class = pd.DataFrame(data)
df_class._____  #이름 열을 index로 지정


# '혜담'이의 행 선택
print(df_class._____)


#모든 학생의 성적 ('성적' 열 선택)
print(df_class._____)
```

결과	
	국어 80
	영어 65
	수학 85
	Name: 새벽, dtype: int64
	이름
	기훈 100
	상우 80
	새벽 65
	Name: 영어, dtype: int64

● **데이터프레임에 행/열 추가**

이미 만들어진 데이터프레임에서 열과 행을 추가하는 방법을 살펴보자. 데이터프레임에 존재하지 않는 열(또는 행)의 이름으로 접근하여 원소의 값들을 채워 넣으면 간단히 열(또는 행)이 추가된다.

기훈이와 상우, 새벽이의 과학 성적이 각각 80, 90, 100이었다고 가정하자. 이 과학 점수를 기존 데이터프레임에 추가하기 위해선 아래와 같이 프로그램을 작성하면 된다.

```
df_score['과학'] = [80, 90, 100]
df_score
```

결과		국어	영어	수학	과학
	이름				
	기훈	70	100	80	80
	상우	100	80	80	90
	새벽	80	65	85	100

만약 추가해야 되는 열의 데이터가 동일하다면 다음과 같은 방법도 가능하다.

```
df_score['과제'] = 'pass'
df_score
```

결과		국어	영어	수학	과학	과제
	이름					
	기훈	70	100	80	80	pass
	상우	100	80	80	90	pass
	새벽	80	65	85	100	pass

'과학' 열 추가
*기존에 없던 열의 이름(ex 과학)으로 접근하면 열을 추가할 수 있다.
```
df_score.loc[ : , '과학'] = [80,90,100]
df_score['과학'] = [80,90,100]
df_score.과학 = [80,90,100]
```

'과제' 열 추가
*동일 데이터라면 리스트 대신에 단일 데이터로도 열 전체를 채울수 있다.
```
df_score.loc[ : , '과제'] = 'Pass'
df_score['과제'] = 'Pass'
df_score.과제 = 'Pass'
```

	국어	영어	수학		과학		과제
기훈	70	100	80		80		Pass
상우	100	80	80		90		Pass
새벽	80	65	85		100		Pass

df_score   dataframe

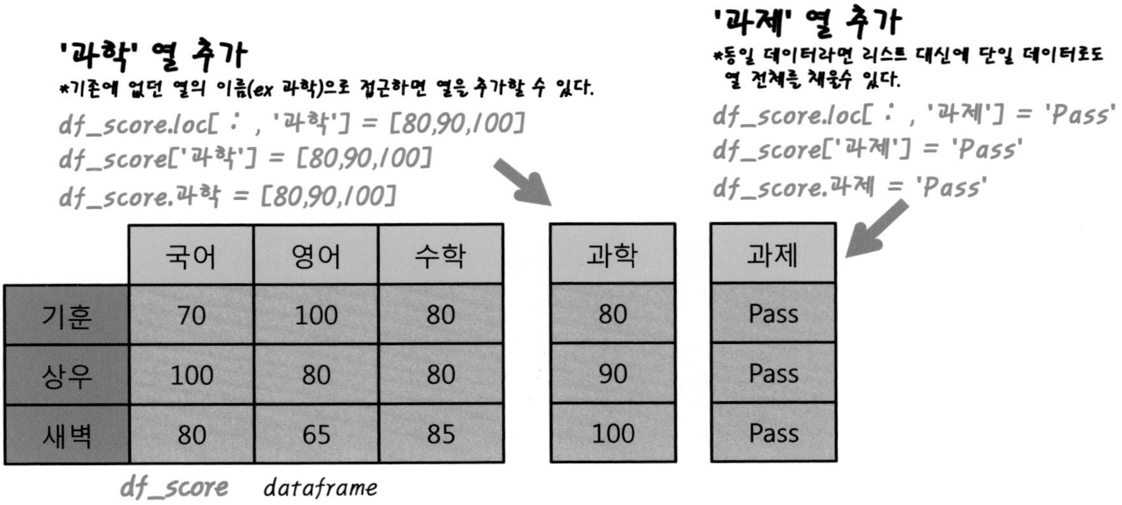

[그림 4-6] 데이터프레임에 열 추가 방법

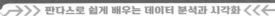
열을 추가했던 방법과 마찬가지로 행을 추가할 수도 있다.

'덕수'라는 학생의 점수를 추가해 보자. 이 학생의 국어, 영어, 수학, 과학, 과제의 점수가 각각 50, 40, 40, 30, Fail이었다고 하면,

```
df_score.loc['덕수'] = [50, 40, 40, 30, 'Fail']
df_score
```

결과		국어	영어	수학	과학	과제
	이름					
	기훈	70	100	80	80	pass
	상우	100	80	80	90	pass
	새벽	80	65	85	100	pass
	덕수	50	40	40	30	Fail

만약 일남이라는 학생이 시험에 불참하여 모두 0점을 받았다고 하면, 아래와 같이 작성할 수 있다. 다만, 과제는 따로 Fail로 변경하여 dtype을 통일시켜 주도록 한다.

```
df_score.loc['일남'] = 0   #국어~과제까지 모두 0으로 추가
df_score.loc['일남','과제'] = 'Fail'
df_score
```

결과		국어	영어	수학	과학	과제
	이름					
	기훈	70	100	80	80	pass
	상우	100	80	80	90	pass
	새벽	80	65	85	100	pass
	덕수	50	40	40	30	Fail
	일남	0	0	0	0	Fail

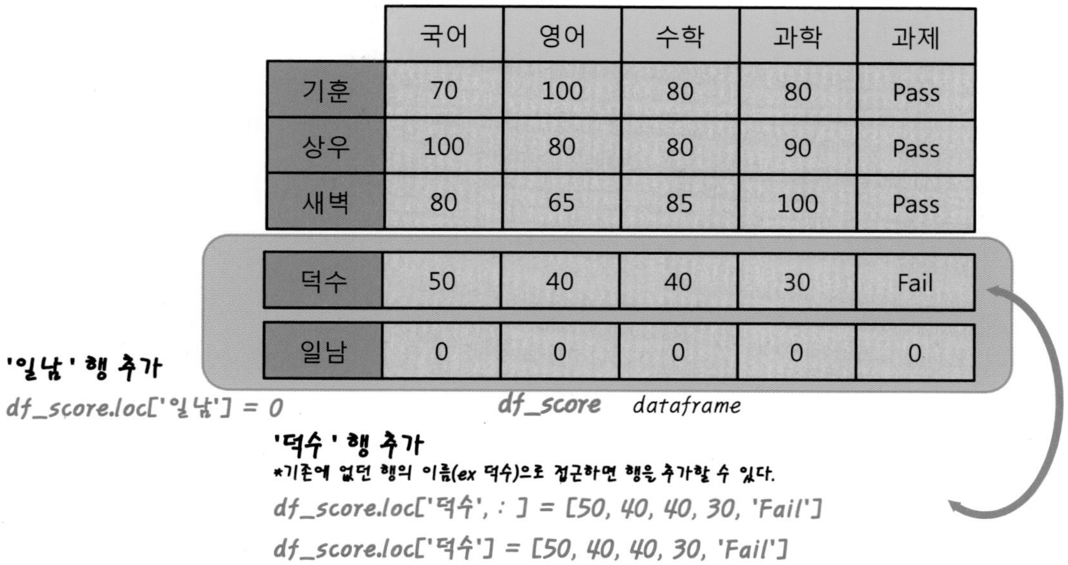

	국어	영어	수학	과학	과제
기훈	70	100	80	80	Pass
상우	100	80	80	90	Pass
새벽	80	65	85	100	Pass
덕수	50	40	40	30	Fail
일남	0	0	0	0	0

df_score dataframe

'일남' 행 추가
df_score.loc['일남'] = 0

'덕수' 행 추가
*기존에 없던 행의 이름(ex 덕수)으로 접근하면 행을 추가할 수 있다.
df_score.loc['덕수', :] = [50, 40, 40, 30, 'Fail']
df_score.loc['덕수'] = [50, 40, 40, 30, 'Fail']

[그림 4-7] 데이터프레임에 행 추가 방법

문제 6 학생들 중 과제를 pass 한 학생의 수와 fail 한 학생의 수는 각각 몇 명인가?

문제 6.

```
import pandas as pd
data = {
    '이름': ['민성', '혜담', '민수', '성현', '현직'],
    '나이': [25, 23, 22, 24, 21],
    '성적': [85, 90, 78, 95, 88],
    '과제' : ['pass', 'pass', 'fail', 'pass', 'fail' ]
}
df_class = pd.DataFrame(data, index = data['이름'])
df_class['과제']._____
```

결과	pass 3
	Fail 2

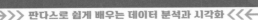
4.1.6 데이터프레임 연산

2장에서 Numpy 배열을 이용하여 기본적인 산술 연산과 통계에 많이 사용되는 기능들을 살펴 보았다. pandas는 Numpy를 기본으로 만들어졌으므로 대부분의 기능들을 상속받았다. 이번 절에 서는 연산과 통계적 수치 계산에 도움을 주는 메서드를 시리즈와 데이터프레임에 적용해 보자.

기훈이의 모든 과목 총점은 얼마일까? 기훈이 행에서 각 열을 더하여 총합을 계산해 보면 다음과 같다. 이때 **과제는 제외해서 계산**하자.

	국어	영어	수학	과학	과제
기훈	70	100	80	80	Pass

[그림 4-8] 기훈이의 성적

```
df_score.loc['기훈', '국어'] + df_score.loc['기훈', '영어'] + df_score.loc['기훈', '수학']
+ df_score.loc['기훈', '과학']
```

결과	330

위 코드는 단 네 개의 데이터의 합을 구함에도 꽤 번거롭다. Numpy 배열에서 학습했던 **sum()** 메서드 역시 데이터프레임이나 시리즈에 적용된다. 기훈 행에서 '국어'부터 '과학'까지를 슬라이싱하고 **sum()** 메서드로 적용하면 아래와 같다.

```
df_score.loc['기훈', '국어' : '과학'].sum()
```

결과	330

기훈이의 성적 평균도 구해 보자.

```
df_score.loc['기훈', '국어' : '과학'].mean()
```

결과	82.5

이제 기훈이, 상우, 새벽이의 각 성적의 평균을 구해 보자.

```
df_score.loc['기훈' : '새벽', '국어' : '과학'].mean()
```

결과	국어 83.333333
	영어 81.666667
	수학 81.666667
	과학 90.000000
	dtype: float64

원하는 결과가 나왔다고 생각되는가? 자세히 보면 기훈, 상우, 새벽이의 각 개인의 평균 점수가 아니라 각 과목별 평균이 출력되었다.

예제에서 원하는 학생들의 평균 성적을 도출하려면 **mean**() 메서드에 파라미터로 전달할 것이 있다. 바로 'axis = 1'이라는 축 지정 옵션이다.

```
df_score.loc['기훈' : '새벽', '국어' : '과학'].mean(axis = 1)
```

결과	이름
	기훈 82.5
	상우 87.5
	새벽 82.5
	dtype: float64

이전에 Numpy 배열의 결합과 분리(np.concatenate(), np.slpit()) 시에 axis(축)에 대해 언급한 적이 있다. axis=0은 각 열의 모든 행을 대상으로 동작(기능)을 실행하고, axis=1은 각 행의 모든 열을 대상으로 동작(기능)을 실행한다. 즉 axis=1인 경우 각 행의 개별 원소의 합이 열로 저장된 결과를 반환한다.

문제 7 아래 데이터프레임은 영업사원들의 1월부터 6월까지의 판매 실적이다. 1월부터 6월 사이의 각 영업사원들의 총 판매수와 평균 판매수를 열로 추가하라. 또한, 매월 영업사원들의 월간 판매수와 월간 판매 평균을 행으로 추가하라.

영업사원	1월	2월	3월	4월	5월	6월	총판매수	평균판매수
영업사원A	100.0	80.0	90.0	110.0	120.0	130.0	630.0	105.0
영업사원B	120.0	110.0	100.0	130.0	140.0	150.0	750.0	125.0
영업사원C	90.0	95.0	85.0	100.0	110.0	120.0	600.0	100.0
영업사원D	80.0	70.0	75.0	90.0	100.0	110.0	525.0	87.5
영업사원E	110.0	105.0	115.0	120.0	130.0	140.0	720.0	120.0
월간판매수	500.0	460.0	465.0	550.0	600.0	650.0	3225.0	537.5
월간판매평균	100.0	92.0	93.0	110.0	120.0	130.0	645.0	107.5

[그림 4-9] 문제 7 결과

문제 7.

```
import pandas as pd
data = {
    '영업사원': ['영업사원A', '영업사원B', '영업사원C', '영업사원D', '영업사원E'],
    '1월': [100, 120, 90, 80, 110],
    '2월': [80, 110, 95, 70, 105],
    '3월': [90, 100, 85, 75, 115],
    '4월': [110, 130, 100, 90, 120],
    '5월': [120, 140, 110, 100, 130],
    '6월': [130, 150, 120, 110, 140]
}

df_sales = pd.DataFrame(data)
df_sales.set_index('영업사원', inplace = True)
df_sales['총판매수'] = _____  #각 열의 합
df_sales['평균판매수'] = _____  #1~6월 사이의 월간 평균
```

```
df_sales.loc['월간판매수'] = _____     # 모든 영업 사원의 월별 합
df_sales.loc['월간판매평균'] = _____    #'영업사원A'~'영업사원E'의
                                                              판매 평균
df_sales
```

만약 단순히 두 행의 합, 예를 들어 기훈과 덕수의 모든 과목의 합을 구하려면 다음과 같이 프로그래밍하면 된다.

```
df_score.loc['기훈', '국어' : '과학'] + df_score.loc['덕수', '국어' : '과학']
```

결과	국어	120
	영어	140
	수학	120
	과학	110
	dtype: object	

또는 다음과 같이 간단히 sum() 메서드를 사용할 수도 있다.

```
df_score.loc[['기훈', '덕수'], '국어' : '과학'].sum()
```

'기훈'과 '덕수'는 떨어져 있어서 슬라이싱 할 수는 없으므로 리스트로 ['기훈', '덕수']로 선택해야 한다.

이제는 열 시리즈끼리 연산을 해보자. 모든 학생의 국어 성적에 대해 평균 점수와 최대 점수, 최소 점수는 어떻게 구할 수 있을까? '국어' 열을 선택하고, 선택된 시리즈에 통계 메서드를 적용하면 된다.

그리고 언어 관련 과목인 국어와 영어 성적의 합들을 모든 학생들을 대상으로 계산해 보자.

```
df_score.국어 + df_score.영어
```

결과	이름
	기훈 170
	상우 180
	새벽 145
	덕수 90
	일남 0
	dtype: int64

마찬가지로 sum() 메서드로 표현하면 아래와 같다. axis의 지정 유무에 따른 결과를 비교해 보자.

```
1   df_score[['국어', '영어']].sum(axis = 1)
2   df_score[['국어', '영어']].sum()
```

결과	1	2
	이름	국어 300
	기훈 170	영어 285
	상우 180	dtype: int64
	새벽 145	
	덕수 90	
	일남 0	
	dtype: int64	

문제 8   아래 영업사원의 판매 실적에서, 영업사원A, 영업사원D의 1월부터 6월까지의 합을 구
하라. 그리고 1월과 4월의 판매 실적 중 최다 판매량과 최소 판매량은 각각 얼마인가?

문제 8.

```
import pandas as pd
data = {
    '영업사원': ['영업사원A', '영업사원B', '영업사원C', '영업사원D', '영업사원E'],
    '1월': [100, 120, 90, 80, 110],
    '2월': [80, 110, 95, 70, 105],
    '3월': [90, 100, 85, 75, 115],
```

```
    '4월': [110, 130, 100, 90, 120],
    '5월': [120, 140, 110, 100, 130],
    '6월': [130, 150, 120, 110, 140]
}


df_sales = pd.DataFrame(data)
df_sales.set_index('영업사원', inplace = True)

print(df_sales._____)   #1~6월 사이의 A와 D의 합

s_max = _____
s_min = _____
print('1월 최대 판매량 : {}, 4월 최대 판매량 : {}'.format(s_max[0], s_max[1]))
print('1월 최소 판매량 : {}, 4월 최소 판매량 : {}'.format(s_min[0], s_min[1]))
```

결과	영업사원
	영업사원A 630
	영업사원D 525
	dtype: int64
	1월 최대 판매량 : 120, 4월 최대 판매량 : 130
	1월 최소 판매량 : 80, 4월 최소 판매량 : 90

4.1.7 데이터프레임 행/열 삭제

데이터프레임의 행 또는 열을 삭제하기 위해서는 drop 함수를 사용하면 된다.

```
# 데이터프레임의 행/열 삭제 (drop)
DataFrame객체.drop(이름, axis = 0(행)/1(열), inplace = True)
```

다만, 행을 삭제할 것인지, 열을 삭제할 것인지에 따라 옵션을 다르게 설정해야 하는데, 이전에 설명한 바와 마찬가지로 행의 경우에는 axis=0, 열의 경우에는 axis=1로 지정해야 한다.

drop()을 통해 행과 열을 삭제하면 새로운 데이터프레임이 생성되며, 원래의 데이터프레임에 업데이트하려면 inplace=True라고 옵션을 지정해야 한다.

이전에 다루었던 인기 프로그램 언어들의 사용률(Rating)과 변화율(change) 데이터프레임인 df_tiobe로 열/행의 삭제를 실습해 보자.

```
df_tiobe=pd.DataFrame({ 'Ratings': ['17.18%', '15.08%', '11.98%', '1.14%' ],
                        'Change' : ['+5.14%', '4.35%', '1.26%', '-0.14%'] },
                       index = ['python', 'c', 'java', 'r'] )
df_tiobe
```

결과		Ratings	Change
	python	17.18%	+5.14%
	c	15.08%	4.35%
	java	11.98%	1.26%
	r	1.14%	-0.14%

drop 메서드는 axis 설정을 통해 행 또는 열을 삭제하는 기능을 가지며, 데이터프레임에 제거된 결과를 update 하기 위해서는 inplace를 True로 지정해야 한다.

```
df_tiobe.drop('r', axis=0)      #default가 axis=0이므로 생략 가능
```

결과		Ratings	Change
	python	17.18%	+5.14%
	c	15.08%	4.35%
	java	11.98%	1.26%

```
df_tiobe.drop('Change', axis=1)
```

결과		Ratings

python	17.18%	
c	15.08%	
java	11.98%	
r	1.14%	

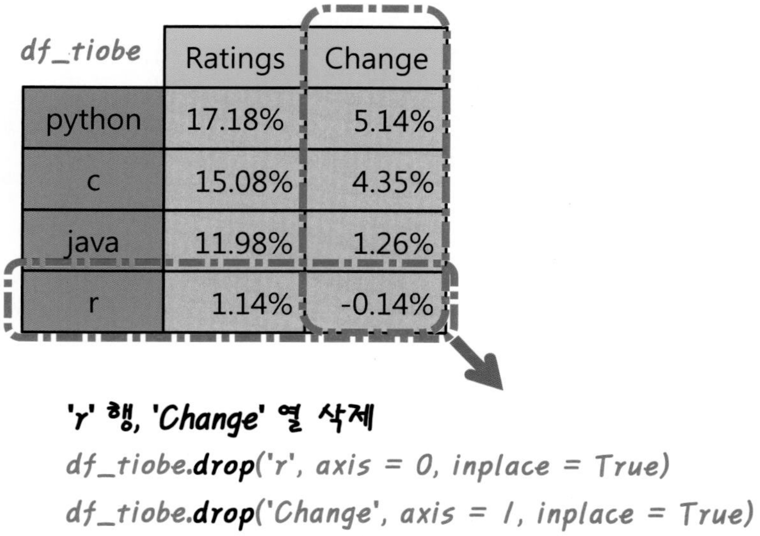

df_tiobe	Ratings	Change
python	17.18%	5.14%
c	15.08%	4.35%
java	11.98%	1.26%
r	1.14%	-0.14%

'r' 행, 'Change' 열 삭제

*df_tiobe.**drop**('r', axis = 0, inplace = True)*

*df_tiobe.**drop**('Change', axis = 1, inplace = True)*

[그림 4-10] drop() 메서드를 이용한 행과 열 삭제

문제 9 df_sales 데이터프레임에서 영업사원C와 영업사원D를 제거하자.

문제 9.

```python
import pandas as pd
data = {
    '영업사원': ['영업사원A', '영업사원B', '영업사원C', '영업사원D', '영업사원E'],
    '1월': [100, 120, 90, 80, 110],
    '2월': [80, 110, 95, 70, 105],
    '3월': [90, 100, 85, 75, 115],
    '4월': [110, 130, 100, 90, 120],
    '5월': [120, 140, 110, 100, 130],
    '6월': [130, 150, 120, 110, 140]
}

df_sales = pd.DataFrame(data)
```

```
df_sales.set_index('영업사원', inplace = True)


df_sales._____
df_sales
```

결과		1월	2월	3월	4월	5월	6월
	영업사원						
	영업사원A	100	80	90	110	120	130
	영업사원B	120	110	100	130	140	150
	영업사원E	110	105	115	120	130	140

4.1.8 데이터프레임 논리적 인덱싱

Numpy 배열에서 다루었던 논리적 인덱싱은 시리즈와 데이터프레임에서도 적용 가능하다. 즉 조건식을 이용하여 원하는 데이터들만 추출할 수 있다.

우선, 아래 표의 1주일 동안 온도와 습도 데이터를 이용하여 데이터프레임을 만들어 보자.

	온도	습도
월	18	40
화	20	48
수	22	41
목	24	50
금	25	55
토	23	80
일	16	40

```
df = pd.DataFrame({'온도' : [18, 20, 22, 24, 25, 23, 16],
                   '습도' : [40, 48, 44, 50, 55, 80, 40] },
                  index = ['월', '화', '수', '목', '금', '토', '일'])
```

이 중 온도가 20도 이상이었던 날의 요일은 언제인가?

이 문제를 식으로 표현하면 다음과 같다.

```
df.온도 >= 20 혹은 df['온도'] >= 20
```

Numpy 배열에서와 마찬가지로 조건식을 이용하여 논리적 인덱싱을 하면 그 결과가 불린(boolean)
으로 반환된다.

```
df['온도'] >= 20
```

결과	월	False
	화	True
	수	True
	목	True
	금	True
	토	True
	일	False
	Name: 온도, dtype: bool	

최종적으로 구하고자 하는 것은 True의 요일들, 즉 화, 수, 목, 금, 토요일을 추출하는 것이 문제
가 요구하는 것이다. 우선 위의 boolean 데이터를 df['온도'] 열에 다중 인덱싱을 해 보자. 다중 인덱
싱의 경우에는 데이터들을 리스트나 튜플로 전달해야 한다.

df['온도'] 열은 Series이므로 Series의 경우 굳이 loc를 사용하지 않아도 무방하다(Series의 인덱싱 &
슬라이싱 참고).

```
df['온도'][[False, True, True, True, True, True, False]]
```

또는 위의 boolean 데이터들은 **df['온도'] >= 20**이라는 조건식의 결과들 이므로, 다음과 같은 표
현도 가능하다.

```
df['온도'][df['온도'] >= 20]
```

결과	화	20
	수	22
	목	24
	금	25
	토	23
	Name: 온도, dtype: int64	

마지막으로, 위의 시리즈에서 index 값만 추출하면 문제의 정답이 된다.

```
df['온도'][df['온도'] >= 20].index
```

결과	Index(['화', '수', '목', '금', '토'], dtype='object')

df['온도']를 통해 추출한 '온도' 시리즈의 index는 월요일에서 일요일까지이다. df의 데이터프레임 index 역시 동일하다. '온도' 시리즈를 대상으로 조건식을 통해 논리적 인덱싱을 하면 '온도' 시리즈의 값들 중에서 True인 값들만 반환하여 시리즈 형태가 되지만, 데이터프레임을 대상으로 논리적 인덱싱을 하면 데이터프레임으로 결과가 반환된다.

```
df[df['온도'] >= 20]
```

결과		온도	습도
	화	20	48
	수	22	44
	목	24	50
	금	25	55
	토	23	80

위의 결과는 온도가 20도 이상인 날들의 온도와 습도를 모두 가진 데이터프레임이다.

문제 10 영업사원들의 4월의 판매 실적이 110 이상인 영업사원들은 누구인가?

문제 10.

```python
import pandas as pd
data = {
    '영업사원': ['영업사원A', '영업사원B', '영업사원C', '영업사원D', '영업사원E'],
    '1월': [100, 120, 90, 80, 110],
    '2월': [80, 110, 95, 70, 105],
    '3월': [90, 100, 85, 75, 115],
    '4월': [110, 130, 100, 90, 120],
    '5월': [120, 140, 110, 100, 130],
    '6월': [130, 150, 120, 110, 140]
}

df_sales = pd.DataFrame(data)
df_sales.set_index('영업사원', inplace = True)

_____.index
```

결과	Index(['영업사원A', '영업사원B', '영업사원E'], dtype='object', name='영업사원')

이제 **조건에 다른 조건을 추가**하여 원하는 데이터만을 추출해 보자.

온도는 20도 이상이면서 습도는 50% 이하인 날들은 어떻게 될까? 이 경우는 두 개의 조건이 동시에 모두 만족해야 한다. 즉 AND 조건이 되며, 판다스에서는 '&' 기호를 사용한다.

	condition = (df['온도'] >=20) & (df['습도'] <=50)
1	df[condition]
2	df[condition].index

결과	1		온도	습도
		화	20	48
		수	22	44
		목	24	50
	2	Index(['화', '수', '목'], dtype='object')		

만약 온도가 20도보다 높거나 습도가 50%보다 높은 날의 데이터가 필요한 경우에는 두 조건 중 적어도 하나만이라도 충족하면 되고, OR 조건이 된다. 이 경우 pandas에서는 '|'(키보드의 원(₩) 버튼) 기호를 사용한다.

1	condition = (df['온도'] >=20) | (df['습도'] >=50) df[condition]
2	df[condition].index

결과	1	온도 습도
		화 20 48
		수 22 44
		목 24 50
		금 25 55
		토 23 80
	2	Index(['화', '수', '목', '금', '토'], dtype='object')

위의 조건, 즉 온도가 20도보다 크고, 습도가 50퍼센트보다 큰 경우가 아닌 경우의 데이터를 추출해 보자. 즉 위의 결과가 포함하지 않는 데이터들로 구성되어야 한다. 그러기 위해서 이번에 필요한 것은 not 조건이며, pandas에서는 '~' 기호를 사용한다.

1	condition = (df['온도'] >=20) | (df['습도'] >=50) df[~condition]
2	df[~condition].index

결과	1	온도 습도
		월 18 40
		일 16 40
	2	Index(['월', '일'], dtype='object')

문제 11 아래 학생들의 키와 몸무게의 데이터를 이용하여 새로운 '**height**' 열에 키가 평균 이상의 학생들은 True로 입력하고, 키가 평균 이하의 경우에는 False를 입력하라. 몸무게 역시 평균 이상의 경우에는 새로운 '**weight**' 열에 True를, 아닌 경우에는 False를 입력하라.

	키	몸무게
경수	178	77
지환	160	75
문기	167	66
경욱	172	70
도환	180	93

문제 11. 새로운 열 생성과 동시에 조건의 결과를 bool 값으로 채움

```
df = pd.DataFrame({'키' : [178, 160, 167, 172, 180],
                   '몸무게' : [77, 75, 66, 70, 93] },
              index = ['경수', '지환', '문기', '경욱', '도환'])

df['height'] = _____   # 평균키 이상이면 True
df['weight'] = _____   # 평균무게 이상이면 True
print("평균키 : {}, 평균무게 : {}".format(df['키'].mean(), df['몸무게'].mean()))
df
```

결과

평균키 : 171.4, 평균무게 : 76.2

	키	몸무게	height	weight
경수	178	77	True	True
지환	160	75	False	False
문기	167	66	False	False
경욱	172	70	True	False
도환	180	93	True	True

'**height**' 열과 '**weight**' 열은 기존 df 프레임에는 없는 열이다. df['height'] 또는 df.height 또는 df.loc[:, 'height']로 열을 지정한 후에 아래의 조건을 통해 참인 경우 True로, 거짓인 경우 False로

각 행이 채워진다.

```
df['height'] = df.키 >= df.키.mean()
```

문제 12 문제 11에서 키와 몸무게가 모두 평균 이상인 학생들은 누구인가? '**height**' 열과 '**weight**' 두 열 모두가 True인 학생들만 선별하면 된다.

문제 12.
con1 = _____   df[con1].index

결과	Index(['경수', '도환'], dtype='object')

문제 13 문제 12에 해당하는 학생들을 제외한 데이터프레임 df2를 생성하라.

문제 13.
df2 = _____   df2

결과		키	몸무게	height	weight
	지환	160	75	False	False
	문기	167	66	False	False
	경욱	172	70	True	False

앞서 다룬 **drop**() 메서드에 삭제를 원하는 인덱스를 파라미터로 전달하면 삭제된 데이터프레임이 반환된다.

pandas에서는 조건식으로 특정 원소들만 추출하거나 특정 원소를 포함하는 데이터프레임을 추출할 수 있지만, between(), isin() 메서드를 이용하여 간편하게 필터링할 수 있다.

```
# 주어진 열의 값이 특정 범위(left~right) 내에 있는 행을 선택하는 between()
Series.between(left, right, inclusive = 'both)
```

만약 이전에 다룬 예제를 이용하여 온도가 20도 이상이고, 24도 이하인 날들의 데이터만 추려보자.

```
df = pd.DataFrame({'온도' : [18, 20, 22, 24, 25, 23 ,16],
                   '습도' : [40, 48, 44, 50, 55, 80, 40] },
                  index = ['월', '화', '수', '목', '금', '토', '일'])
df.loc[(df.온도 >=20) & (df.온도 <=24)]              #방법 1
df.loc[df.온도.between(20,24,inclusive = 'both')]  #방법 2
```

결과		온도	습도
	화	20	48
	수	22	44
	목	24	50
	토	23	80

between() 메서드는 left ~ right 사이의 값을 추출할 수 있고, inclusive를 이용하여 양쪽의 경계 데이터를 모두 포함하거나("both"), 왼쪽 데이터만('left') 또는 오른쪽 데이터만('right')을 포함시킬 수 있다. 둘 다 포함하고 싶지 않으면 ("neither")를 사용할 수 있다.

```
# 주어진 리스트 또는 시리즈에 포함된 값과 일치하는 행을 선택
Series.isin(value) #value에는 set, list, tuple과 같은 자료형이 위치
```

```
data = [40, 44, 50, 52]
df[df.습도.isin(data)]     # data 리스트의 원소들과 일치하는 습도 원소들만 필터링
```

결과		온도	습도
	월	18	40
	수	22	44
	목	24	50
	일	16	40

위의 예와 같이 **isin**() 메서드를 이용하면 간편하게 원하는 데이터가 포함된 데이터프레임만 추출할 수 있다.

4.1.9 데이터프레임 정렬

앞서 시리즈에서 **sort_values**()를 이용하여 시리즈의 값을 기준으로 한 정렬 방법과 **sort_index**()로 인덱스를 기준으로 정렬하는 방법을 살펴보았다.

데이터프레임 역시 마찬가지로 value 기준으로 정렬하거나 인덱스 기준으로 정렬할 수 있다.

● **데이터프레임에서의 sort_index**()

예제에 사용할 데이터프레임은 이전에 살펴봤던 월요일부터 일요일까지의 온도와 습도에 대한 프레임이다. index는 요일들이며, 이 index를 글자의 오름차순으로 정렬하면 다음과 같이 된다.

```
# 데이터프레임에서의 sort_index()
df = pd.DataFrame({'온도' : [18, 20, 22, 24, 25, 23 ,16],
                   '습도' : [40, 48, 44, 50, 55, 80, 40] },
                  index = ['월', '화', '수', '목', '금', '토', '일'])
df.sort_index(ascending = True, inplace = False)    #오름차순
```

결과		온도	습도
	금	25	55
	목	24	50
	수	22	44
	월	18	40
	일	16	40
	토	23	80
	화	20	48

기존 데이터프레임의 인덱스를 정렬하여 저장하길 원하면 반드시 inplace를 True로 지정해야 한다. 내림차순 정렬은 ascending = False로 지정하면 된다.

● **데이터프레임에서의 sort_values()**

이제는 특정 열의 값(values)을 기준으로 정렬해 보자.

시리즈와 차이점은 시리즈에서는 단 하나의 열만이 존재하므로 시리즈.**sort_values()**를 통해 값의 오름차순 또는 내림차순 기준으로 정렬할 수 있었지만, 데이터프레임은 기본적으로 열이 두 개 이상이다.

이때는 아래와 같이 정렬을 원하는 열 이름을 **by** = **'열이름'**으로 지정해야 한다.

아래 예제는 **온도의 값을 오름차순으로 정렬**한 예이다.

```
df.sort_values(by='온도', inplace = True)
df
```

결과		온도	습도
	일	16	40
	월	18	40
	화	20	48
	수	22	44
	토	23	80
	목	24	50
	금	25	55

마찬가지로 inplace와 ascending 옵션을 이용하여 데이터프레임을 변경하거나 내림차순으로 정렬할 수 있다.

● **데이터프레임 재배열**

아래와 같이 심플한 데이터프레임을 하나 만들어 보자.

	'가'	'나'	'다'	'라'
A	1	2	3	4
B	5	6	7	8
C	9	10	11	12

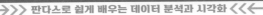
```
df = pd.DataFrame(np.arange(1,13).reshape(3,4),
                  columns = ['가','나','다','라'],
                  index = ['A','B','C'] )
df
```

결과		가	나	다	라
	A	1	2	3	4
	B	5	6	7	8
	C	9	10	11	12

데이터프레임에서 각 열의 순서는 어떻게 변경할 수 있을까?

df.columns 속성을 이용한다면 아래와 같을 것이다.

```
df1 = df.copy()
df1.columns = ['가','다','나','라']
df1
```

결과		가	나	다	라
	A	1	2	3	4
	B	5	6	7	8
	C	9	10	11	12

<u>열의 이름은 변경되었지만 열 자체가 이동된 것은 아니다.</u>

열 자체를 이동하기 위해서는 의외로 간단한 방법이 있다. 기존 데이터프레임을 변경된 데이터프레임으로 업데이트하는 것이다.

변경하기를 원하는 데이터프레임의 열들 또는 분석에 필요한 열들을 리스트 형태로 지정하여 기존 데이터프레임을 대체하거나 재배열하면 된다.

```
df = df[['가','다','나','라']]    #또는 df = df.loc[ : , ['가','다','나','라'] ]
df
```

결과	가	나	다	라
A	1	3	2	4
B	5	7	6	8
C	9	11	10	12

문제14 일주일간 온/습도 데이터를 월, 수, 금의 행과 습도, 온도 순의 열로 데이터프레임을 추출하여 df2의 데이터프레임에 저장해 보자.

문제 14.

```
df = pd.DataFrame({'온도' : [18, 20, 22, 24, 25, 23 ,16],
                   '습도' : [40, 48, 44, 50, 55, 80, 40] },
                  index = ['월', '화', '수', '목', '금', '토', '일'])
df.sort_index(inplace = False)
df2 = _____
df2
```

결과	습도	온도
월	10	18
수	44	22
금	55	25

4.2 데이터프레임 데이터 타입(자료형)

파이썬의 기본 자료형과 Numpy 및 pandas의 자료형에는 유사한 점도 있지만 각각의 사용 목적에 따라 독특한 자료형도 있다. 대표적인 것이 pandas의 category와 datetime64이다.

Python type	Pandas dtype	Numpy dtype	예
int	int8, int16 int32, int64	int8, int16 int32, int64	1, 0, -1
float	float16, float32 float64	float16, float32 float64	3.14
bool	bool	bool	True / False
str	objcet	unicode	"hello"
NA	category	NA	'남', '여'
NA	datetime64	datetime64	2023-03-12

[그림 4-11] 파이썬 vs Numpy vs pandas의 자료형 비교

4.2.1 Category 타입

category와 object 자료형은 문자열 또는 범주형(데이터가 소수의 범주 또는 카테고리 중 하나에 속하는 경우) 데이터를 표현할 수 있는 유사한 점이 있지만, 메모리와 성능 측면에서는 다소 차이가 있다.

category의 경우 고유한 범주만 메모리에 저장되어 각 데이터 항목은 저장되어 있는 해당되는 범주를 참조하는 방식이고, 반면에 object 타입은 각 데이터의 항목을 문자열로 저장한다. 따라서 데이터의 항목이 제한되고 많은 큰 데이터프레임의 경우에는 category를 사용하는 것이 메모리 측면에서 이점이 있으며, 또한 연산 속도에서 월등한 성능을 보여 준다. 따라서 데이터프레임의 열의 종류가 성별, 혈액형, 도와 시 같이 한정적이라면 category로 지정하는 것이 여러 면에서 유리하다.

아래의 예를 보자. 아래의 예는 전라북도 진안군의 경로당 현황 중 일부이다.

	읍면	시설명	회원수	설치신고일	데이터기준일자
1	진안읍	가막경로당	22	1996-05-13	2022-11-30
2	진안읍	검북경로당	14	2005-01-27	2022-11-30
3	진안읍	개실경로당	17	2003-06-20	2022-11-30
4	진안읍	고향마을경로당	44	2008-11-26	2022-11-30
5	진안읍	관산1동 경로당	28	2007-01-04	2022-11-30
6	용담면	감동경로당	14	2004-01-07	2022-11-30
7	용담면	노온경로당	34	1991-04-01	2022-11-30
8	용담면	문화경로당	43	2004-01-07	2022-11-30
9	용담면	방화경로당	43	1991-04-01	2022-11-30
10	안천면	괴정경로당	45	1991-04-01	2022-11-30
11	안천면	교동경로당	10	2008-03-20	2022-11-30
12	안천면	구곡경로당	25	2004-01-16	2022-11-30
13	안천면	구례경로당	20	1991-04-01	2022-11-30
14	안천면	노산경로당	16	1991-04-01	2022-11-30
15	동향면	고부경로당	13	2002-12-12	2022-11-30
16	동향면	금곡경로당	22	1991-04-01	2022-11-30
17	동향면	노은경로당	12	1991-04-01	2022-11-30
18	동향면	대량경모정	23	1991-04-01	2022-11-30
19	동향면	보촌경로당	18	1991-04-01	2022-11-30
20	상전면	교동경로당	10	2005-01-24	2022-11-30
21	상전면	금당경로당	12	2014-03-26	2022-11-30
22	상전면	금지경로당	13	1991-04-01	2022-11-30
23	상전면	금지경모정	25	2006-01-02	2022-11-30
24	상전면	내송경로당	22	2005-01-24	2022-11-30

[그림 4-12] 전라북도 진안군의 경로당

이 자료를 데이터프레임으로 옮기도록 하자.

다음 챕터에서 외부의 파일들을 pandas 데이터프레임으로 가져오는 방법에 대해 자세하게 다루겠지만, 우선은 아래와 같이 코딩해 보자.

다운로드해야 할 파일 위치는 책의 머리말에 있으니 참고 바란다.

csv 파일 이용하여 데이터프레임 생성　　　　　　**전라북도_진안군_경로당 현황.csv**

```
df_senior = pd.read_csv('d:/data/전라북도_진안군_경로당 현황.csv',
                        encoding = 'euc-kr', index_col = 0)
df_senior.info()
```

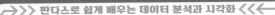
결과	#	Column	Non-Null Count	Dtype
	---	-------------	--------------	-----
	0	읍면	24 non-null	object
	1	시설명	24 non-null	object
	2	회원수	24 non-null	int64
	3	설치신고일	24 non-null	**object**
	4	데이터기준일자	24 non-null	**object**

dtypes: int64(1), object(4)
memory usage: 1.1+ KB

'읍면', '시설명', '설치신고일', '데이터기준일자'는 모두 object 타입으로 설정되어 있고, 오직 회원 수만이 int64 타입으로 지정되어 있다.

여기서 '읍면'은 카테고리(category) 타입으로 지정하고, '설치신고일'과 '데이터기준일자' 열은 datetime64 타입으로 변경하도록 한다. 이렇게 데이터 타입을 변경했을 경우 데이터 분석 시의 '효율'과 '처리 속도' 면에서 유리해진다.

● **astype() 메서드**

'읍면'을 category 범주형 자료로 변경하기 위해서는 Numpy와 시리즈에서 다루었던 astype() 메서드를 활용하면 된다.

astype() 메서드는 원본 데이터를 변경하지 않고 새로운 데이터프레임 또는 시리즈를 반환하게 되므로 변경된 결과를 새로운 변수 또는 기존 데이터프레임에 할당해야 한다.

```
df_senior['읍면'] = df_senior['읍면'].astype(dtype = 'category')
df_senior['읍면'].dtype
```

결과	CategoricalDtype(categories=['동향면', '상전면', '안천면', '용담면', '진안읍'], ordered=False)

4.2.2 datetime 타입

이번에는 '설치신고일'과 '데이터기준일자' 열을 datetime64 타입으로 변경해 보자.

to_datetime() 메서드를 사용하면 date(년,월,일,시 등) 정보가 있는 str 타입의 원소를 가진 시리즈의 **문자열(str)**이 datetime64 타입으로 변환된다. format 옵션은 따로 지정하지 않아도 date를 잘 구분해 내지만, 간혹 월과 일 또는 분과 초 등에서 잘못 매칭시키는 경우도 있으므로 구체적으로 date가 나열된 순서와 형식을 지정할 때 사용한다.

```
# 문자열이나 숫자 형태의 날짜/시간 정보를 판다스의 날짜/시간 데이터 타입으로 변환
pd.to_datetime(data, format = None)
```

```
df_senior['설치신고일'] = pd.to_datetime(df_senior['설치신고일'])
df_senior['데이터기준일자'] = pd.to_datetime(df_senior['데이터기준일자'])
df_senior.info()
```

결과	#	Column	Non-Null Count	Dtype
	0	**읍면**	24 non-null	**category**
	1	시설명	24 non-null	object
	2	회원수	24 non-null	int64
	3	**설치신고일**	24 non-null	**datetime64[ns]**
	4	**데이터기준일자**	24 non-null	**datetime64[ns]**
	dtypes: category(1), datetime64[ns](2), int64(1), object(1)			

to_datetime() 메서드를 활용하여 기존의 'object' 타입을 'datetime64[ns]' 타입으로 변경된 것이 확인된다.

datetime64로 변경되면 시간(시, 분, 초), 일, 월, 년 단위의 구분과 기간 계산 등이 가능해진다.

df_senior 데이터프레임에 '유지기간'이라는 열을 하나 추가하자. 이 열은 '데이터기준일자'에서 '설치신고일'을 뺀 기간을 일수(days)로 나타내도록 한다.

$$df\_senior['유지기간'] = df\_senior['데이터기준일자'] - df\_senior['설치신고일']$$

데이터기준일자		설치신고일		유지기간
2022-11-30	~	1996-05-13	=	9697 days
2022-11-30	~	2005-01-27	=	6516 days
2022-11-30	~	2003-06-20	=	7103 days
2022-11-30	~	2008-11-26	=	5117 days
2022-11-30	~	2007-01-04	=	5809 days
2022-11-30	~	2004-01-07	=	6902 days

[그림 4-13] datetime 자료형의 활용

df_senior 데이터프레임에 '유지기간' 열을 추가해 보자. datetime64 타입은 아래와 같은 방법으로 기간을 간단히 계산할 수 있다.

```
df_senior['유지기간'] = df_senior['데이터기준일자'] - df_senior['설치신고일']
df_senior.head(5)
```

결과		읍면	시설명	회원수	설치신고일	데이터기준일자	유지기간
	1	진안읍	가막경로당	22	1996-05-13	2022-11-30	9697 days
	2	진안읍	검북경로당	14	2005-01-27	2022-11-30	6516 days
	3	진안읍	개실경로당	17	2003-06-20	2022-11-30	7103 days
	4	진안읍	고향마을경로당	44	2008-11-26	2022-11-30	5117 days
	5	진안읍	관산1동 경로당	28	2007-01-04	2022-11-30	5809 days

문제 15   가장 오랫동안 유지되고 있는 경로당은 어디인가?

hint: sort_values() 활용

문제 15.

df_senior._____

결과		읍면	시설명	회원수	설치신고일	데이터기준일자	유지기간
	13	안천면	구례경로당	20	1991-04-01	2022-11-30	11566 days

● **dt 접근자**

datetime64 자료형의 데이터에서는 **dt 접근자**(dt accessor: 접근자)를 이용하여 나노초(dt.nanosecond), 마이크로초(dt.microsecond), 초(dt.second), 분(dt.minute), 시(dt.hour), 일(dt.day), 주(dt.week), 월(dt.month), 분기(dt.quarter), 년(dt.year) 등의 시간 기준으로 정보를 추출할 수 있다.(dtype: int32)

```
1   df_senior['설치신고일'].dt.year.head(5)
2   df_senior['설치신고일'].dt.month.head(5)
3   df_senior['설치신고일'].dt.day.head(5)
4   df_senior['설치신고일'].dt.quarter.head(5)
```

결과		1		2		3		4
	1	1996	1	5	1	13	1	2
	2	2005	2	1	2	27	2	1
	3	2003	3	6	3	20	3	2
	4	2008	4	11	4	26	4	4
	5	2007	5	1	5	4	5	1

[문제 16] '설치신고일'의 년과 월에 대한 정보를 새로운 열('설치 년', '설치 월')에 추가하자.

문제 16.

```
df_senior['설치 년'] =
df_senior['설치 월'] =
df_senior.head(5)
```

결과		읍면	시설명	회원수	설치신고일	데이터기준일자	유지기간	설치 년	설치 월
	1	진안읍	가막경로당	22	1996-05-13	2022-11-30	9697 days	1996	5
	2	진안읍	검북경로당	14	2005-01-27	2022-11-30	6516 days	2005	1
	3	진안읍	개실경로당	17	2003-06-20	2022-11-30	7103 days	2003	6
	4	진안읍	고향마을경로당	44	2008-11-26	2022-11-30	5117 days	2008	11
	5	진안읍	관산1동 경로당	28	2007-01-04	2022-11-30	5809 days	2007	1

dt액세스와 **to_period**() 메서드를 결합하여 **freq** 파라미터 설정을 통해 구체적으로 원하는 날짜의 데이터로 분리 또는 추출이 가능하다.

to_datetime()은 문자열 등의 데이터 열을 'Timestamp' 또는 'datetim64' 자료형으로 변경하는 메서드이고, **to_period**()는 DatetimeIndex를 PeriodIndex로 변환해 주는데, 간단히 **datetime64 자료형을 'period' 자료형으로 변경**하는 메서드이다.

freq=옵션	설명	freq=옵션	설명
L	밀리세컨드(ms)	M	주말 포함 월 마지막 날 (month end)
U	마이크로세컨드(us)	MS	주말 포함 월 첫날 (month begin)
S	초(sec)	BM	주중 월 마지막 날(business m/e)
T	분(min)	BMS	주중 월 첫날(business m/s)
H	시(hour)	Q	주말 포함 분기 마지막 날(quarter end)
D	일 (day)	QS	주말포 함 분기 첫날(quarter begin)
W	주 일요일 (week SUN)	Q-JAN	1월 시작 주말 포함 분기별 마지막 날
W-MON	주 월요일 (week MON)	BQ-JAN	1월 시작 주중 분기별 마지막 날
A	연말 (year end)	AS	연초 (year begin)

* B는 Business를 나타내며 공휴일, 주말이 아닌 working day를 의미

아래는 dt.**to_period**()의 **freq** 옵션에 따른 차이를 비교하기 위한 예제이다.

```
1  df_senior['설치신고일'].dt.to_period(freq = 'Q').head(5)
2  df_senior['설치신고일'].dt.to_period(freq = 'M').head(5)
3  df_senior['설치신고일'].dt.to_period(freq = 'D').head(5)
4  df_senior['설치신고일'].dt.to_period(freq = 'W').head(5)
```

결과	1	2	3	4
1	1996Q2	1996-05	1996-05-13	1996-05-13/1996-05-19
2	2005Q1	2005-01	2005-01-27	2005-01-24/2005-01-30
3	2003Q2	2003-06	2003-06-20	2003-06-16/2003-06-22
4	2008Q4	2008-11	2008-11-26	2008-11-24/2008-11-30
5	2007Q1	2007-01	2007-01-04	2007-01-01/2007-01-07
	dtype: period[Q-DEC]	dtype: period[M]	dtype: period[D]	dtype: period[W-SUN]

데이터가 가진 정보에 따라 위 표의 freq 옵션을 모두 적용할 수 있는 것은 아니다.

사실, freq 옵션의 다양성은 datetime의 자료 생성 시에 많이 활용된다.

'datetime64' 타입의 데이터를 생성할 때 **data_range**() 메서드를 이용하여 시작일과 종료일 또는 기간을 입력하면 지정한 범위 내의 **datetimeindex** 생성이 가능하다.

```
1   pd.date_range('2023-01-01', periods = 4, freq = 'M')
2   pd.date_range('2023-01-01', periods = 4, freq = 'BMS')
3   pd.date_range('2023-01-01', periods = 4, freq = 'BQ-JAN')
4   pd.date_range('2023-01-01', periods = 4, freq = 'WOM-1FRI')
```

결과	1	['2023-01-31', '2023-02-28', '2023-03-31', '2023-04-30']
	2	['2023-01-02', '2023-02-01', '2023-03-01', '2023-04-03']
	3	['2023-01-31', '2023-04-28', '2023-07-31', '2023-10-31']
	4	['2023-01-06', '2023-02-03', '2023-03-03', '2023-04-07'

위 **1번** 2023년 1월 1일 시작으로부터 4개의 매월 마지막 날을 데이터로 생성한다.

2번의 BMS는 Business Month Start의 약어로 working day 중 매월 시작일을 데이터로 생성한다. 1월 1일은 공휴일이고, 4월 1일, 2일은 토, 일요일이다.

3번의 BQ-JAN은 Business Quarter January(1월을 시작 분기로 하여 4분기로 나눈 후 각 분기 시작 월의 마지막 날(working day))을 4개 만들어 생성한다.

4번 WOM-1FRI의 WOM은 자주 사용하는 표현으로 '**월별 주차**'의 의미를 가진다. 즉 WOM-1FRI는 매월 첫 번째 주 금요일을 의미한다.

문제 17 어떤 중학교에서 청소 담당 구역을 3월 첫 번째 월요일을 시작으로 하여 매월 첫째 주 월요일마다 돌아가며 변경하려고 한다. 각 학년은 네 개 반이 있으며, 화장실(toilet)은 1학년, 운동장(ground)은 2학년, 강당(auditorium)은 3학년이 청소하기로 한다. 1학기(6월 말) 동안의 청소 계획표를 데이터프레임으로 만들어 출력하라.

```
tot = pd.Series(['1-1', '1-2', '1-3', '1-4'])
grd = pd.Series(['2-1', '2-2', '2-3', '2-4'])
aud = pd.Series(['3-1', '3-2', '3-3', '3-4'])
df_res = pd.DataFrame({'toilet' : tot, 'ground' : grd, 'auditorium' : aud})
```

```
#-------------------이하 내용 추가하시오---------------------
```

문제 17.

```
df_res
```

결과		toilet	ground	auditorium
	day			
	2023-03-06	1-1	2-1	3-1
	2023-04-03	1-2	2-2	3-2
	2023-05-01	1-3	2-3	3-3
	2023-06-05	1-4	2-4	3-4

매월 첫 번째 월요일을 위한 설정은 freq='WOM-1MON'이다.

다시 df_senior 데이터프레임으로 돌아가서, '설치신고일' 열을 index로 지정하자. '설치신고일'은 datetime64 타입으로, 날짜를 인덱스로 지정한 경우에는 여러 장점이 있다.

```
df_senior.set_index('설치 신고일', inplace = True)
df_senior.head(5)
```

결과		읍면	시설명	회원수	데이터기준일자	유지기간	설치 년	설치 월
	설치신고일							
	1996-05-13	진안읍	가막경로당	22	2022-11-30	9697 days	1996	5
	2005-01-27	진안읍	검북경로당	14	2022-11-30	6516 days	2005	1
	2003-06-20	진안읍	개실경로당	17	2022-11-30	7103 days	2003	6
	2008-11-26	진안읍	고향마을경로당	44	2022-11-30	5117 days	2008	11
	2007-01-04	진안읍	관산1동 경로당	28	2022-11-30	5809 days	2007	1

datetime64 type index

위의 결과처럼 index '설치신고일'은 시간 순서로 정렬되어 있지 않으므로 설치신고일을 오름차순으로 정렬하도록 하자.

```
df_senior.sort_index(inplace = True)
df_senior.head()
```

설치신고일	읍면	시설명	회원수	데이터기준일자	유지기간	설치 년	설치 월
1991-04-01	상전면	금지경로당	13	2022-11-30	11566 days	1991	4
1991-04-01	동향면	보촌경로당	18	2022-11-30	11566 days	1991	4
1991-04-01	동향면	대량경모정	23	2022-11-30	11566 days	1991	4
1991-04-01	용담면	노온경로당	34	2022-11-30	11566 days	1991	4
1991-04-01	용담면	방화경로당	43	2022-11-30	11566 days	1991	4

만약, 2005년에 설치 신고를 한 경로당의 모든 데이터를 확인하고 싶다면, 아래와 같이 작성하면 된다.

```
df_senior.loc['2005']
```

설치신고일	읍면	시설명	회원수	데이터기준일자	유지기간	설치 년	설치 월
2005-01-24	상전면	교동경로당	10	2022-11-30	6519 days	2005	1
2005-01-24	상전면	내송경로당	22	2022-11-30	6519 days	2005	1
2005-01-27	진안읍	검북경로당	14	2022-11-30	6516 days	2005	1

날짜 범위를 지정하여 특정 기간 동안의 데이터만을 선택할 수도 있다. 아래 예는 2005년부터 2010년 사이에 설치 신고된 경로당의 데이터이다.

```
df_senior.loc['2005' : '2010']  # 특정 기간 데이터만 슬라이싱
```

설치신고일	읍면	시설명	회원수	데이터기준일자	유지기간	설치 년	설치 월
2005-01-24	상전면	교동경로당	10	2022-11-30	6519 days	2005	1
2005-01-24	상전면	내송경로당	22	2022-11-30	6519 days	2005	1
2005-01-27	진안읍	검북경로당	14	2022-11-30	6516 days	2005	1

2006-01-02	상전면	금지경모정	25	2022-11-30	6176 days	2006	1
2007-01-04	진안읍	관산1동 경로당	28	2022-11-30	5809 days	2007	1
2008-03-20	안천면	교동경로당	10	2022-11-30	5368 days	2008	3
2008-11-26	진안읍	고향마을경로당	44	2022-11-30	5117 days	2008	11

to_datetime() 메서드는 스스로 판단하여 년, 월, 일, 시, 분, 초 등을 알아서 변경해 주지만, 아래와 같은 경우를 예로 들어보자. 만약 date가 일/월/년/시/분으로 되어 있다고 하면, 아래와 같이 to_datetime()은 잘못 판단된 월과 일을 반환한다.

```
# 일/월/년/시/분
data = ['08/11/23/11:10', '12/11/23/11:15'] #23년11월08일 11시 10분의 date일 때
df_date = pd.DataFrame({'date' : data})
df_date = pd.to_datetime(df_date['date'])
df_date
```

결과	0 2023-08-11 11:10:00 #23년11월08일 11시 10분
	1 2023-12-11 11:15:00
	Name: date, dtype: datetime64[ns]

이럴 경우를 대비해서 **format** 옵션을 항상 **지정**하는 것이 에러를 줄일 수 있다.

```
# 일/월/년/시/분
data = ['08/11/23/11:10', '12/11/23/11:15']
df_date = pd.DataFrame({'date' : data})
df_date = pd.to_datetime(df_date['date'], format = '%d/%m/%y/%H:%M')
df_date
```

결과	0 2023-11-08 11:10:00
	1 2023-11-12 11:15:00
	Name: date, dtype: datetime64[ns]

다만, 2022년과 같이 네 자릿수일 때 %Y(대문자)로 지정해야 하고, 22년처럼 두 자리면 %y(소문자)로 지정해야 함에 주의하자.

5

판다스(pandas)
- 데이터프레임(DataFrame) 다루기

이번 장에서는 정보 공개 사이트에서 쉽게 구할 수 있는 csv 파일들을 로딩하여 데이터프레임으로 생성하는 방법과 크고 복잡한 데이터프레임을 다루는 방법에 대해 알아보고자 한다. 공개된 데이터들에는 결측치(비워진 데이터)와 이상치(잘못된 데이터) 등이 포함되어 있으며, 이는 데이터를 분석하는 데 큰 장애가 된다. 이번 장에서는 결측치와 이상치를 다루는 방법과 여러 데이터 세트를 결합하고, 그룹별로 집계할 수 있는 방법을 살펴보자.

5.1   CSV 파일로 데이터프레임 생성

CSV 파일은 표 형태(행, 열)의 데이터들이 쉼표를 기준으로 데이터가 구분되어져 있는데, 엑셀 프로그램에서도 CSV 형식으로 저장하거나 문서를 읽어 들일 수 있다. CSV 파일을 로딩하여 데이터프레임으로 만들기 위해서는 read_csv() 메서드를 사용한다. (참고로, 엑셀 파일은 read_excel, json 파일은 read_json으로 파일을 로딩할 수 있다.)

```
pd.read_csv(filepath, header, encoding, index_col)
```

아래에 제시된 filepath, header, encoding, index_col 이외에도 keep, skip, error 등에 관련한 아규먼트들이 있으며, 자세한 내용은 http://pandas.pydata.org/ 홈페이지를 참조 바란다.

filepath 부분에는 csv 파일의 위치한 경로를 문자열 형태로 지정해야 하며, **header**는 새롭게 Columns의 이름을 지정할 때 사용한다. **encoding**은 CSV 파일의 인코딩된 형식을 지정하는 것으로, UTF-8 형식으로 저장된 CSV에서는 한글이 정상적으로 출력되지만, 만약 비정상적인 출력의 경우 'CP949' 또는 'euc-kr'로 지정해야 한다. 이는 데이터프레임을 CSV 저장할 때도 마찬가지이다.

index_col은 csv의 열 중에서 index로 지정할 열을 선택하는 옵션이다. 만약 첫 번째 열을 인덱스로 지정하기 위해서는 index_col = 0로 지정해야 한다.

이 책에서 제공되는 예제 파일 중 '과실별생산량.csv' 파일을 이용하여 데이터프레임을 생성해보자. 내려받은 파일은 D드라이브의 data 폴더 안에 두도록 한다.

'과실별생산량.csv' 파일은 경상북도에서 재배되고 있는 대표 과일들의 재배 면적과 생산량에 대한 데이터 세트이다.

```python
import pandas as pd
import numpy as np
df_fruit = pd.read_csv('d:/data/과실별생산량.csv')
df_fruit
```

결과		연 별	사과_면적	사과_생산량	포도_면적	포도_생산량	감_면적	감_생산량
	0	2014	18811	292340	8069	145403	7574	145592
	1	2015	19247	372627	7714	143712	7166	128412
	2	2016	20083	367710	7786	146564	6625	118095
	3	2017	20178	338034	6809	108602	6715	97386
	4	2018	19780	315230	6769	95840	6437	86537
	5	2019	19462	338085	6773	88416	6128	91937

read_csv() 메서드의 아규먼트 중 **filepath**만 사용한 예이다. '과실별생산량.csv' 파일은 D드라이브/data 폴더에 저장되어 있으며, 주의할 점은 경로(path)와 파일 확장자를 포함한 파일의 이름은 모두 문자열로 표현하여 read_csv() 메서드에 아규먼트로 전달해야 한다. 파일의 저장 위치는 변경될 수 있지만, 만약 변경 시에는 filepath 역시 수정해야 한다.

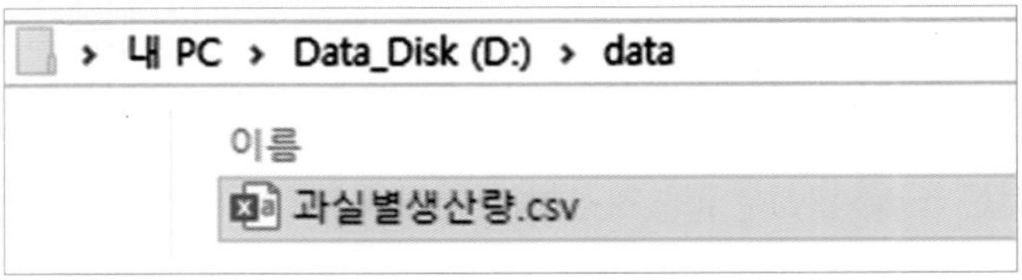

[그림 5-1] 파일의 절대경로 위치

'과실별생산량.csv' 파일은 저장할 때부터 UTF-8로 저장하였기에 파이썬에서 로딩 시에 문제가
발생하지 않는다. 다만, 엑셀에서 UTF-8로 인코딩된 이 파일을 열어 보면 아래 그림과 같이 한글
출력에 문제가 있다. 저장된 csv 파일이 엑셀로 원활한 출력을 위해서는 데이터프레임을 csv로 저장
시에 인코딩을 변경해야 한다. 이 부분은 뒤에서 다시 다루도록 한다.

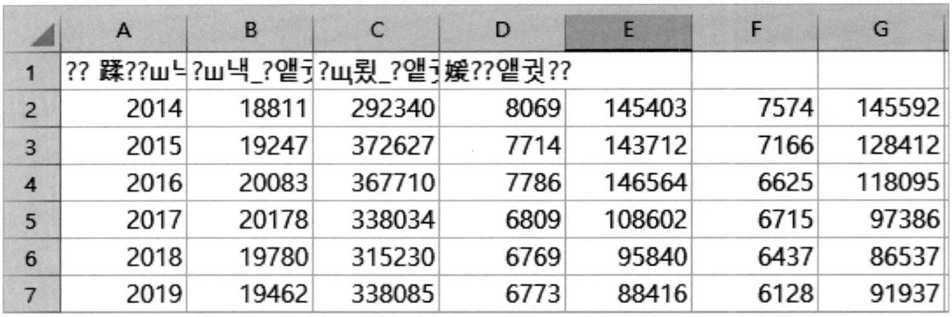

	A	B	C	D	E	F	G
1	?? 蹂??ㅛㄴ	?ㅛ낵_?앨ㅋ	?ㅛ룄_?앨ㅋ	媛??앨궛??			
2	2014	18811	292340	8069	145403	7574	145592
3	2015	19247	372627	7714	143712	7166	128412
4	2016	20083	367710	7786	146564	6625	118095
5	2017	20178	338034	6809	108602	6715	97386
6	2018	19780	315230	6769	95840	6437	86537
7	2019	19462	338085	6773	88416	6128	91937

[그림 5-2] 인코딩 호환 문제로 한글깨짐 현상 발생

위의 예제에서 출력된 결과는 자동으로 인덱스가 **정수형 인덱스(0~5)로** 지정되어 있다. 인덱스
를 '연별' 열로 지정하는 것이 분석하기에 편하므로, 인덱스를 **'연별' 열로** 변경해 보자. 물론 이전에
다루었던 set_index() 메서드로도 특정 열을 인덱스로 설정이 가능하지만, 아래와 같이 데이터프레
임 생성 시에 index_col 파라미터를 이용하여 간편하게 인덱스 설정이 가능하다.

```
df_fruit = pd.read_csv('d:/data/과실별생산량.csv', index_col = 0)
df_fruit
```

결과	사과_면적	사과_생산량	포도_면적	포도_생산량	감_면적	감_생산량
연 별						
2014	18811	292340	8069	145403	7574	145592
2015	19247	372627	7714	143712	7166	128412
2016	20083	367710	7786	146564	6625	118095
2017	20178	338034	6809	108602	6715	97386
2018	19780	315230	6769	95840	6437	86537
2019	19462	338085	6773	88416	6128	91937

문제1 위 데이터프레임을 이용하여 각 과일별 단위면적당(m^2) 생산량을 구하라.

(단, 편의상 위 데이터프레임에서의 면적 단위는 m^2 단위로 하자.)

문제 1. (면적당 생산량 계산과 열의 재배치)

```
1  df_fruit['사과_n/m2'] = _____
2  df_fruit['포도_n/m2'] = _____
3  df_fruit['감_n/m2'] = _____
4  df_fruit = df_fruit.iloc[:, [0,1,6,2,3,7,4,5,8]] # 열의 재배치
5  df_fruit
```

결과

연 별	사과_면적	사과_생산량	사과_n/m2	포도_면적	포도_생산량	포도_n/m2	감_면적	감_생산량	감_n/m2
2014	18811	292340	15.540907	8069	145403	18.019953	7574	145592	19.222604
2015	19247	372627	19.360264	7714	143712	18.630023	7166	128412	17.919620
2016	20083	367710	18.309516	7786	146564	18.824043	6625	118095	17.825660
2017	20178	338034	16.752602	6809	108602	15.949772	6715	97386	14.502755
2018	19780	315230	15.936805	6769	95840	14.158664	6437	86537	13.443685
2019	19462	338085	17.371545	6773	88416	13.054186	6128	91937	15.002774

문제 1은 각 과일의 생산량을 과일을 재배한 면적으로 나누어 주면 간단히 해결된다. 4번 줄이 없었다면 새롭게 추가한 사과, 포도, 감의 면적당 생산량(n/m^2) 열이 데이터프레임의 뒤쪽으로 각각 순서대로 추가된다. 하지만 가독성과 이해도를 높이기 위해 각 과일별로 정렬하기 위해 4번 줄이 추가되었다.

```
df_fruit = df_fruit.iloc[ : , [0, 1, 6, 2, 3, 7, 4, 5, 8]]
또는
df_fruit = df_fruit[['사과_면적', '사과_생산량', '사과_n/m2', '포도_면적',
                     '포도_생산량', '포도_n/m2', '감_면적', '감_생산량', '감_n/m2']]
```

각 과일의 생산량은 큰 차이가 있지만, 각 과일별의 면적당 생산량을 비교해 보면 모두 유사하다. 결국 경상북도의 과일은 사과를 가장 많이 재배하지만, 그와 동시에 사과의 재배 면적 또한 가장 넓은 것을 알 수 있다. 면적당 생산량이 과일별로 비슷하기 때문에 부가가치가 큰 과일을 재배하면 농가에 수익 창출이 유리할 것으로 판단된다. 물론 이러한 결론은 환경 정보를 고려하지 않은 순수한 데이터에 의한 결론이다.

방금 살펴본 문제의 csv 데이터는 저자가 만든 파일이 아니다. 이런 파일들은 어디서 구할 수 있을까? 우리나라 공공기관에서 조사한 방대한 파일들은 정보 공개 정책에 따라 공개를 원칙으로 하고 있다. 각 지자체, 국가산하기관, 통계청, 대학 등에서도 필요해 의해 만들어진 데이터들과 데이터 분석 활성화를 위한 공공API, openAPI 등을 활용하기 위해 만들어진 데이터들도 상당수가 공개되어 있다. 다만 일부 데이터는 회원 가입 후 활용 신청이 필요한 경우도 있다.

[표 5-1] 데이터 공유 사이트

이름	사이트 주소	데이터 종류
공공데이터 포털	https://www.data.go.kr	공공행정, 교통물류, 문화관광, 산업고용, 농축수산, 보건, 교육, 과학, 식품, 복지 등
기상청 기상자료개방 포털	https://data.kma.go.kr/cmmn/main.do	기상 관련 날씨 데이터 (온도, 습도, 태풍, 지진 등)

e-나라지표	https://www.index.go.kr/unity/potal/main.do	인구, 소득, 주거, 교통, 생활환경과 오염, 생태 환경, 가족, 건강, 고용과 노동 등
통계청	https://kostat.go.kr/ansk/	국가 통계, 뉴스 기반 통계, 전국 사업체, 인구 주택, 농림어업 등 (e-나라지표와도 연계)
국가통계 포털	https://kosis.kr/index/index.do	국내 통계, 국제/북한 통계 등 기관별, 주제별 통계 정보
서울시 열린데이터광장	https://data.seoul.go.kr/	각 지자체별 정보 공개
부산시 공공데이터 포털	https://data.busan.go.kr/index.nm	
경남 빅데이터 허브플랫폼	https://bigdata.gyeongnam.go.kr/index.gn	
경상북도 공공데이터&통계	https://gb.go.kr/Main/open_contents/section/datastat/index.html	
전라남도 빅데이터허브	https://data.jeonnam.go.kr/index.do	
전라북도 빅데이터허브	https://www.bigdatahub.go.kr/index.jeonbuk	
충청남도 데이터포털 올담	https://alldam.chungnam.go.kr/index.chungnam	
충청북도 빅데이터허브 플랫폼	https://data.chungbuk.go.kr/index.do	
울산 데이터 포털	https://data.ulsan.go.kr/portal/main.do	
광주 데이터 포털	https://www.gjcity.go.kr/bigdata/	
대전 공공데이터 포털	https://www.daejeon.go.kr/pubc/	
강원도 공공데이터	https://www.provin.gangwon.kr/gw/portal/sub06_12	
제주특별시 공공데이터	https://www.jeju.go.kr/open/data/open.htm	
구글 dataset 검색	https://datasetsearch.research.google.com/	영여/한국어 키워드로 방대한 자료 검색 가능
캐글	https://www.kaggle.com/datasets	해외의 다양한 주제별 dataset 정보 공개

5

5. 팬더스(pandas) – 데이터프레임(DataFrame) 다루기

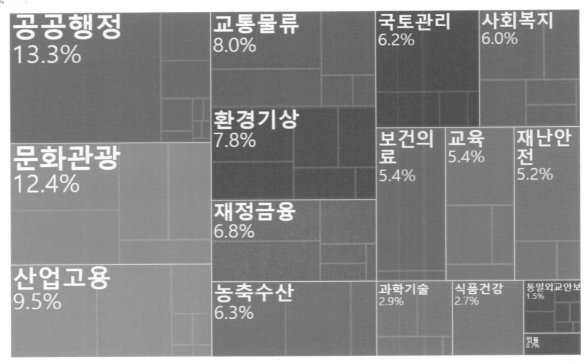

(출처, 행정안전부 data.go.kr)

[그림 5-3] 공공데이터 포털의 데이터맵

csv 파일 하나를 공공데이터 포털에서 다운로드하여 실습해 보자.

공공데이터 포털은 공공기관이 생성하여 관리하고 있는 각종 데이터들을 한 곳에서 제공하는 통합 포털이다. '기대수명'이라는 keyword로 검색해서 제일 상단에 위치한 파일을 다운로드하여 데이터프레임으로 만들어 보자.

[그림 5-4] 공공데이터 포털 검색어 창

'국민경강보험공단_지역별 기대수명지표'라는 제목의 파일은 국민건강보험공단에서 2023년 8월 7일 수정하여 정보 공개한 파일로 csv, json, xml 세 개의 파일로 다운로드할 수 있도록 제공한다.

[그림 5-5] '기대수명' 검색 시 화면에 출력되는 정보

이 중 csv를 클릭하거나 다운로드를 클릭하여 다운로드한 후, D드라이브 -> data 폴더 안으로 파일을 이동시킨 후, 국민건강보험공단_지역별 기대수명지표_20230807.csv 파일을 데이터프레임 으로 만들어 보자.

```
df_le = pd.read_csv('d:/data/국민건강보험공단_지역별 기대수명지표_20230807.csv',
                index_col = 0, encoding = 'euc-kr')
df_le
```

결과

지표연도	적용기간	성별	시도	시군구	평균 기대수명	보험료1분위	보험료2분위	보험료3분위	보험료4분위	보험료5분위	기대수명격차
2009	1년	남성	전국	전체	77.66	73.07	77.49	78.00	79.50	81.19	8.12
2009	1년	여성	전국	전체	84.43	81.73	84.29	84.52	85.12	86.84	5.11
2009	1년	전체	전국	전체	81.33	77.40	81.13	81.56	82.69	84.52	7.12
2009	4년	남성	서울특별시	전체	78.95	75.51	78.26	78.99	80.33	82.35	6.85
2009	4년	여성	서울특별시	전체	84.93	83.36	84.17	84.78	85.30	87.34	3.98
...	...	...	...	...	...	...	...	...	...	...	...
2021	6년	여성	제주특별자치도	제주시	87.74	83.80	87.85	88.92	88.55	90.36	6.56
2021	6년	전체	제주특별자치도	제주시	84.42	79.01	84.89	85.41	86.36	87.55	8.54
2021	6년	남성	제주특별자치도	서귀포시	80.43	74.00	80.52	82.45	82.96	84.06	10.06
2021	6년	여성	제주특별자치도	서귀포시	88.34	84.23	87.65	89.26	90.26	91.47	7.24
2021	6년	전체	제주특별자치도	서귀포시	84.52	78.77	84.18	86.18	87.03	87.91	9.14

10593 rows × 11 columns

2009년부터 2021년 사이의 시군구 순으로 평균 기대수명과 보험료 분위별로의 기대수명 격차에 대한 데이터프레임이 생성되었다. 다만, 행이 10,593개, 열이 11개로 이루어져 있어서 지금껏 다루었던 데이터프레임보다는 크다.

화면에 출력된 결과를 살펴보면, 이전에 살펴본 '과실별생산량.csv' 데이터 세트와는 다르게 전체 데이터프레임이 출력되지 않았다.

그 이유는 pandas의 기본 출력 옵션이 데이터프레임의 행이 60줄(rows) 이하에서는 모든 행이 출력되고, 60줄 초과 시에는 정렬 순서상 처음 5줄과 마지막 5줄만이 출력하도록 되어 있기 때문이다.

● 데이터프레임 출력 화면 설정(line 수)

1	pd.options.display.max_rows #최대 60줄 (60줄 이하 시 적용)
2	pd.options.display.min_rows #최소 10줄(60줄 초과 시, 처음/마지막 5줄 출력)

결과	1	60
	2	10

만약에 아래와 같이 설정하면 모든 데이터 세트를 화면에서 확인할 수 있으며, 처음과 마지막에 출력할 데이터프레임의 행 개수도 설정할 수 있다.

```
pd.options.display.max_rows  = 9883 # 9883 줄 이하는 모두 출력
```

```
pd.options.display.max_rows = 60 # 60줄 이하는 모두 출력
pd.options.display.min_rows = 20 # 최소 20줄(60줄 초과 시, 처음과 마지막 각 10줄 출력)
```

일반적으로 큰 데이터프레임을 다룰 때는 이전에 학습했던 head() 또는 tail()을 이용해서 첫 몇 개의 프레임이나 끝 몇 개의 프레임으로 전체 프레임을 가늠한다.

아래의 문제를 통해 데이터프레임을 간소화시켜 보자.

위의 기대수명 프레임을 아래와 같이 변경하여 new_df라는 새로운 데이터프레임에 저장하자.

지표연도	보험료1분위	보험료5분위	기대수명격차
2009	77.40	84.52	7.12
2010	77.61	84.44	6.83
2011	78.19	85.13	6.94
2012	78.25	85.39	7.14
2013	78.68	85.91	7.23
2014	79.15	86.11	6.96
2015	79.48	86.57	7.09
2016	79.59	86.58	6.99
2017	79.93	86.87	6.94
2018	79.66	86.81	7.16
2019	79.88	87.73	7.85
2020	79.78	87.80	8.02
2021	79.77	87.93	8.16

('성별' 열 중 전체, '시도' 열 중 전 국민을 대상으로 한 2009년부터 2021년까지의 데이터프레임 중 보험료 1분위와 보험료 5분위, 기대수명 격차만으로 구성된 데이터프레임)

```
condition = (df_le.시도 == '전국') & (df_le.성별 == '전체')
new_df = df_le[condition][['보험료1분위', '보험료5분위', '기대수명격차']]
new_df
```

때론 복잡한 데이터들을 단순화시키면 쉽게 의미 있는 인사이트를 찾아낼 수 있다. 가령 12년 동안 보험료 1분위에 해당하는 사람들은 기대수명은 2.33년 증가했지만, 보험료 5분위에 해당하는 사람들은 같은 기간 동안 3.41년 증가했다는 사실과 기대수명의 격차는 매년 꾸준히 증가되고 있지만, 12년 동안 1.33년 이내에 있다는 데이터 등은 간소화시킨 데이터프레임에서 쉽게 얻어 낼 수 있다. 매년 기대수명이 증가하는 추세라는 것도 금방 알아차릴 수 있다.

문제 2 new_df 데이터프레임은 '**지표연도**' index를 기준으로 정렬되어 있다. '기대수명격차' 열의 내림차순으로 재정렬해 보자.

hint : 이전 sort_values 메서드 설명 참조

문제 2.

결과	지표연도	보험료1분위	보험료5분위	기대수명격차
	2021	79.77	87.93	8.16
	2020	79.78	87.80	8.02
	2019	79.88	87.73	7.85
	2013	78.68	85.91	7.23
	2018	79.66	86.81	7.16
	2012	78.25	85.39	7.14
	2009	77.40	84.52	7.12
	2015	79.48	86.57	7.09
	2016	79.59	86.58	6.99
	2014	79.15	86.11	6.96
	2011	78.19	85.13	6.94
	2017	79.93	86.87	6.94
	2010	77.61	84.44	6.83

기대수명 격차가 큰 순으로 데이터프레임을 재정렬하였다. 이렇게 데이터프레임을 정렬한 후 다른 시각으로 분석하면, 때로는 새로운 인사이트도 얻을 수 있다.

5.2 데이터 요약

이번 절에서는 데이터 분석에 앞서 데이터프레임의 요약 정보를 확인하는 방법을 살펴보자. 앞에서도 잠깐 언급했듯이 **info**() 메서드를 통하면 데이터의 개수와 자료형 정보 등의 기본 정보를 알 수 있다.

```
# 데이터 요약 정보
DataFrame객체.info()
```

df_le 데이터프레임의 기본 정보를 확인해 보자.

```
df_le.info()
```

결과

```
Index: 10593 entries, 2009 to 2021
Data columns (total 11 columns):
 #   Column        Non-Null Count   Dtype
---  ------------  --------------   -----
 0   적용기간         10593 non-null   object
 1   성별            10593 non-null   object
 2   시도            10593 non-null   object
 3   시군구          10593 non-null   object
 4   평균 기대수명     10593 non-null   float64
 5   보험료1분위       10593 non-null   float64
 6   보험료2분위       10593 non-null   float64
 7   보험료3분위       10593 non-null   float64
 8   보험료4분위       10593 non-null   float64
 9   보험료5분위       10593 non-null   float64
 10  기대수명격차       10593 non-null   float64
dtypes: float64(7), object(4)
memory usage: 993.1+ KB
```

모든 열의 이름과 dtype, null(비어 있는)의 수 그리고 행의 개수와 행 인덱스(2009~2021), 메모리 사용량까지 한 번에 파악이 가능하다.

다음으로 살펴볼 것은 기술 통계 요약 정보이다. **describe()** 메서드를 적용하면, 기술 통계 정보들이라 불리는 평균, 표준편차, 최소/최대, 오름차순으로 정렬 시의 25%, 50%, 75%에 해당되는 위치의 데이터 값들을 각 열 단위로 확인할 수 있다. 다만, 숫자형 데이터(int, float)로 이루어진 열만 적용 가능하다는 것을 기억하자.

```
#기술 통계 요약 정보
DataFrame객체.describe(include, exclude)
```

include와 **exclude** 옵션은 각각 포함할 dtype을 적용하여 출력할 기술 요약 정보에 포함하거나 제외할 수 있다.

df_le 데이터프레임의 기술 통계 요약 정보를 확인해 보자.

```
df_le.describe()
```

				결과			
	평균 기대수명	보험료1분위	보험료2분위	보험료3분위	보험료4분위	보험료5분위	기대수명격차
count	10593.000000	10593.000000	10593.000000	10593.000000	10593.000000	10593.000000	10593.000000
mean	81.744217	77.587376	81.844865	82.379122	83.243821	84.791114	7.203753
std	3.412634	4.492691	3.368122	3.299374	3.148531	3.276201	2.153626
min	72.190000	63.570000	71.390000	73.200000	73.410000	74.470000	-3.830000
25%	79.180000	74.280000	79.440000	80.010000	81.000000	82.390000	5.760000
50%	82.020000	77.880000	82.050000	82.560000	83.410000	84.890000	7.140000
75%	84.420000	81.250000	84.430000	84.870000	85.550000	87.120000	8.550000
max	89.780000	88.550000	95.530000	94.520000	96.830000	100.650000	17.150000

옵션을 따로 사용하지 않으면 df_le 데이터프레임에서 수치형 데이터의 열들(dtype = float64)의 기술통계 정보를 확인할 수 있는데, '**평균 기대수명**'의 출력된 통계 정보를 예로 설명하면 10,593개의 데이터가 있고, 평균은 81.74세이며, 표준편차는 3.41세로 나타나는 것을 할 수 있다. 평균과 중앙값(50%)이 0.3세 차이로 거의 차이가 발생하지 않으므로 데이터의 특이값(이상치)이 없을 가능성이 높다는 것도 확인된다.

'**성별**', '**시도**', '**시군구**'의 object 자료형의 열들에 대한 요약 정보 역시 **describe()** 함수로 확인할 수 있다. 이때는 include 옵션에서 확인하고자 하는 dtype(objcet 또는 category)을 지정해야 한다. 수치 정보들이 아닌 범주형의 문자 데이터이므로 통계 정보가 아닌 count, unique, top, freq의 정보들이 출력된다.

```
df_le.describe(include = 'object')     # 또는 'O'
```

결과		적용기간	성별	시도	시군구
	count	10593	10593	10593	10593
	unique	3	3	18	242
	top	6년	남성	경기도	전체
	freq	9903	3531	1788	690

unique는 데이터의 고유 개수를 알려 주는데, df_le의 적용 기간을 예로 들면, '1년', '4년', '6년' 3가지가 종류가 있다. 성별 역시 '**전체**', '**남성**', '**여성**'으로 3가지 종류가 있다. **top**은 가장 데이터가 많이 중복된 개수(최빈값)를 알려주며, **freq**는 이 최빈값을 가진 데이터가 몇 번 데이터프레임에 등장했는지 (빈도수)를 알려준다. 즉 적용기간의 경우 '6년'이 가장 많이 중복되었으며, 횟수는 9,903번 이라는 것을 알 수 있다.

시리즈 역시 **describe()** 메서드를 적용할 수 있다. 아래 두 예제는, 숫자(float64)로 이루어진 '기대 수명격차' 열과 문자(object)로 이루어진 '적용기간'을 각각 **describe()** 메서드를 적용한 예이다.

```
df_le['기대수명격차'].describe()
```

결과	
count	10593.000000
mean	7.203753
std	2.153626
min	-3.830000
25%	5.760000
50%	7.140000
75%	8.550000
max	17.150000
Name: 기대수명격차, dtype: float64	

```
df_le['적용기간'].describe()
```

결과	count 10593 unique 3 top 6년 freq 9903 Name: 적용기간, dtype: object

---

문제 3 '적용기간'과 '성별' 열은 각각 3개의 고유한 데이터들로 구성되어 있다.

이 경우 데이터 분석의 속도와 효율성, 메모리를 고려하여 category 타입으로 변경하는 것이 유리하므로, 두 열의 데이터를 category 타입으로 변경해 보자.

hint: 이전 astype() 메서드 설명 참조

문제 3.

```
df_le[['적용기간','성별']] = df_le[['적용기간','성별']]._____
df_le.info()
```

결과	<class 'pandas.core.frame.DataFrame'> Index: 10593 entries, 2009 to 2021 Data columns (total 11 columns):

#	Column	Non-Null Count	Dtype
0	적용기간	10593 non-null	category
1	성별	10593 non-null	category
2	시도	10593 non-null	object
3	시군구	10593 non-null	object
4	평균 기대수명	10593 non-null	float64
5	보험료1분위	10593 non-null	float64
6	보험료2분위	10593 non-null	float64
7	보험료3분위	10593 non-null	float64
8	보험료4분위	10593 non-null	float64
9	보험료5분위	10593 non-null	float64
10	기대수명격차	10593 non-null	float64

```
dtypes: category(2), float64(7), object(2)
memory usage: 848.5+ KB
```

메모리 사용량이 기존 993.1Kbyte에서 카테고리로 변경 후 848.5Kbyte로 약 15% 정도 감소하였다.

5.3 결측치 제거 및 대체

지금까지의 책에서 다루었던 모든 데이터 세트는 결측 데이터(비워져 있는 데이터)와 이상치(데이터 흐름에서 벗어난 데이터)가 없는 완결성을 갖춘 데이터들이었다. 하지만 공공기관에서 제공하는 대부분의 데이터 또는 MES 등을 통해 집계되는 데이터, 시스템을 통해 획득되는 센서 데이터 등에는 누락된 데이터들과 잘못 들어온 데이터들이 거의 항상 존재한다. 온라인을 통한 설문조사가 아닌, 지면을 통한 설문조사로 획득한 데이터들은 잦은 결측치를 볼 수 있다. 이런 데이터들은 데이터 분석가에 의해 판단되어 다음과 같이 처리되어야 한다.

결측치 확인 / 처리

1. 결측치가 어느 위치에 몇 개가 있는지 확인한다.
2. 삭제해도 무방하면 결측치가 있는 행 또는 열을 삭제한다.
3. 데이터의 흐름에 맞도록 결측치를 채워 넣는다.

[그림 5-6] 결측치 확인과 처리 방법

결측치는 결측치대로 의미가 있을 수 있다. 만약 실시간 센서 데이터 집계 시스템에서 갑자기 잦은 결측치가 발생한다면, 센서의 오류이거나 통신의 오류 또는 시스템 자체의 오류일 수 있다.

결측치를 다룰 때 다음 순서로 적용하자.

① 데이터의 수가 충분하면 결측치가 있는 행이나 열을 제거하자.

② 마스킹, 보간, 회귀 등을 사용하여 결측치를 여러 데이터로 대체하자.

③ 결측치를 대푯값(평균, 중앙값, 최빈값)의 단일 데이터로 대체하자.

5.3.1 결측 데이터 확인과 NaN의 의미

제공된 예제 파일 중 '병역판정검사현황.csv' 파일을 데이터프레임으로 옮겨보자. 이 데이터 세트는 병무통계연보의 공개 데이터를 이용한 것으로, 단위는 천 명이다.

```
df_mil = pd.read_csv('d:/data/병역판정검사현황.csv', index_col = 0)
df_mil
```

결과

	2012	2013	2014	2015	2016	2017	2018	2019	2020	2021
인구추계(19세 남자)	378.0	381.0	366.0	353.0	341.0	328.0	327.0	338.0	293.0	261.0
19세?남자	349.1	352.3	351.0	337.0	326.3	310.4	300.9	309.9	267.6	238.6
계(20세?남자?포함)	361.2	364.1	363.8	350.8	339.7	323.8	315.7	323.8	282.2	254.4
현역병입영대상자	329.7	333.2	328.9	304.5	281.2	264.3	253.9	263.3	229.0	211.3
보충역	18.7	18.1	19.7	31.6	42.7	43.2	43.7	43.7	37.5	28.8
전시근로역(신분결함)	NaN	NaN	NaN	NaN	NaN	NaN	NaN	NaN	NaN	NaN
전시근로역(신체결함)	6.1	5.9	6.9	7.2	7.7	7.7	9.0	8.9	7.6	7.0
병역면제	0.9	0.9	0.9	1.0	1.0	1.0	1.1	1.2	0.9	0.8
재신체검사	5.8	6.0	7.1	6.5	7.0	7.5	7.9	6.6	7.2	6.5

이 데이터프레임에는 몇 가지 문제가 관측된다. 인코딩 오류로 띄어쓰기를 기호('?')로 표시한 부분이 있고, '전시근로역(신분결함)' 행이 모두 NaN으로 표기되어 있다.

하나씩 문제를 해결해 보자. 먼저 **rename**() 메서드를 이용하여 '?'로 표시된 곳을 빈 공백으로 대체하자.

```
df_mil = df_mil.rename(index = {'19세?남자':'19세 남자',
                                '계(20세?남자?포함)' : '계(20세 남자 포함)'})
df_mil.index
```

결과	Index(['인구추계(19세 남자)', **'19세 남자'**, **'계(20세 남자 포함)'**, '현역병입영대상자', '보충역', '전시근로역(신분결함)', '전시근로역(신체결함)', '병역면제', '재신체검사'], dtype='object')

이제 이 NaN 값이 무엇인지 살펴볼 차례이다. NaN은 'Not a Number'의 약자로, 데이터 타입은 float 형태이다.

IN	type(np.NaN)
OUT	float

pandas와 Numpy에서는 NaN, nan, NAN, NA 등으로 표기되고, 파이썬의 None 타입(Null의 의미) 역시 pandas에서는 NaN으로 다루어진다.

다른 프로그램 언어에서는 null과 NaN의 차이가 크지만, pandas와 Numpy에서는 차이를 크게 두지 않는다. 다만, null은 비워져 있다는 것을 표현하는 것이고, NaN은 유효하지 않은 값을 반환할 때 주로 사용된다는 것만 기억하자.

간단한 예제를 통해 NaN의 의미를 이해해 보자.

```
a = np.arange(1,10).reshape(3,3)   # 3행 3열
df_test = pd.DataFrame(a, index = ['a','b','c'], columns = ['가','나','다'])
df_test
```

결과		가	나	다
	a	1	2	3
	b	4	5	6
	c	7	8	9

'**b**' 행의 모든 데이터와 '**c**' 행의 첫 두 열의 데이터를 NaN 값으로 대체해 보자.

```
df_test.loc['b', '가'] = np.NaN
df_test.loc['b', '나'] = np.nan
df_test.loc['b', '다'] = np.NAN
df_test.loc['c', '가'] = None
df_test.loc['c', '나'] = pd.NA
df_test
```

결과		가	나	다
	a	1.0	2.0	3.0
	b	NaN	NaN	NaN
	c	NaN	NaN	9.0

pandas에서 결측치는 NaN으로 대체된다. NaN에 수치 연산이나 비교 연산 시의 결과는 어떻게 나올까? 즉 비어 있는 데이터에 어떤 값을 더하거나 곱했을 때 결과는 어떻게 될까? 얼핏 생각하면 에러가 발생할 것 같지만 결과는 NaN으로 반환된다.

```
np.NaN * 3
np.nan + 2
```

결과	nan
	nan

똑같은 NaN 데이터들이지만 비교연산자를 통해 상호 비교할 수는 없다.

비어 있는 NaN 데이터들임에는 틀림없지만 NaN과 nan 또는 NaN과 NaN은 같지 않다. 마치 무한대가 서로 비교할 수 없는 것처럼 NaN 역시 비교할 수 없다.

1	np.NaN == np.nan
2	np.NAN == np.NAN
3	np.NaN == None

결과	False
	False
	False

그럼, df_test 데이터프레임에서 몇 개의 NaN이 있는지 또는 시리즈에서 NaN이 존재하는지 어떻게 알 수 있을까?

파이썬 문법 중 for 반복문을 이용해서 데이터프레임에 있는 NaN을 찾아보자.

| 1 | ```
for i in df_test['가']:
    print(i)
sum = 0
for i in df_test['가']:   #'가'열의 모든 원소를 하나씩 가져온다.
    if i == np.nan:       # 하나씩 가져온 원소와 np.nan이 같은지 비교
        sum+=1            # 같으면 sum 변수 1씩 증가
``` |
|---|---|
| 2 | `print(sum)` |

결과	1	1.0
		nan
		nan
	2	0

아마도 여러분은 예상했던 결과일 수도 있다. 위에서 설명한 것처럼 nan은 그 어떤 값과 비교해도 같지 않기 때문에 위의 방법으로는 데이터프레임에 결측치가 몇 개나 있는지 찾을 수 없다. 다행히도 데이터프레임 또는 시리즈에 결측치가 몇 개나 있는지 찾을 수 있는 간단한 방법이 있다.

```
# Null 또는 NaN 데이터가 있으면 True로 반환하는 메서드
  DataFrame객체.isnull()
  DataFrame객체.isna()
```

isnull() 과 isna()메서드를 df_test 프레임에 적용해 보자.

```
df_test.isnull()    #isnull()과 isna()는 동일한 결과를 얻을 수 있다.
df_test.isna()
```

5. 판다스(pandas) - 데이터프레임(DataFrame) 다루기
```

결과		가	나	다
	a	False	False	False
	b	True	True	True
	c	True	True	False

두 메서드 모두 결측치가 있는 위치에 True 값을 반환한다.

True는 1과 같다.

IN	True == 1
OUT	True

위의 관계를 이용하여 **sum**() 메서드와 결합하면 각 열의 결측치의 수가 출력이 된다.

```
df_test.isnull().sum()  #isnull()과 isna()는 동일한 결과를 얻을 수 있다.
df_test.isna().sum()
```

결과	가 2
	나 2
	다 1
	dtype: int64

결측치, 즉 NaN이 포함된 프레임의 합은 불가능해 보인다. 이전에 살펴본 것과 마찬가지로 NaN에 그 어떤 값으로 연산을 해도 NaN이 되기 때문이다. 하지만 데이터프레임에서 **통계/집계 메서드이용 시에는 결측 데이터가 제외**되도록 설계되어 있다.

```
1    df_test.sum()
2    df_test.mean()
```

결과	가 1.0
	나 2.0
	다 12.0

```
dtype: object
가      1.0
나      2.0
다      6.0
dtype: float64
```

문제 4 다음은 여행지 설문에 대한 결과로, 가고 싶은 도시에 점수를 최대 5점으로 부여했으
며 가고 싶지 않은 도시는 비어 놓았다. 각 도시별 결측 데이터의 수를 출력하라. 그리
고 가장 결측치가 많은 도시를 drop 메서드를 이용하여 데이터프레임에서 삭제하라.

문제 4.

```
  import pandas as pd
  data = {
      '이름': ['A', 'B', 'C', 'D', 'E'],
      '도쿄': [4, 3, 5, None, 2],
      '제주도': [5, None, 3, 4, 5],
      '세부': [None, 2, 3, 4, 1],
      '카잔':None
  }
  df_survey = pd.DataFrame(data)
  df_survey.set_index('이름', inplace = True)
1 print(df_survey._____)
2 df_survey.drop(_____)    #카잔열 제거
```

결과	1		2		
				도쿄	제주도	세부
	도쿄 1		**이름**			
	제주도 1		A	4.0	5.0	NaN
	세부 1		B	3.0	NaN	2.0
	카잔 5		C	5.0	3.0	3.0
	dtype: int64		D	NaN	4.0	4.0
			E	2.0	5.0	1.0

5.3.2 결측 데이터 삭제

데이터프레임의 행이나 열을 삭제하기 위해서 이전에 설명했듯이 drop() 메서드를 적용하면 된다. 이와 유사하게 결측 데이터가 포함된 행 전체 또는 열 전체의 삭제를 위해서는 dropna() 메서드를 사용할 수 있다. dropna() 메서드에 옵션을 설정하지 않으면 NaN 데이터가 하나라도 있는 모든 행들이 삭제된다.

```
# NaN 데이터가 있는 행이나 열 삭제
 DataFrame객체.dropna(axis = 0/1, thresh = 숫자, how = 'any' / 'all',
                      inplace =  True/False, subset)
```

axis=0이 기본값으로 설정되어 있고, 만약 결측치가 있는 열을 삭제하려면 axis=1로 설정해야 한다. **thresh**는 결측치가 있더라도, 정상적인 데이터가 지정한 숫자 이상으로 있으면 삭제하지 않는다. **how**는 'any' 또는 'all' 옵션을 설정할 수 있는데, 'all'인 경우는 df_test의 'b' 행처럼 모든 원소가 NaN인 경우에만 삭제되며, 기본 설정인 'any'는 NaN 값이 하나라도 있으면 설정한 열이나 행을 삭제시킨다. pandas 버전에 따라서 how와 thresh를 동시에 사용 못 하는 경우도 있으며, 이 경우 thresh만 설정하고, how는 생략(default=any)해야 한다. **inplace**는 데이터프레임 자체에 변경된(삭제된) 내용을 update 할 것인지 결정하는 옵션이다.

마지막으로 subset 옵션을 사용하면, 특정 행 이름이나 열 이름을 지정하여, 지정한 행 또는 열에 결측치가 있는 경우에 그 행이나 열을 삭제할 수 있다.

참고로, 현재 pandas의 버전을 확인하기 위한 속성은 **pd.__version__** 이다. <u>**2023년 1월 기준 pandas의 현재 버전은 2.0.3**</u>으로, 1.X대에 비해 많은 것이 달라 졌다. 특히 Futurewarning 발생시켰던 warning들은 2.X로 오면서 경고에서 error로 변경되었다.

만약 버전이 1.4 이하 버전일 경우 패키지를 업데이트하는 것이 좋다. 특히 1.1 버전 이하의 패키지를 사용하고 있다면, 이번 기회에 아나콘다에 설치된 모든 파이썬 패키즈 업데이트를 진행해 보자. 윈도우 검색창에서 'anaconda'를 검색한 후 Anaconda Prompt에서 아래의 명령어를 통해 패키지 업데이트를 실시한다.

(base) C:\Users\본인계정>conda update --all

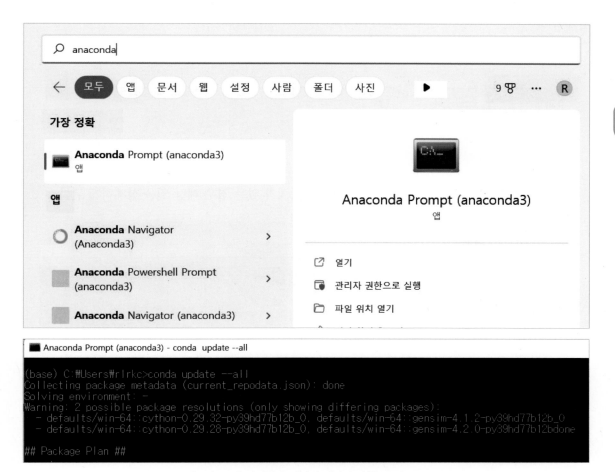

[그림 5-7] 아나콘다 파이썬 패키지 전체 Update

또는 pandas 패키지와 scipy 패키지처럼 필요한 패키지만 선택하여 최신 버전으로 설치할 수도 있다. 설치 후에는 주피터의 kernel을 restart(연속으로 '0'을 두 번 클릭) 해야지만 새로 업데이트된 패키지가 실행된다.

```
1  !pip install -U pandas --user
```

```
1  !pip install -U scipy --user
```

이제 **dropna()**를 이용하여 행이나 열을 삭제해 보자. 아래처럼 **dropna()**에 어떠한 아규먼트라도 전달하지 않을 경우, 즉 default일 경우에는 각 행의 원소 중 하나라도 NaN이 있으면 해당 행을 삭제한다.

```
df_test.dropna()
```

결과		가	나	다
	a	1.0	2	3.0

axis=1로 설정하면 각 열의 원소 중 하나라도 결측치가 있는 경우 해당 열을 삭제하게 된다.

```
df_test.dropna(axis = 1)
```

결과	a	#모든 열에 하나 이상의 NaN 원소가 있으므로 모두 삭제된다.
	b	
	c	

행 중에서 모든 원소가 NaN인 경우만 삭제해 보자. 이 경우는 b 행만 해당된다.

```
df_test.dropna(how = 'all')
```

결과		가	나	다	
	a	1.0	2	3.0	#b행 전체 삭제
	c	NaN	\<NA\>	9.0	

아래 예는 열들의 원소 중 데이터가 두 개 이상 있으면 결측치가 있더라도 삭제에서 제외시킬 수 있다. 다만, pandas version에 따라 실행되지 않고 오류가 발생할 수 있는데, how = 'any'를 제거하면 실행 가능할 것이다.

```
df_test.dropna(axis = 1, thresh = 2, how = 'any')
```

결과	다	
a	3.0	# 유일하게 '다' 열에만 데이터가 2개 있으므로,
b	NaN	삭제에서 제외
c	9.0	

이번에는 '다' 열 기준으로 NaN이 있는 행을 삭제해 보자.

```
df_test.dropna(axis = 0, subset = ['다'])
```

결과	가	나	다	
a	1.0	2	3.0	#'다' 열의 원소 중 'b'행에만 NaN이 있으므로
c	NaN	NaN	9.0	'b'행을 제외한 나머지 행 출력

문제 5 다음 여행 설문 데이터프레임에서 결측치가 가장 많은 '카잔' 열을 dropna() 메서드를 이용하여 데이터프레임에서 삭제하라.

문제 5.

```
import pandas as pd
data = {
    '이름': ['A', 'B', 'C', 'D', 'E'],
    '도쿄': [4, 3, 5, None, 2],
    '제주도': [5, None, 3, 4, 5],
    '세부': [None, 2, 3, 4, 1],
    '카잔': None
}
df_survey = pd.DataFrame(data)
df_survey.set_index('이름', inplace = True)
df_survey.dropna(_____)  #카잔열 제거
```

결과		도쿄	제주도	세부
이름				
A		4.0	5.0	NaN
B		3.0	NaN	2.0

C	5.0	3.0	3.0
D	NaN	4.0	4.0
E	2.0	5.0	1.0

5.3.3 결측치에 값 채우기

위의 예제와 같이 데이터프레임에 있는 결측치가 데이터 분석에 아무런 영향을 주지 않는다면 과감하게 삭제해도 무방하다. 하지만 그렇지 않은 경우도 많다.

집계함수[mean(), sum(), std(), var() 등]를 사용하면 결측치가 비록 있더라도 나머지 데이터들로 집계하여 결괏값이 산출되지만, 열끼리의 계산이 필요한 경우는 결측치가 있는 데이터 행은 NaN으로 결과가 반환된다. 그 외에도 다양한 이유들이 있다. 아래의 표를 보자. 열의 이름은 '일시', '평균기온', '강수량', '습도', '평균풍속', '관측자ID'이다. 모든 열들에 결측치가 있는 것이 확인된다. 그리고 이 데이터를 관측한 사람의 ID가 마지막 열에 있는데 관측자마다 병합되어 있다.

이 데이터를 데이터프레임으로 로딩해 보자.

	A	B	C	D	E	F
1	일시	평균기온(°C)	강수량(mm)	습도(%)	평균풍속(m/sec)	관측자ID
2	10월 09일	19.9	3.6	67.5	3	
3	10월 10일		3.4	67.1	3	
4	10월 11일		2.7	66.9	2.9	
5	10월 12일			66.7	2.9	
6	10월 13일		3.3		2.9	12100
7	10월 14일		2	65.1	2.9	
8	10월 15일		1.7	64.5	2.9	
9	10월 16일			64.1	3	
10	10월 17일	18.2	1.2		3.1	
11	10월 18일	18.2	0.9	64.5	3	
12	10월 19일	18.2	1.7	65.6	3	
13	10월 20일			66.5	3.1	
14	10월 21일	18.1	2.2	67	3.1	12101
15	10월 22일	17.9	2.6	67.3		
16	10월 23일	17.7	2.9	67.3	3.2	
17	10월 24일	17.3	2.1	66.6	3.3	

[그림 5-8] 제주도의 기후

```
df_jeju = pd.read_csv('d:/data/2022제주_기후.csv', encoding = 'euc-kr',
                      index_col = 0)
df_jeju.head(10)  #상위 10개만 출력
```

일시	평균기온(℃)	강수량(mm)	습도(%)	평균풍속(m/sec)	관측자ID
10월 09일	19.9	3.6	67.5	3.0	12100.0
10월 10일	NaN	3.4	67.1	3.0	NaN
10월 11일	NaN	2.7	66.9	2.9	NaN
10월 12일	NaN	NaN	66.7	2.9	NaN
10월 13일	NaN	3.3	NaN	2.9	NaN
10월 14일	NaN	2.0	65.1	2.9	NaN
10월 15일	NaN	1.7	64.5	2.9	NaN
10월 16일	NaN	NaN	64.1	3.0	NaN
10월 17일	18.2	1.2	NaN	3.1	NaN
10월 18일	18.2	0.9	64.5	3.0	12101.0

(결과)

원본 csv 파일에서 비어 있던 데이터는 NaN 데이터로 잘 처리되었지만, 데이터프레임에서 병합된 열들의 정보를 제일 첫 번째 행에만 적용하고 나머지는 모두 결측치로 처리되었다.

이렇게 결측치가 있는 정보들을 단순히 **dropna**()로 삭제 처리하면 데이터 분석이 어려워진다. 이제부터 누락된 결측 데이터에 값을 채우는 방법에 대해 살펴보자. 결측치에 데이터를 채워 넣기 위해서는 **fillna**() 메서드를 적용한다.

● **fillna**() 메서드 활용한 결측치 채움

```
# 결측값을 원하는 값으로 대체하는 메서드
 DataFrame객체.fillna(vlaue= None, method = None, axis =None , inplace =
 True, limit = None)
```

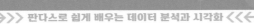
fillna() 메서드는 결측치가 있는 자리에 지정한 값으로 자동으로 채워주는 메서드이며, dropna() 와 마찬가지로 많은 옵션이 있다. df_jeju.fillna(0)으로 단순히 지정하면 모든 결측치가 0.0으로 채워진다.

```
df_jeju.fillna(0).head(5)
```

결과		평균기온(℃)	강수량(mm)	습도(%)	평균풍속(m/sec)	관측자ID
	일시					
10월 09일		19.9	3.6	67.5	3.0	12100.0
10월 10일		0.0	3.4	67.1	3.0	0.0
10월 11일		0.0	2.7	66.9	2.9	0.0
10월 12일		0.0	0.0	66.7	2.9	0.0
10월 13일		0.0	3.3	0.0	2.9	0.0

fillna() 메서드의 옵션들에 대해 하나씩 살펴보자.

value에는 결측치에 채워 놓고자 하는 수치나 문자 또는 딕셔너리나 시리즈가 가능하며, 리스트 형태는 불가능하다. method는 'backfill', 'bfill', 'pad', 'ffill'로 설정할 수 있는데, 아래의 표를 참고하길 바란다. 만약 바로 아래 또는 위의 데이터 역시 결측치라도 걱정할 필요 없다. 정상적인 데이터 가 나올 때까지 범위를 확장한다.

method	설명
backfill bfill	결측치 아래의 정상 데이터로 결측치 채움
pad ffill	결측치 위의 정상 데이터로 결측치 채움

limit는 결측치를 지정한 method로 채울 때, 몇 개까지 채울 것인지에 대해 정수형 데이터로 지정하면 되는데, axis=0(행)인 경우 왼쪽부터, axis=1(열)인 경우에는 위에서부터 지정한 개수만큼 채우게 된다.

다시 제주도의 기후 예제 분석으로 돌아가서, df_jeju 데이터프레임의 기본 정보들을 확인해 보자. 항상 데이터 분석 시에 가장 먼저 info()와 describe() 메서드를 통해 데이터프레임의 구조와 결측치의 수 데이터 자료형, 집계 정보 등을 먼저 확인해야 한다.

```
df_jeju.info()
```

결과	Index: 30 entries, 10월 09일 to 11월 07일 Data columns (total 5 columns): Data columns (total 11 columns):

```
 #   Column            Non-Null Count  Dtype
---  -------------     --------------  -----
 0   평균기온(℃)          19 non-null     float64
 1   강수량(mm)          24 non-null     float64
 2   습도(%)            26 non-null     float64
 3   평균풍속(m/sec)      26 non-null     float64
 4   관측자ID             4 non-null     float64
dtypes: float64(5)
memory usage: 1.4+ KB
```

info()는 많은 것을 알려준다. 10월 09일부터 11월 07일까지의 30개의 인덱스가 있고, 열은 5개가 있으며, 각 데이터들은 float 타입인 것을 알 수 있다. 결측치의 수와 메모리 사용량도 확인된다. 이 데이터프레임은 관측자ID를 제외하고 가장 결측치가 많은 열은 '평균기온(℃)'에 대한 열이다.

info()를 통해 데이터프레임의 자료형과 구조에 대한 정보를 파악할 수 있다면, **describe()**를 통해서는 기술 통계 정보들에 대한 분석이 가능하다. 이때 기술 통계 정보의 mean, std 등은 결측치를 무시한 연산 결과들이며, count는 각 열의 결측치를 제외한 데이터의 개수를 알려준다.

pandas의 연산 메서드들(min, max, sum, mean, std 등) 역시 default로 skipna의 아규먼트가 True (skipna = True)로 설정되어 결측치가 제거된 데이터의 연산 결과가 반환된다.

```
df_jeju.describe()
```

결과		평균기온(℃)	강수량(mm)	습도(%)	평균풍속(m/sec)	관측자ID
count		19.000000	24.000000	26.000000	26.000000	4.000000
mean		16.852632	2.120833	65.453846	3.065385	12101.500000
std		1.341379	0.690922	1.398065	0.146812	1.290994
min		15.200000	0.900000	63.300000	2.800000	12100.000000
25%		15.650000	1.700000	64.225000	2.925000	12100.750000
50%		16.800000	2.050000	65.350000	3.050000	12101.500000
75%		18.000000	2.525000	66.850000	3.200000	12102.250000
max		19.900000	3.600000	67.500000	3.300000	12103.000000

이제 비어 있는 모들 결측치에 0이 아닌 의미 있는 데이터들로 채워 보자.

5.3.4 결측치 단일 대체

데이터의 평균, 중앙값(중위수) 그리고 최빈값을 흔히 데이터의 대푯값이라고 부른다. 결측치를 대푯값으로 채우면 데이터 분석 시에 분석해야 되는 표본(샘플)의 수도 유지할 수 있으며, 데이터의 맥락에도 크게 문제되지 않는다.

우선 다른 열들보다 확연하게 '**관측자ID**' 열은 어떻게 결측치를 채워야 할지 판단이 설 것이다. 원래의 csv 원본 데이터 세트에서 '**관측자ID**' 열이 각 관측자마다 병합되어 있었고, 데이터프레임으로 전환하는 과정에서 병합이 해제되었다.

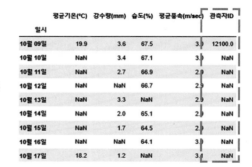

[그림 5-9] 관측자ID 열 기준으로 fillna()의 옵션 선택

따라서 결측치들이 이전 데이터로 채워지면 데이터프레임이 원본 데이터 세트와 동일해지므로 'ffill' 또는 'pad' 옵션으로 설정하면 된다. 다만, 모든 데이터프레임에 'ffill' 옵션을 선택할지는 신중히 고민해야 한다. 우선 '**관측자ID**' 열만 해당 옵션을 통해 결측치를 채워 보자.

또한, **info()**와 **describe()**를 통해 살펴본 df_jeju의 정보 중 '관측자ID'는 자료형 변경이 필요해 보인다. '**관측자ID**' 열은 비록 수치형(12100, 12101)으로 표시되었지만, 데이터의 의미상 object 타입이나 category 타입이 적합하다. 다시 말해 '**관측자ID**' 열을 분석할 때 평균, 표준편차의 정보가 필요한 것이 아니라, 어떤 관측자가 몇 번 관측했는지의 정보가 필요하다. '**관측자ID**' 열을 object 타입으로 변경해 보자.

```
#관측차ID 열의 결측치 채움과 type 변경
df_jeju['관측자ID'].fillna(method = 'ffill', inplace = True)
df_jeju['관측자ID'] = df_jeju['관측자ID'].astype('int')
df_jeju['관측자ID'] = df_jeju['관측자ID'].astype('object')
df_jeju.head(5)
```

결과		평균기온(°C)	강수량(mm)	습도(%)	평균풍속(m/sec)	관측자ID
	일시					
	10월 09일	19.9	3.6	67.5	3.0	12100
	10월 10일	NaN	3.4	67.1	3.0	12100
	10월 11일	NaN	2.7	66.9	2.9	12100
	10월 12일	NaN	NaN	66.7	2.9	12100
	10월 13일	NaN	3.3	NaN	2.9	12100

위의 프로그램에서 첫 번째 행은 **fillna()**의 설정을 위한 파라미터 설정에 대한 것이다. 두 번째, 세 번째 행은 관측자 ID열을 int로 변경한 후, 다시 object형으로 재변경한 코드이다. 정수형(int)으로의 변경 없이 바로 문자형(objcet 또는 category)으로 변경하게 되면, 소수점이 있는 문자로 변경되어 int로 형의 변경이 선행되었다.

이제 나머지 열들을 어떻게 채울지 결정할 차례이다. method 파라미터를 'ffill/pad' 또는 'bfill/backfill' 옵션으로 설정하면 결측치의 직전 또는 직후의 데이터로 결측치가 채워진다. 앞으로 여러 예제를 통해 fillna() 옵션들을 알아보려고 하는데, inplace = True로 지정하면 결측치가 채워진 프레임이 기존 프레임을 업데이트하므로 inplace 옵션 설정 없이 결측치들이 어떻게 채워지는지를 비교하자.

```
df_jeju.fillna(method = 'ffill', axis = 0).head(5)
```

결과

일시	평균기온(°C)	강수량(mm)	습도(%)	평균풍속(m/sec)	관측자ID
10월 09일	19.9	3.6	67.5	3.0	12100
10월 10일	19.9	3.4	67.1	3.0	12100
10월 11일	19.9	2.7	66.9	2.9	12100
10월 12일	19.9	2.7	66.7	2.9	12100
10월 13일	19.9	3.3	66.7	2.9	12100

여기서 axis = 0은 생략해도 무관하며, method = 'ffill'이므로 각 열들의 모든 행에 대한 결측치들이 결측치 이전 데이터로 채워진다. 만약 열의 첫 번째 행이 결측치고 두 번째 행 역시 결측치라면 채워지지 않고 여전히 결측치로 남게 된다. axis = 1로 설정하면 각 행의 모든 열을 기준으로 결측치들이 채워지게 되므로 각 열이 서로 독립된 주제의 데이터라면 반드시 axis = 0(default)으로 설정해야 한다는 것을 기억하자.

때에 따라서는 결측치를 원하는 수만큼만 채워야 하는 상황도 있다. 이런 경우를 위해 limit 옵션이 있다. 각 열의 결측치를 최대 3개만큼만 채워 보자.

```
df_jeju.fillna(method = 'ffill', limit = 3, axis = 0).head(5)
```

df_jeju.fillna(method = 'ffill', limit = 3)

일시	평균기온(°C)	강수량(mm)	습도(%)	평균풍속(m/sec)	관측자ID
10월 09일	19.9	3.6	67.5	3.0	12100
10월 10일	NaN	3.4	67.1	3.0	12100
10월 11일	NaN	2.7	66.9	2.9	12100
10월 12일	NaN	NaN	66.7	2.9	12100
10월 13일	NaN	3.3	NaN	2.9	12100

→

일시	평균기온(°C)	강수량(mm)	습도(%)	평균풍속(m/sec)	관측자ID
10월 09일 3개	19.9	3.6	67.5	3.0	12100
10월 10일	19.9	3.4	67.1	3.0	12100
10월 11일	19.9	2.7	66.9	2.9	12100
10월 12일	19.9	2.7	66.7	2.9	12100
10월 13일	NaN	3.3	66.7	2.9	12100

[그림 5-10] filllna() 메서드로 결측치 채움

만약 관측자ID 열을 category 타입으로 변경했었다면, 아나콘다의 주피터에 설치된 pandas 버전에 따라 에러가 발생할 수 있다. (2.X에서는 문제없이 실행된다.)

category와 datetime64 타입은 버전이 업데이트됨에 따라 버그들이 해결되고 있지만, 아직 몇 가지 버그가 있음에 주의하자.

간헐적으로 결측치가 있고, 데이터 세트가 기후처럼 어느 정도 일관성 있게 변동된다면 ffill, bfill 등은 좋은 방법이다. 하지만 '**평균기온(℃)**' 열처럼 결측치가 많고, 학생들의 성적, 선호도 설문조사 등 데이터가 일관성이 없다면 이전 또는 이후의 데이터로 채울 수 없다.

때로는 결측치를 평균이나 중앙값으로 채우는 게 최선일 때도 있고, 때로는 보간을 통해 결측치를 데이터의 흐름에 맞도록 추정하여 채우는 것이 최선일 때도 있다.

● 열의 평균과 중앙값으로 결측치 채움

그럼, '**평균기온(℃)**' 열의 결측치를 평균기온 값으로 대체해 보자.

```python
temp = df_jeju['평균기온(℃)'].mean()
temp_s = df_jeju['평균기온(℃)'].fillna(temp)
print(temp_s.head())
temp_s.mean()
df_jeju.head(5)
```

결과	일시	
	10월 09일	19.900000
	10월 10일	16.852632
	10월 11일	16.852632
	10월 12일	16.852632
	10월 13일	16.852632
	Name: 평균기온(℃), dtype: float64	
	16.852631578947367	

결측치를 평균기온으로 대체하였으므로 이 열의 평균은 결측치 유무와 차이 없이 동일하게 나온다. 데이터 자체 분석 시에는 큰 무리가 없다.

다만, 시각화를 통한 분석에는 영향을 끼칠 수 있다. [그림 5-11]처럼 제주도 10월의 온도는 전반적으로 하강하는 추세인데, 결측치를 평균으로 대체하여 추세의 경향이 다소 달라지게 분석된다.

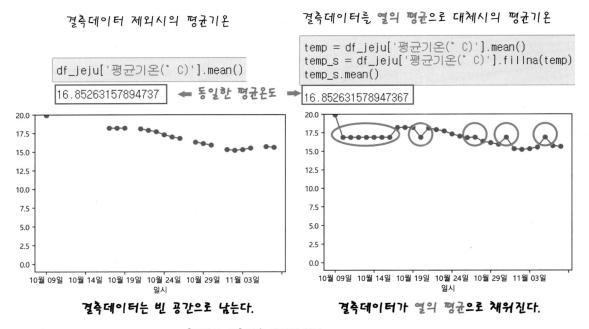

[그림 5-11] 결측 데이터 처리(결측 데이터 = 열의 평균)

사실, 열의 평균으로 결측치를 채우기 위해서 굳이 temp라는 변수 추가 없이 아래와 같이 표현할 수도 있다.

```
df_jeju['평균기온(℃)'].fillna(df_jeju['평균기온(℃)'].mean())
```

만약 모든 열의 결측치를 각 열의 평균으로 대체한다면 더욱 간단히 표현된다.

```
df_jeju.fillna(df_jeju.mean()).head(5)
```

df_jeju.fillna(df_jeju.mean())   모든 열의 결측치를 평균으로 대체

일시	평균기온(℃)	강수량(mm)	습도(%)	평균풍속(m/sec)	관측자ID
10월 09일	19.9	3.6	67.5	3.0	12100
10월 10일	NaN	3.4	67.1	3.0	12100
10월 11일	NaN	2.7	66.9	2.9	12100
10월 12일	NaN	NaN	66.7	2.9	12100
10월 13일	NaN	3.3	NaN	2.9	12100

일시	평균기온(℃)	강수량(mm)	습도(%)	평균풍속(m/sec)	관측자ID
10월 09일	19.900000	3.600000	67.500000	3.0	12100
10월 10일	16.852632	3.400000	67.100000	3.0	12100
10월 11일	16.852632	2.700000	66.900000	2.9	12100
10월 12일	16.852632	2.120833	66.700000	2.9	12100
10월 13일	16.852632	3.300000	65.453846	2.9	12100

[그림 5-12] 결측치를 평균으로 대체

이번에는 모든 결측치를 각 열의 중앙값(median)으로 대체해 보자.

```
df_jeju.fillna(df_jeju.median()).head(5)
```

df_jeju.fillna(df_jeju.median()) 모든 열의 결측치를 중앙값으로 대체

일시	평균기온(°C)	강수량(mm)	습도(%)	평균풍속(m/sec)	관측자ID
10월 09일	19.900000	3.600000	67.500000	3.0	12100
10월 10일	16.852632	3.400000	67.100000	3.0	12100
10월 11일	16.852632	2.700000	66.900000	2.9	12100
10월 12일	16.852632	2.120833	66.700000	2.9	12100
10월 13일	16.852632	3.300000	65.453846	2.9	12100

일시	평균기온(°C)	강수량(mm)	습도(%)	평균풍속(m/sec)	관측자ID
10월 09일	19.9	3.60	67.50	3.0	12100
10월 10일	16.8	3.40	67.10	3.0	12100
10월 11일	16.8	2.70	66.90	2.9	12100
10월 12일	16.8	2.05	66.70	2.9	12100
10월 13일	16.8	3.30	65.35	2.9	12100

[그림 5-13] 결측치를 중앙값으로 대체

df_jeju 데이터프레임의 각 열의 평균과 중앙값은 큰 차이가 없으므로 비슷한 값으로 결측치가 채워진다. 이제 최빈값으로 값을 채워 보자.

문제 6 다음 여행 설문 데이터프레임에서 결측치를 각 열의 평균으로 채워라.

문제 6.
```
import pandas as pd
data = {
    '이름': ['A', 'B', 'C', 'D', 'E'],
    '도쿄': [4, 3, 5, None, 2],
    '제주도': [5, None, 3, 4, 5],
    '세부': [None, 2, 3, 4, 1],
}
df_survey = pd.DataFrame(data)
df_survey.set_index('이름', inplace = True)
df_survey.fillna(_____)
```

결과	도쿄	제주도	세부
이름			
A	4.0	5.00	2.5

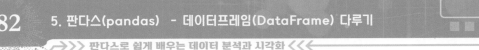
B	3.0	4.25	2.0
C	5.0	3.00	3.0
D	3.5	4.00	4.0
E	2.0	5.00	1.0

● **최빈값 이용한 결측치 채움**

최빈값이란 데이터에서 가장 많이 등장하는, 반복하는 데이터를 의미한다. 범주형 데이터(categorical data)들에서 주로 많이 사용되지만, 수치형 데이터들에서도 결측값(missing values)을 처리하고 데이터를 다룰 때 유용하게 사용된다. 최빈값은 평균(mean)이나 중앙값(median)과는 다르게 mode()라는 특별한 메서드를 이용한다.

mode() 메서드는 데이터 프레임의 행(axis = 0)이나 열(axis = 1)의 최빈값을 구하는 메서드로 만약 최빈값이 2개 이상이면 모두 출력하게 된다.

```
df_m = pd.DataFrame([1, 3, 3, 4, 5, 6])      # 최빈값이 하나인 경우
df_m.mode()
```

결과	0
0	3

```
df_m = pd.DataFrame([np.nan, 3, 3, np.nan, 5, 6, 6]) # 최빈값이 두 개인 경우
df_m.mode()
```

결과	0	
0	3.0	#np.nan으로 인해 전체 시리즈가 float type으로 변경
1	6.0	

위의 예에서 3과 6 그리고 nan이 각각 2개씩 있다. 하지만 nan은 최빈값에서 제외하도록 default 로 설정되어 있다.

mode()의 출력 중 아래와 같이 최빈값 중 첫 번째 값(0번째 인덱스)을 특정해서 사용하기도 한다.

```
df_m = pd.DataFrame([np.nan, 3, 3, np.nan, 5, 6, 6])
print(df_m.mode()[0])      #type Series
print(df_m.mode()[0][0])  #type int
```

결과	1	0 3.0
		1 6.0
		Name: 0, dtype: int64
	2	3.0

이제 df_m 시리즈의 두 결측치를 최빈값으로 채우려고 하는데, 최빈값도 두 개인 상황이다. 결측치는 아래처럼 첫 번째 최빈값으로 선택된다.

```
df_m.fillna(df_m.mode()[0])
```

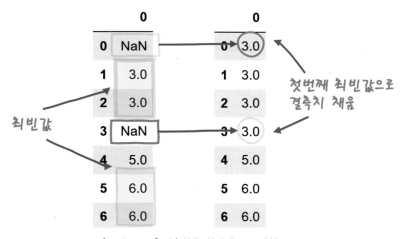

[그림 5-14] 결측치를 최빈값으로 대체

데이터프레임에서는 **mode()**가 어떻게 작동되는지 살펴보자.

```
df_mf = pd.DataFrame( { 'A' : [1, 3, 3, np.nan], 'B' : [1, 2, 2, np.nan],
                        'C' : [np.nan, np.nan, 3, 4]})

df_mf.mode()
```

결과		A	B	C
	0	3.0	2.0	3.0
	1	NaN	NaN	4.0

데이터프레임에 mode() 메서드를 적용하면, 모든 열에 대한 최빈값이 구해진다. 다만, 'C' 열처럼 NaN이 가장 많이 있어도 결측치는 최빈값으로 될 순 없다. 'C' 열에는 3과 4가 각각 1개씩 존재하므로 최빈값으로 3과 4가 모두 선택되었다.

데이터프레임 각 열의 결측치를 최빈값으로 채우기 위해 아래와 같이 프로그래밍하면 **keyError**가 발생한다.

```
df_mf.fillna(df_mf.mode()[0])
```

데이터프레임의 각 열별로 최빈값을 구하여 결측치에 대체하기 위해 반복문을 적용하자.

```
for i in df_mf.columns:
    df_mf[i].fillna(df_mf[i].mode()[0], inplace = True)
df_mf
```

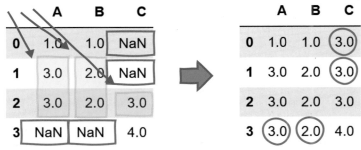

[그림 5-15] 결측치를 최빈값으로 대체

다소 복잡해 보이는 위의 프로그램도 간단히 프로그래밍할 수 있다. df_mf.mode()의 결과를 통해 확인할 수 있듯이 df_mf.mode()의 첫 번째 행을 선택하면 각 열의 최빈값을 얻을 수 있다.

아래 [그림 5-16]처럼 여러 방법을 통해 첫 행을 선택할 수 있겠지만, 세 번째 방법이 가장 쉽고 index가 연속형 숫자로 되어 있지 않은 경우에도 적용 가능하므로 잘 기억해 두길 바란다.

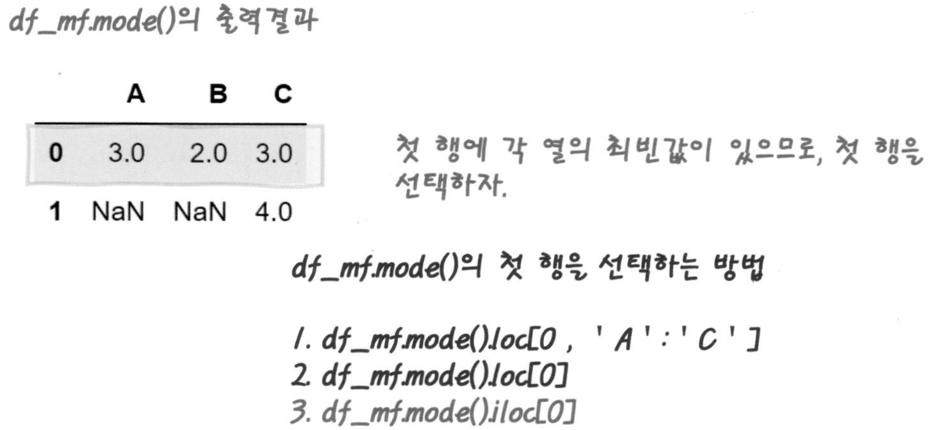

df_mf.mode()의 출력결과

	A	B	C
0	3.0	2.0	3.0
1	NaN	NaN	4.0

첫 행에 각 열의 최빈값이 있으므로, 첫 행을 선택하자.

df_mf.mode()의 첫 행을 선택하는 방법

1. *df_mf.mode().loc[0 , 'A':'C']*
2. *df_mf.mode().loc[0]*
3. *df_mf.mode().iloc[0]*

[그림 5-16] mode()로 출력된 데이터프레임에서 최빈값이 있는 첫 행 선택 방법

위의 예에서 inplace = True를 통해 df_mf 데이터프레임의 결측치를 모두 채웠으므로, 다시 이전의 결측치가 있는 df_mf 데이터프레임을 생성하여 결측치에 최빈값을 적용한다.

```
df_mf = pd.DataFrame( { 'A' : [1, 3, 3, np.nan], 'B' : [1, 2, 2, np.nan],
                        'C' : [np.nan, np.nan, 3, 4]})
df_mf.fillna(df_mf.mode().iloc[0])
```

결과		A	B	C
	0	1.0	1.0	3.0
	1	3.0	2.0	3.0
	2	3.0	2.0	3.0
	3	3.0	2.0	4.0

df_jeju의 '관측자ID'를 제외한 모든 결측치를 각 열의 최빈값으로 채워 보자. 관측자 ID는 이전과 마찬가지로 'ffill' 설정으로 결측치를 채우기로 한다.

```
df_jeju = pd.read_csv('d:/data/2022제주_기후.csv', encoding = 'euc-kr', index_col = 0)
df_jeju['관측자ID'].fillna(method = 'ffill', inplace = True)
df_jeju['관측자ID'] = df_jeju['관측자ID'].astype('int')
df_jeju['관측자ID'] = df_jeju['관측자ID'].astype('object')
df_jeju.fillna(df_jeju.mode().iloc[0]).head(5)
```

df_jeju.fillna(df_jeju.mode().iloc[0])   모든 열의 결측치를 최빈값으로 대체

일시	평균기온(°C)	강수량(mm)	습도(%)	평균풍속(m/sec)	관측자ID
10월 09일	19.9	3.6	67.5	3.0	12100
10월 10일	NaN	3.4	67.1	3.0	12100
10월 11일	NaN	2.7	66.9	2.9	12100
10월 12일	NaN	NaN	66.7	2.9	12100
10월 13일	NaN	3.3	NaN	2.9	12100

일시	평균기온(°C)	강수량(mm)	습도(%)	평균풍속(m/sec)	관측자ID
10월 09일	19.9	3.6	67.5	3.0	12100
10월 10일	18.2	3.4	67.1	3.0	12100
10월 11일	18.2	2.7	66.9	2.9	12100
10월 12일	18.2	1.7	66.7	2.9	12100
10월 13일	18.2	3.3	63.3	2.9	12100

[그림 5-17] 결측치를 최빈값으로 대체

일반적으로 **연속형, 숫자형의 시리즈 결측치**들은 평균이나 중앙값으로 대체하고 **범주형, 문자형**으로 이루어진 열의 결측치들은 최빈값으로 대체하는 것이 보편적이다.

● **replace()를 이용한 결측치 채움**

replace 메서드는 데이터프레임의 전처리 과정에서 가장 많이 사용되는 메서드 중 하나이다. 물론 결측치 처리 역시 replace()를 이용하여 원하는 값으로 대체할 수 있다. 간단한 replace 메서드 활용법을 살펴보고 결측치를 채워 보자.

```
# 데이터프레임의 지정된 값을 다른 값으로 대체하는 메서드
DataFrame객체.replace(to_replace, value, inplace = False, method, regex=False)
```

replace() 메서드는 단어가 의미하듯이 지정한 데이터를 원하는 데이터로 변경할 수 있다. to_replace 위치에는 int, float, str, list, dict, Series 타입의 변경을 원하는 데이터를 두고, value에는 변경할 데이터를 둘 수 있는데 int, str, float, dict, list 등의 자료형이 올 수 있다.

method는 fillna의 method 옵션과 유사하다. regex는 정규 표현식(regular expression)을 의미하는데 **regex=True**로 설정해 정규 표현식을 이용하여 문자열 중 원하는 부분만 치환할 수 있다.

df_jeju 데이터 프레임의 관측자 ID를 관측자의 이름으로 대체해 보자. 이때 ID가 12100, 12101, 12102, 12103의 이름이 각각 김일동, 김이동, 김삼동, 김사동이라고 하자.

물론 **df**['관측자ID'] == **12100**을 만족하는 경우 '김일동'으로 대체할 수도 있다.

```
df_jeju['관측자ID'][df_jeju['관측자ID'] == 12100] = '김일동'
df_jeju.head(5)
```

일시	평균기온(℃)	강수량(mm)	습도(%)	평균풍속(m/sec)	관측자ID
10월 09일	19.9	3.6	67.5	3.0	12100
10월 10일	NaN	3.4	67.1	3.0	12100
10월 11일	NaN	2.7	66.9	2.9	12100
10월 12일	NaN	NaN	66.7	2.9	12100
10월 13일	NaN	3.3	NaN	2.9	12100

일시	평균기온(℃)	강수량(mm)	습도(%)	평균풍속(m/sec)	관측자ID
10월 09일	19.9	3.6	67.5	3.0	김일동
10월 10일	NaN	3.4	67.1	3.0	김일동
10월 11일	NaN	2.7	66.9	2.9	김일동
10월 12일	NaN	NaN	66.7	2.9	김일동
10월 13일	NaN	3.3	NaN	2.9	김일동

하지만 프레임 전반에 걸쳐 있는 특정 데이터를 모두 변경하고자 하거나, 변경할 데이터가 많은 경우 **replace**()를 이용하는 것이 편하다.

위의 예제를 **replace**()로 모든 ID를 이름으로 변경하자. 이미 12100은 김일동으로 대체되었으므로, 나머지 ID를 선택한 후에 변경하고자 하는 이름으로 지정하여 대체한다.

```
df_jeju.replace([12101, 12102, 12103], ['김이동', '김삼동', '김사동'])
```

변경을 원하는 ID 리스트를 먼저 작성하고, 변경되길 원하는 이름을 순서대로 리스트로 작성하면 각각 1:1로 매칭되어 한 번에 변경된다.

아래와 같이 표현하면 ID 열의 데이터들이 하나의 값인 '관측자'로 변경된다.

```
df_jeju.replace(['김일동', 12101, 12102, 12103], '관측자')
```

일시	평균기온(°C)	강수량(mm)	습도(%)	평균풍속(m/sec)	관측자ID
10월 09일	19.9	3.6	67.5	3.6	김일동
10월 10일	NaN	3.4	67.1	3.6	김일동
10월 11일	NaN	2.7	66.9	2.5	김일동
10월 12일	NaN	NaN	66.7	2.5	김일동
10월 13일	NaN	3.3	NaN	2.5	김일동
10월 14일	NaN	2.0	65.1	2.5	김일동
10월 15일	NaN	1.7	64.5	2.5	김일동
10월 16일	NaN	NaN	64.1	3.0	김일동
10월 17일	18.2	1.2	NaN	3.1	김일동
10월 18일	18.2	0.9	64.5	3.0	김이동
10월 19일	18.2	1.7	65.6	3.0	김이동
10월 20일	NaN	NaN	66.5	3.1	김이동
10월 21일	18.1	2.2	67.0	3.1	김이동
10월 22일	17.9	2.6	67.3	NaN	김이동
10월 23일	17.7	2.9	67.3	3.2	김이동
10월 24일	17.3	2.1	66.6	3.3	김이동
10월 25일	17.0	2.1	NaN	3.2	김삼동
10월 26일	16.8	2.2	65.9	3.2	김삼동
10월 27일	NaN	NaN	64.8	NaN	김삼동
10월 28일	16.3	1.5	64.1	3.2	김삼동
10월 29일	16.1	2.2	64.2	3.2	김삼동
10월 30일	15.9	2.0	64.0	3.3	김삼동
10월 31일	NaN	1.7	63.3	3.3	김삼동
11월 01일	15.3	1.6	63.3	NaN	김삼동
11월 02일	15.2	1.7	63.6	3.2	김사동
11월 03일	15.3	NaN	64.3	3.0	김사동
11월 04일	15.5	1.4	64.8	2.9	김사동
11월 05일	NaN	1.7	65.9	2.8	김사동
11월 06일	15.7	NaN	66.9	NaN	김사동
11월 07일	15.6	2.5	NaN	3.1	김사동

일시	평균기온(°C)	강수량(mm)	습도(%)	평균풍속(m/sec)	관측자ID
10월 09일	19.9	3.6	67.5	3.0	관측자
10월 10일	NaN	3.4	67.1	3.0	관측자
10월 11일	NaN	2.7	66.9	2.9	관측자
10월 12일	NaN	NaN	66.7	2.9	관측자
10월 13일	NaN	3.3	NaN	2.9	관측자
10월 14일	NaN	2.0	65.1	2.9	관측자
10월 15일	NaN	1.7	64.5	2.9	관측자
10월 16일	NaN	NaN	64.1	3.0	관측자
10월 17일	18.2	1.2	NaN	3.1	관측자
10월 18일	18.2	0.9	64.5	3.0	관측자
10월 19일	18.2	1.7	65.6	3.0	관측자
10월 20일	NaN	NaN	66.5	3.1	관측자
10월 21일	18.1	2.2	67.0	3.1	관측자
10월 22일	17.9	2.6	67.3	NaN	관측자
10월 23일	17.7	2.9	67.3	3.2	관측자
10월 24일	17.3	2.1	66.6	3.3	관측자
10월 25일	17.0	2.1	NaN	3.2	관측자
10월 26일	16.8	2.2	65.9	3.2	관측자
10월 27일	NaN	NaN	64.8	NaN	관측자
10월 28일	16.3	1.5	64.1	3.2	관측자
10월 29일	16.1	2.2	64.2	3.2	관측자
10월 30일	15.9	2.0	64.0	3.3	관측자
10월 31일	NaN	1.7	63.3	3.3	관측자
11월 01일	15.3	1.6	63.3	NaN	관측자
11월 02일	15.2	1.7	63.6	3.2	관측자
11월 03일	15.3	NaN	64.3	3.0	관측자
11월 04일	15.5	1.4	64.8	2.9	관측자
11월 05일	NaN	1.7	65.9	2.8	관측자
11월 06일	15.7	NaN	66.9	NaN	관측자
11월 07일	15.6	2.5	NaN	3.1	관측자

[그림 5-18] replace()를 활용하여 관측자ID 열 대체

이젠 df_jeju의 결측치들을 replace() 메서드로 채워 보자. 변경을 원하는 데이터는 NaN(np.NaN, np.nan, np.NAN) 데이터들이고, **dict를 이용**하여 열별로 결측치들을 원하는 데이터로 채울 수 있다.

‘**평균기온**(°C)’, ‘**강수량**(mm)’, ‘**습도**(%)’, ‘**평균풍속**(m/sec)’ 4개의 열의 결측치를 평균기온, 중앙값, 최빈값, 고정값(3)으로 채워 보자.

```
df_jeju.replace(np.nan, { '평균기온(°C)' : df_jeju['평균기온(°C)'].mean(),
                          '강수량(mm)' : df_jeju['강수량(mm)'].median(),
                          '습도(%)' : df_jeju['습도(%)'].mode()[0],
                          '평균풍속(m/sec)' : 3 } )
df_jeju.fillna(df_jeju.mode().iloc[0]).head(5)
```

이 예제처럼 열의 이름들이 긴 경우에는 아래와 같이 columns 속성을 이용할 수도 있다.

```
col_n = df_jeju.columns
df_jeju.replace(np.nan, { col_n[0] : df_jeju[col_n[0]].mean(),
                          col_n[1] : df_jeju[col_n[1]].median(),
                          col_n[2] : df_jeju[col_n[2]].mode()[0],
                          col_n[3] : 3 } )
```

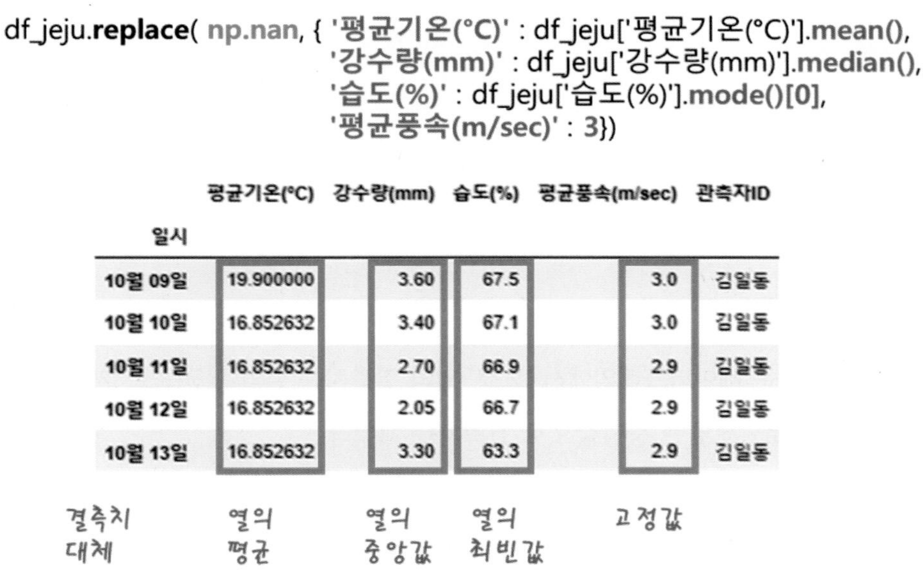

df_jeju.**replace**(np.nan, { '평균기온(℃)' : df_jeju['평균기온(℃)'].**mean**(),
                     '강수량(mm)' : df_jeju['강수량(mm)'].**median**(),
                     '습도(%)' : df_jeju['습도(%)'].**mode**()[0],
                     '평균풍속(m/sec)' : 3})

일시	평균기온(℃)	강수량(mm)	습도(%)	평균풍속(m/sec)	관측자ID
10월 09일	19.900000	3.60	67.5	3.0	김일동
10월 10일	16.852632	3.40	67.1	3.0	김일동
10월 11일	16.852632	2.70	66.9	2.9	김일동
10월 12일	16.852632	2.05	66.7	2.9	김일동
10월 13일	16.852632	3.30	63.3	2.9	김일동

결측치 대체 / 열의 평균 / 열의 중앙값 / 열의 최빈값 / 고정값

[그림 5-19] 각 열의 결측치를 다양한 값으로 채움

위의 예제에서는 데이터프레임에서 찾아서 대체하길 원했던 '김일동', '김이동' 등은 replace에서 정확하게 일치해야만 대체 가능하다. 만약 '김일동'이 아닌 '김일'로 찾는다면, 즉 아래와 같이 프로그래밍하면

```
df_jeju.replace('김일', '관측자')
```

아무것도 변경되지 않는다. '김일'이라는 이름이 정확히 일치하는 낱말이어야만 '관측자'로 교체되는데, df_jeju 데이터프레임에는 '김일동'은 있지만 '김일'은 없다.

만약 '김일'로 끝나지 않고 '김일동', '김일중', '김일순'과 같이 '김일'을 포함한 단어까지 확장하여

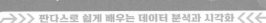
찾아서 교체를 원하는 경우에는 아래와 같이 정규 표현식 사용을 허용해야 한다. 보다 다양한 정규 표현식은 5.4.3절을 참고하자.

```
df_jeju.replace('김일', 'A', regex = True)
```

일시	평균기온(℃)	강수량(mm)	습도(%)	평균풍속(m/sec)	관측자ID
10월 09일	19.9	3.6	67.5	3.0	A동
10월 10일	NaN	3.4	67.1	3.0	A동
10월 11일	NaN	2.7	66.9	2.9	A동

[그림 5-20] regex = True를 통해 일부 글자만 일치해도 변경

문제 7 다음 여행 설문 데이터프레임에서 '도쿄' 열의 결측치는 열의 평균으로 '제주도' 열은 열은 최빈값으로, '세부'는 중앙값으로 결측치를 채워라.

문제 7.

```
import pandas as pd
data = {
    '이름': ['A', 'B', 'C', 'D', 'E'],
    '도쿄': [4, 3, 5, None, 2],
    '제주도': [5, None, 3, 4, 5],
    '세부': [None, 2, 3, 4, 1],
}
df_survey = pd.DataFrame(data)
df_survey.set_index('이름', inplace = True)
df_survey.replace(_____)
```

결과 이름	도쿄	제주도	세부
A	4.0	5.0	2.5
B	3.0	5.0	2.0

C	5.0	3.0	3.0
D	3.5	4.0	4.0
E	2.0	5.0	1.0

5.3.5 결측치 다중 대체 (마스킹과 보간)

위에서 다루었던 방법들은 각 열의 결측치를 각 열의 대푯값(평균, 중앙값, 최빈값)인 단일 데이터로 채우는 방법이었고, 이제부터 소개할 방법은 단일 데이터가 아닌 다중 데이터로 각 열의 결측치를 채우는 다중 대체 방법이다.

● **mask를 이용한 결측치 채움**

```
# 조건을 만족하는 데이터(시리즈/데이터프레임)에 마스킹하기
  DataFrame객체.mask(cond, other, inplace = False, axis = 0)
```

mask() 메서드의 **cond** 위치에는 불리언 형식(참/거짓)으로 결과가 나오는 조건식이나 메서드가 올 수 있으며, 참이면 해당 위치의 값을 지정한 값(other)으로 대체하고, 거짓이면 변경하지 않는다.

사실, **mask**() 메서드는 마스킹을 통해 일부의 데이터를 숨기거나 대체하는 용도로도 많이 활용되지만, 결측치의 데이터를 다른 데이터로 채울 때도 이용된다.

만약 아래 예처럼 두 지역의 데이터 편차가 크지 않아서, A지역의 결측치를 B지역의 데이터를 이용하여 대체할 때 아래처럼 마스킹하면 된다.

```
df_temp = pd.DataFrame({'A지역' : [20, 22, np.nan, np.nan, 25],
                        'B지역' : [21, 22, 22, 23, 25]},
                       index = ['월','화','수','목','금'])
df_temp.mask(df_temp['A지역'].isnull(), df_temp['B지역'], axis = 0)
```

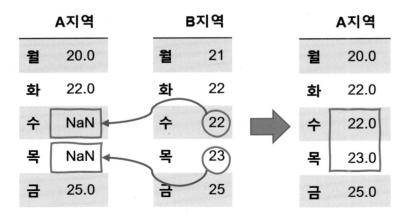

[그림 5-21] 마스킹을 통한 결측치 채움

'B지역' 열의 2, 3번째 데이터 22도와 23도를 A지역 결측치 자리에 채우게 된다.
axis=0의 의미는 행 기준으로 데이터를 마스킹한다는 의미가 된다.

마스킹을 통한 결측치 채움은 제한적일 수밖에 없다. 두 데이터 열의 편차가 작아 상호 대체해도 발생하는 문제가 없다는 판단이 쓴 경우에만 사용할 수 있다.

● **interpolate를 이용한 결측치 채움**

interpolate의 의미는 '보간하다', '중간값으로 채우다'라는 뜻을 가지고 있다. 실제로 '보간'과 '회귀'는 자주 혼용하여 사용되지만 조금 차이는 있다.

'회귀(regression)'는 변수 데이터들 사이의 관계(인과관계)에 대해 추정하여 그 추세를 이용한 추정, 예측(predict) 등에 사용하는 분석 방법이고, '보간'은 주어진 데이터들의 일정 범위 내에서 결측 데이터 또는 알고자 하는 구간의 데이터를 예측하는 데 이용된다. 회귀선의 결정에 사용된 데이터들은 회귀선 밖에 있기도 하지만 보간선에는 원칙적으로 각 데이터가 보간선 위에 위치한다.

```
# 보간을 통한 결측치 자동으로 채움
DataFrame.interpolate(method = 'linear', axis = 0, limit = None,
                      limit_direction = None, limit_area = None,
                      inplace = False )
```

선형대수를 알고 있다면 아마도 뉴턴/라그랑제 방법을 이용한 보간법에 대해 경험이 있을 것이다. 또는 Piecewise 보간(Quadratic Spline, Cubic Spline) 등 다양한 방법이 있다는 것도 역시 알고 있을 수도 있다. (사실 몰라도 전혀 문제 되지 않는다.)

interpolate() 역시 다양한 아규먼트를 가지고 있다. default는 'linear'(선형)이며 가장 단순한 선형 모델(y=ax+b)을 이용하여 결측값을 채울 때 사용한다. 만약 고차 다항식을 이용하여 추정하여 채울 때는 'polynomial' 또는 'spline'으로 설정할 수 있으며, 이때는 차수(ex, order=4)를 임의 지정해야 한다. 이외에도 'nearest', 'zero', 'quadratic', 'cubic', 'slinear', 'barycentric', 'krogh', 'piecewise_polynomial', 'spline', 'pchip', 'akima', 'cubicspline' 등이 있다.

fillna()와 마찬가지로 단순한 특정 숫자나 결측치 이전의 값으로 채우는 'ffill', 'pad' 또는 결측치 이후의 값으로 채우는 'backfill', 'bfill' 등의 옵션 설정도 있다. 그리고 많이 사용하는 설정 중에 'time'이 있는데, date 기준으로 결측치를 채울 수도 있다.

필요시 **limit**에는 결측치를 채울 최대 개수를 설정할 수 있으며, **limit_direction**에는 'forward', 'backward', 'both'로 지정할 수 있다. 만약 method에서 'pad', 'ffill'로 설정했다면, limit_direction은 반드시 'forward'로 지정하고, 'backfill', 'bfill'로 설정했다면 limit_direction은 반드시 'backward'로 지정해야 한다.

마지막으로 **limit_area**에는 'inside(데이터 사이의 결측치)' 또는 'outside(데이터 외곽의 결측치)'로 설정할 수 있으며, default는 None으로 'inside'와 'outside' 모두를 선택하게 되어 있다. 실제로, 보간에는 내삽법(interpolate)과 외삽법(Extrapolation)이 구분되어 있으며, pandas에서는 limit_area 설정에서 내삽, 외삽을 선택할 수 있다.

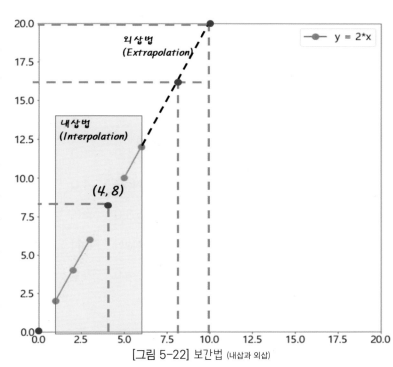

[그림 5-22] 보간법 (내삽과 외삽)

```
x = pd.Series([1, 2, 3, np.nan, 5 , 6])
y = 2 * x
x.interpolate()  # x의 결측치 보간
y.interpolate()  # y의 결측치 보간
```

결과	# x의 결측치 보간 (내삽, 선형)	# y의 결측치 보간 (내삽, 선형)
	(0 1.0	0 2.0
	1 2.0	1 4.0
	2 3.0	2 6.0
	3 4.0	3 8.0
	4 5.0	4 10.0
	5 6.0	5 12.0
	dtype: float64,	dtype: float64)

아래 데이터프레임의 각 열에는 결측치들이 2개 이상 존재한다.

```
x1 = pd.Series([1, np.nan, 3, np.nan, 5])
x2 = pd.Series([1, 4, np.nan, np.nan, 25])
x3 = pd.Series([np.nan, 2, 3, np.nan, np.nan])
df_xs = pd.DataFrame({'c1': x1, 'c2' : x2, 'c3' : x3})

print(df_xs)
```

	c1	c2	c3
0	1.0	1.0	NaN
1	NaN	4.0	2.0
2	3.0	NaN	3.0
3	NaN	NaN	NaN
4	5.0	25.0	NaN

```
df_xs.interpolate()    #default 설정으로 결측치 채움
```

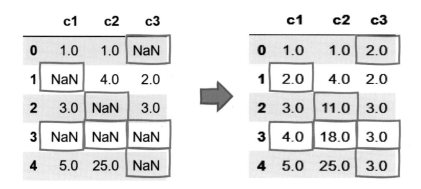

	c1	c2	c3
0	1.0	1.0	NaN
1	NaN	4.0	2.0
2	3.0	NaN	3.0
3	NaN	NaN	NaN
4	5.0	25.0	NaN

→

	c1	c2	c3
0	1.0	1.0	NaN
1	2.0	4.0	2.0
2	3.0	11.0	3.0
3	4.0	18.0	3.0
4	5.0	25.0	3.0

따로 옵션을 설정하지 않으면 **method**는 'linear', **limited_area**는 'inside'와 'outside' 모두로 설정하여 결측치를 채운다. 이때 제일 하단(4번행) 행의 결측치는 바로 위의 값(만약 위의 값이 결측치라면 또 그 위의 값)을 가지며, 제일 상단의 결측치는 채워지지 않는다. 상단 결측치를 채우기 위해서는 여러 방법이 있지만 limit_direction을 '**both**'로 설정하는 것이 일반적이다.

```
df_xs.interpolate(limit_direction = 'both')
```

	c1	c2	c3
0	1.0	1.0	NaN
1	NaN	4.0	2.0
2	3.0	NaN	3.0
3	NaN	NaN	NaN
4	5.0	25.0	NaN

→

	c1	c2	c3
0	1.0	1.0	2.0
1	2.0	4.0	2.0
2	3.0	11.0	3.0
3	4.0	18.0	3.0
4	5.0	25.0	3.0

C2 열을 살펴보면, **C1** 열의 각 원소 값의 제곱 데이터를 가지므로 order=2의 polynomial(다항식)로 설정하는 것이 적합하다고 판단된다. 다만, 2차 다항식 보간은 **C2** 열에만 해당되는 추세로 전체 열에 적용하면 에러가 발생한다.

C2 열만 개별적으로 2차 다항식으로 만들어 보자.

```
df_xs['c2'].interpolate(method = 'polynomial', order = 2)
```

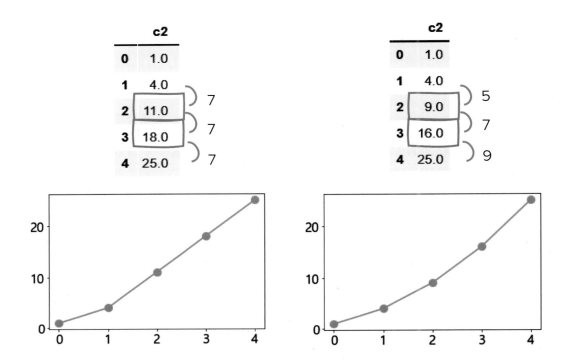

데이터의 분포에 대한 이해와 수학적 지식 기반하에 구체적으로 옵션을 설정하면 가장 정확한 보간이 이루어지겠지만, 모든 데이터 과학자들이 수학자 또는 통계학자일 필요는 없다. method의 많은 옵션 중에 'krogh', 'pchip', 'cubicspline' 또는 'barycentric' 등 scipy(사이파이 - 수학, 통계, 선형 대수, 신호 처리 등 수학과 과학에 관련된 프로그래밍 작업을 위한 패키지) 기반 보간법을 통해 결측치를 꽤 훌륭하게 채울 수 있다. 다만, 인덱스가 숫자 값을 가질 경우에만 적용 가능하니 주의하자.

```
df_xs.interpolate(method = 'cubicspline', limit_direction = 'both')
```

문제 8   df_jeju 데이터프레임 중 가장 결측치가 많은 '**평균기온(℃)**' 열의 결측치를 보간을 이용하여 채워 보자.

문제 8.

```
import pandas as pd
df_jeju = pd.read_csv('d:/data/2022제주_기후.csv', encoding = 'euc-kr', index_col = 0)
```

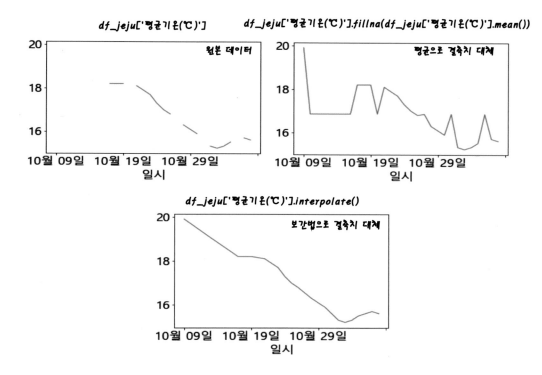

거의 모든 데이터들은 시간 순서로 저장되어 보관된다. 하지만 목적에 따라 공개되는 데이터 세트는 강조하고자 하는 열을 기준으로 재정렬된 경우도 많다. 시간 순서가 아닌 특정 열 기준으로 오름차순(또는 내림차순)으로 정렬되어 다른 열의 결측치를 채우는 것은 쉽지 않다. 그런 경우는 보간(interpolate)보다는 결측치 이전 또는 결측치 이후의 데이터 또는 대푯값으로 결측치를 채우는 것이 바람직하다. 만약 시간 정보가 있다면 시간 정보 순으로 먼저 정렬한 후 각 열의 결측치를 보간 등의 방법을 이용하여 좀 더 정확하게 채울 수 있다.

워싱턴DC의 2023년도 1월 일기예보를 이용하여 결측치를 만들고 채워 보자. 예제 파일 중 forecast.csv 파일을 데이터프레임으로 생성하여 출력해 보면, 상대습도(Releative Humidity) 기준으로 내림차순으로 정렬된 것을 볼 수 있다.

```
df_w = pd.read_csv('d:/data/forecast.csv')
df_w
```

결과		Date time	Temperature	Wind Speed	Relative Humidity
	0	01/02/2023	49.1	3.0	99.6
	1	12/31/2022	53.7	5.5	97.4
	2	01/04/2023	55.2	NaN	91.1
	3	01/01/2023	NaN	5.5	86.5
	4	01/03/2023	57.3	NaN	83.1
	5	01/06/2023	NaN	7.7	76.7
	6	01/05/2023	52.2	8.3	65.1

먼저 이 파일을 분석해 보자.

```
df_w.info()
```

```
결과   RangeIndex: 7 entries, 0 to 6
       Data columns (total 4 columns):
        #   Column            Non-Null Count   Dtype
       ---  ----------------  --------------   -----
        0   Date time         7 non-null       object
        1   Temperature       5 non-null       float64
        2   Wind Speed        5 non-null       float64
        3   Relative Humidity 7 non-null       float64
```

4개의 열(columns)과 7개의 행(index)이 있으며, 결측치가 Temperature, Wind Speed 열에 각 2개씩 존재한다. date time 열은 문자열(object)이고, 나머지 열들(Temperature, Wind Speed, Relative Humidity)은 실수(float) 타입이다.

먼저 데이터의 이해를 돕기 위해 화씨 온도를 섭씨 온도로 변경하자.

(Temperature 열 – 32)/1.8로 계산한 값을 다시 Temperature 열에 대체하고, 결측치들은 interpolate()로 대체한다.

```
df_w['Temperature'] = (df_w['Temperature']-32.0)/1.8
df_copy1 = df_w.interpolate(limit_direction = 'both')
```

결과		Date time	Temperature	Wind Speed	Relative Humidity
	0	01/02/2023	9.500000	3.0	99.6
	1	12/31/2022	12.055556	5.5	97.4
	2	01/04/2023	12.888889	5.5	91.1
	3	01/01/2023	13.472222	5.5	86.5
	4	01/03/2023	14.055556	6.6	83.1
	5	01/06/2023	12.638889	7.7	76.7
	6	01/05/2023	11.222222	8.3	65.1

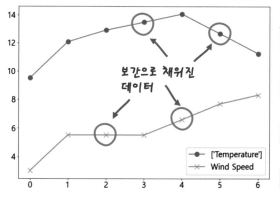

	Date time	Temperature	Wind Speed	Relative Humidity
0	01/02/2023	9.500000	3.0	99.6
1	12/31/2022	12.055556	5.5	97.4
2	01/04/2023	12.888889	5.5	91.1
3	01/01/2023	13.472222	5.5	86.5
4	01/03/2023	14.055556	6.6	83.1
5	01/06/2023	12.638889	7.7	76.7
6	01/05/2023	11.222222	8.3	65.1

[그림 5-23] df_copy1의 'Temperature'와 'Wind Speed'의 그래프

위 결과는 큰 문제 없이 결측치들이 전후 데이터 추세에 맞게 잘 대체된 것으로 보인다. 다만, 이 데이터 세트에는 시간 정보에 관련된 '**Date time**' 열이 있으므로 시간 순서로 각 열의 데이터를 정렬한 후에 그래프를 다시 관찰하자.

```
df_copy1['Date time'] = df_copy1['Date time'].astype('datetime64[ns]')
df_copy1.set_index('Date time', inplace = True)
df_copy1.sort_index(inplace = True)
```

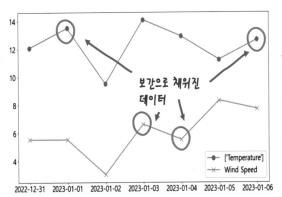

	Temperature	Wind Speed	Relative Humidity
Date time			
2022-12-31	12.055556	5.5	97.4
2023-01-01	13.472222	5.5	86.5
2023-01-02	9.500000	3.0	99.6
2023-01-03	14.055556	6.6	83.1
2023-01-04	12.888889	5.5	91.1
2023-01-05	11.222222	8.3	65.1
2023-01-06	12.638889	7.7	76.7

[그림 5-24] 시간 순서대로 정렬 후의 'Temperature' 와 'Wind Speed'의 그래프

위의 그래프 확인 후에도 여전히 결측치들이 잘 채워졌다고 생각되는가?

interpolate(method='time')으로 설정하면 간단히 시간 순서 기준으로 결측치 보간이 적용되는데, **데이터프레임의 index가 'datetime64[ns]' 자료형이어야만 가능**하다. df_w, df_copy1 두 데이터프레임의 **'Date time'** 열은 object 타입이므로 시간/날짜 형인 'datetime64[ns]'로의 변경 후에 **'Date time'** 열을 index로 설정하자.

```
df_w['Date time'] = df_w['Date time'].astype('datetime64[ns]') # type 변경
df_w.set_index('Date time', inplace = True)                    # index 지정
df_copy2 = df_w.interpolate(method = 'time', limit_direction = 'both')
df_copy2.sort_index(inplace = True)
df_copy2
```

결과	Temperature	Wind Speed	Relative Humidity
Date time			
2022-12-31	12.055556	5.500000	97.4
2023-01-01	10.777778	5.500000	86.5
2023-01-02	9.500000	3.000000	99.6
2023-01-03	14.055556	4.766667	83.1
2023-01-04	12.888889	6.533333	91.1
2023-01-05	11.222222	8.300000	65.1
2023-01-06	11.222222	7.700000	76.7

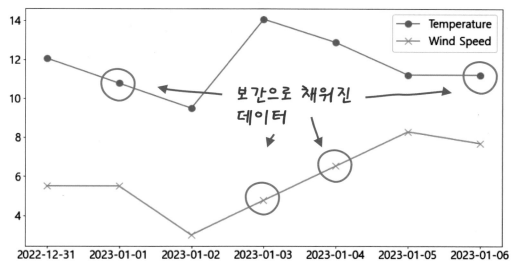

[그림 5-25] interpolate(method='time')으로 설정 시의 그래프

위의 [그림 5-25] 그래프는 [그림 5-24] 그래프보다 결측치들이 다소 매끄럽게 채워진 것이 확인 된다.

5.4   문자열 데이터 처리

공공데이터나 외부 파일을 로딩했을 때 각 열의 데이터 중 분리하거나 제거하고 싶은 문자나 기 호가 있을 때도 있고, 또는 소문자로 시작하는 첫 단어를 대문자로 변경하고 싶거나 반대로 처리하 고 싶을 때도 있다. 이번 절에서는 각 열(시리즈)이나 인덱스에 대해 벡터화된 문자열 함수를 다루는 방법에 대해 알아보고자 한다.

이전에 dt 접근자(Accessor: 엑세서)와 함께 잠깐 str 접근자에 대해 언급한 적이 있다. 데이터프레임 의 각 열(시리즈)에 str 접근자를 통해 파이썬의 기본 문자열 처리 함수나 pandas 문자열 처리 메서드 를 적용할 수 있다.

5.4.1 파이썬의 기본 문자열 처리 함수

먼저 파이썬에서의 **str()** 함수와 몇 가지 문자열 처리 함수에 대해 잠깐 설명하려 한다. **str()** 함수는 다른 타입의 데이터를 문자 타입으로 강제 형 변환해 주는 함수이다.

```
a = str(123)   #123이라는 정수(int)를 문자 형태로 변경
type(a)
```

결과	str

● split()과 strip()

split()은 파이썬의 함수이며 문자열을 분리하는 역할을 한다. 이 함수는 문자열 데이터 중 구분(분리)하기를 원하는 문자나 기호를 구분자로 하여 문자열을 쪼개어 리스트로 반환하는데, 구분자가 따로 없으면 공백을 기준으로 분리한다.

아래 scr 변수에는 '범죄와의 전쟁' 영화에서 최민식 배우의 대사가 저장되어 있다. 먼저 영화 제목과 대사 사이에 '-'로 구분되어 있으므로 split('-')을 통해 영화 제목과 대사를 분리하자.

```
        scr = " 범죄와의 전쟁 -   내가 인마 느그 서장이랑 인마 어저께도 같이 밥 묵고!
            싸우나도 같이 가고! "
        war = scr.split('-') #'-' 기준으로 분리
1       print(war)
2       print(war[0])
3       print(war[1])
```

결과	1	[' 범죄와의 전쟁 ', ' 내가 인마 느그 서장이랑 인마 어저께도 같이 밥 묵고! 싸우나도 같이 가고! ']
	2	' 범죄와의 전쟁 '
	3	' 내가 인마 느그 서장이랑 인마 어저께도 같이 밥 묵고! 싸우나도 같이 가고! '

war 변수에는 '–'를 기준으로 분리된 두 개의 문자열이 리스트로 각각 저장되는데, ar[0]와 war[1]의 문자열의 앞과 뒤에 공백이 존재한다. 문자의 앞과 뒤에 위치한 공백은 strip() 메서드를 적용하여 제거할 수 있다. strip() 메서드에 구분자를 주면 문자열의 앞과 뒤에 있는 구분자와 일치하는 문자(공백)를 제거한 나머지 문자열을 반환하며, 문자열의 왼쪽 또는 오른쪽에 위치한 공백이나 문자만을 제거하기 위해 lstrip()과 rstrip()을 사용할 수도 있다.

1	war[1].strip() # 문자 앞 공백이나 탭 등 제거
2	war[1].strip('! ')

결과		
	1	'내가 인마 느그 서장이랑 인마 어저께도 같이 밥 묵고! 싸우나도 같이 가고!'
	2	' 내가 인마 느그 서장이랑 인마 어저께도 같이 밥 묵고! 싸우나도 같이 가고'

그 외에도 대소문자 변경, 첫 글자만 대문자로 변경하거나 **split**()과는 반대로 분리된 문자열들을 모아서 하나의 문자열로 만드는 **join**() 등 여러 함수들은 아래 예를 통해 이해하길 바란다.

파이썬 기본 문자열 처리 함수

```
     str1 = 'good'
     str2 = 'BYE'
     str3 = 'GOOD morning'
1    print(str1.upper())        # 모두 대문자로 변경
2    print(str2.lower())        # 모두 소문자로 변경
3    print(str3.capitalize())   # 문자열의 첫 글자는 대문자로, 나머지는 소문자로 변경
4    print(str3.title())        # 각 단어의 첫 글자는 대문자, 나머지는 소문자로 변경
     str4 = [str1.capitalize(), str2, 'my', 'friends']
5    print(' '.join(str4))      # 구분자.join(리스트)
6    print(str3.swapcase())     # 대문자 -> 소문자, 소문자 -> 대문자 로 변경
7    print(str3.casefold())     # 대/소문자 구분 제거
```

결과		
	1	GOOD
	2	bye
	3	Good morning
	4	Good Morning
	5	Good BYE my friends
	6	good MORNING
	7	good morning

5.4.2 str 액세서와 문자열 처리 메서드

pandas의 문자열을 포함한 열(시리즈)에는 str 접근자를 통해 위에서 다루었던 **split()**, **strip()**, **join()**, **capitalize()**, **title()**, **upper()/lower()**뿐만 아니라, 이전에 살펴본 replace(), len() 메서드와 특정 문자나 기호를 찾기 위한 **find()**, **contain()**, **startswith()**, **endswith()** 메서드를 적용하여 문자열을 처리할 수 있다.

str 액세서는 데이터프레임에 바로 적용하지 못하고 문자열('object') 데이터로 이루어진 각 열에 한해서, 즉 시리즈에만 적용할 수 있다는 것을 기억하자.

● **str.split('구분자')**

```
# 구분자를 이용하여 문자열 분리하기
 Series.str.split( 구분자, n= -1, expand=False, regex=None)
```

str.split()은 구분자를 이용하여 시리즈의 문자열들을 분리할 수 있으며, n에 정숫값을 대입하여 몇 개로 분리할지를 결정할 수 있다. expand=True로 설정하면 구분된 문자열들이 데이터프레임으로 반환되며, regex=True 또는 False로 주어 정규 표현식을 허용할지를 설정하는데, default는 구분자의 길이(length)에 따라 1 이상이면 정규 표현식이 자동 설정된다. regex 옵션은 pandas 버전(1.4 이하의 경우)에 따라서 TypeError(unexpected keyword argument 'regex')가 발생할 수 있으니 필요시 버전 업데이트를 하길 바란다.

'Amazon_top5.csv' 파일을 이용하여 문자열 처리 실습을 진행하자. 이 데이터 세트에는 아마존에서 판매 중인 모바일폰에 대한 가격과 리뷰, 평점 정보가 있다.

```
df_amazon = pd.read_csv('d:/data/Amazon_top5.csv')
df_amazon
```

	Description	Price	Rating	ReviewCount
0	Apple iPhone 13 (Black, 128GB)	$65,999	4.6 out of 5 stars	7,507
1	Apple iPhone 13 Mini (Red, 128GB)	$64,900	4.5 out of 5 stars	1,341
2	Samsung Galaxy S22 5G (Black, 128GB)	$62,999	4.2 out of 5 stars	772
3	Samsung Galaxy M13 (White, 128GB)	$13,999	4.0 out of 5 stars	12,588
4	SAMSUNG Galaxy F13 (Black, 64GB)	$11,240	4.0 out of 5 stars	82
5	Lava Blaze 5G (White, 128GB)	$10,999	5.0 out of 5 stars	5
6	Xiaomi 12 Pro ¦ 5G (Gold, 256GB)	$54,999	4.0 out of 5 stars	2,247
7	OPPO A74 5G (Blue, 128GB)	$14,990	4.2 out of 5 stars	31,010
8	vivo Y35 (Dawn Gold, 128GB)	$18,499	4.1 out of 5 stars	92

df_amazon 데이터프레임의 모든 열은 'object' 타입이며, 9개의 행과 4개의 열이 있다.

```
df_amazon.info()
```

```
RangeIndex: 9 entries, 0 to 8
Data columns (total 4 columns):
 #   Column       Non-Null Count  Dtype
---  ----------   --------------  -----
 0   Description  9 non-null      object
 1   Price        9 non-null      object
 2   Rating       9 non-null      object
 3   ReviewCount  9 non-null      object
dtypes: object(4)
```

'Description' 열에는 모바일폰 제조사와 이름, 저장 용량, 색깔 등의 정보가 있으며, 다행히 규칙적으로 모든 데이터의 앞쪽에 제조사가 위치한다. 이 제조사만 분리하여 새로운 열('Maker')을 만들도록 한다.

우선 'Description' 열에 **str.split**() 메서드를 적용해 보자.

```
df_amazon['Description'].str.split()
```

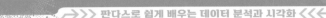
결과	0	[Apple, iPhone, 13, (Black,, 128GB)]
	1	[Apple, iPhone, 13, Mini, (Red,, 128GB)]
	2	[Samsung, Galaxy, S22, 5G, (Black,, 128GB)]
	3	[Samsung, Galaxy, M13, (White,, 128GB)]
	4	[SAMSUNG, Galaxy, F13, (Black,, 64GB)]
	5	[Lava, Blaze, 5G, (White,, 128GB)]
	6	[Xiaomi, 12, Pro, ¦, 5G, (Gold,, 256GB)]
	7	[OPPO, A74, 5G, (Blue,, 128GB)]
	8	[vivo, Y35, (Dawn, Gold,, 128GB)]

str.split()에 따로 구분자와 구분 개수를 정해 주지 않았으므로 띄어쓰기 기준으로 모든 문자들이 분리된 결과가 반환되었다. 제일 상단에 위치한 아이폰 13 모델의 'Description'만을 이용해서 **split**() 옵션에 따른 출력 결과를 비교해 보자.

```
1  df_amazon['Description'].str.split()[0]
2  df_amazon['Description'].str.split(n = 1)[0]  # 첫 번째 띄어쓰기 기준 분리(2개)
3  df_amazon['Description'].str.split(n = 2)[0]  #두 번째 띄어쓰기까지 분리(3개)
```

결과	1	['Apple', 'iPhone', '13', '(Black,', '128GB)']
	2	['Apple', 'iPhone 13 (Black, 128GB)']
	3	['Apple', 'iPhone', '13 (Black, 128GB)']

```
df_amazon['Description'].str.split(n = 1, expand = True)
```

결과		0	1
	0	Apple	iPhone 13 (Black, 128GB)
	1	Apple	iPhone 13 Mini (Red, 128GB)
	2	Samsung	Galaxy S22 5G (Black, 128GB)
	3	Samsung	Galaxy M13 (White, 128GB)
	4	SAMSUNG	Galaxy F13 (Black, 64GB)
	5	Lava	Blaze 5G (White, 128GB)
	6	Xiaomi	12 Pro ¦ 5G (Gold, 256GB)
	7	OPPO	A74 5G (Blue, 128GB)
	8	vivo	Y35 (Dawn Gold, 128GB)

n=1 옵션을 통해 첫 번째 띄어쓰기를 기준으로 두 개로 분리되었고, expand=True 옵션에 의해 분리된 각 문자열들이 데이터프레임으로 구분되어 서로 다른 열로 만들어져서 출력되었다.

df_amazon 데이터프레임에 '**Maker**' 열을 추가하여 각 모바일 폰의 제조사 정보를 입력해 보자.

```
df_amazon['Maker'] = df_amazon['Description'].str.split(n = 1, expand = True)[0]
df_amazon
```

결과

	Description	Price	Rating	ReviewCount	Maker
0	Apple iPhone 13 (Black, 128GB)	$65,999	4.6 out of 5 stars	7,507	Apple
1	Apple iPhone 13 Mini (Red, 128GB)	$64,900	4.5 out of 5 stars	1,341	Apple
2	Samsung Galaxy S22 5G (Black, 128GB)	$62,999	4.2 out of 5 stars	772	Samsung
3	Samsung Galaxy M13 (White, 128GB)	$13,999	4.0 out of 5 stars	12,588	Samsung
4	SAMSUNG Galaxy F13 (Black, 64GB)	$11,240	4.0 out of 5 stars	82	SAMSUNG
5	Lava Blaze 5G (White, 128GB)	$10,999	5.0 out of 5 stars	5	Lava
6	Xiaomi 12 Pro ¦ 5G (Gold, 256GB)	$54,999	4.0 out of 5 stars	2,247	Xiaomi
7	OPPO A74 5G (Blue, 128GB)	$14,990	4.2 out of 5 stars	31,010	OPPO
8	vivo Y35 (Dawn Gold, 128GB)	$18,499	4.1 out of 5 stars	92	vivo

문제 9 위의 결과처럼 '**Maker**' 열에 제조사 정보가 잘 추가되었지만 대/소문자가 통일되어 있지 않다. 첫 번째 글자만 대문자로 변경하자.

문제 9.

```
df_amazon['Maker'] = df_amazon['Maker']._____
df_amazon
```

결과

```
0    Apple
1    Apple
2    Samsung
3    Samsung
4    Samsung
5    Lava
6    Xiaomi
```

| 7 | Oppo |
| 8 | Vivo |

이제 Descprition 열 정보에 모바일 폰의 이름만 남기고 색상과 램 용량은 각각 새로운 '**Color**' 열과 '**RAM**' 열로 이동시키도록 한다. 그 전에 정규 표현식, regex에 대해 간단히 알아보자.

5.4.3 정규 표현식

정규 표현식을 이용하여 '()' 안의 내용만 따로 추출하려 한다. 정규 표현식은 문자열의 일정한 패턴을 파악하여 원하는 내용만을 추출할 수 있는 형식 언어를 말하는데, 파이썬에만 국한되는 것이 아니라 많은 프로그래밍 언어에서 정규식을 지원한다. 이 책에서는 자주 사용되는 일부 메타 문자만을 소개하므로 자세한 내용은 위키백과 등에서 확인 바란다.

이제 '**Color**' 열과 '**RAM**' 열에 각 모바일 폰의 색상과 램 용량 정보를 넣어 보자. 여러 단계를 거쳐야 되는데, 먼저 '**Description**' 열에 첫 번째 띄어쓰기(제조사) 이후의 데이터 중 '()' 안에 있는 정보만 우선 선택하자.

```
df_name = df_amazon['Description'].str.split(n=1, expand = True)[1]
df_name
```

결과		
	0	iPhone 13 (Black, 128GB)
	1	iPhone 13 Mini (Red, 128GB)
	2	Galaxy S22 5G (Black, 128GB)
	3	Galaxy M13 (White, 128GB)
	4	Galaxy F13 (Black, 64GB)
	5	Blaze 5G (White, 128GB)
	6	12 Pro ¦ 5G (Gold, 256GB)
	7	A74 5G (Blue, 128GB)
	8	Y35 (Dawn Gold, 128GB)

소괄호() 안에는 색상과 램 용량 정보가 있으며, 이 괄호 안의 정보를 regex를 이용하여 분리해보자.

```
df_C_R = df_name.str.split('\(((.*)\)', n=1, regex = True, expand = True)
df_C_R
```

결과	0	1	2
0	iPhone 13	Black, 128GB	
1	iPhone 13 Mini	Red, 128GB	
2	Galaxy S22 5G	Black, 128GB	
3	Galaxy M13	White, 128GB	
4	Galaxy F13	Black, 64GB	
5	Blaze 5G	White, 128GB	
6	12 Pro ¦ 5G	Gold, 256GB	
7	A74 5G	Blue, 128GB	
8	Y35	Dawn Gold, 128GB	

위에서 표현된 정규식 '\(((.*)\)'에 대해 간단히 살펴보자.

\(- 여는 괄호 (를 리터럴로써 매칭한다. 괄호는 정규식에서 특별한 의미를 가지는 메타 문자이므로 리터럴 괄호 문자를 매칭하려면 역슬래시 \로 이스케이프해야 한다.

(.*) - 세 단계로 나누어 설명한다.

 '.' : 어떤 문자와도 일치하는 와일드카드이다. (단, 줄바꿈 문자인 \n 제외)

 * : 앞선 문자(이 경우 .)가 0번 이상 반복되는 부분과 일치한다.

(.*) : 따라서 이 부분은 0개 이상의 어떠한 문자와도 일치하게 된다. 또한, 여기서 사용된 괄호 ()는 그룹을 형성하므로 일치하는 부분을 추출할 수 있게 된다.

\) - 닫는 괄호)를 리터럴로써 매칭한다. 여기서도 역슬래시 \로 괄호를 이스케이프한다.

* 리터럴로 매칭한다는 표현은 특정 문자의 원래 의미대로 매칭한다는 뜻이다.

* 이스케이프(escape)한다는 표현은 특정 문자의 원래 의미를 제거하고, 그 문자를 리터럴 문자로 해석하게 하는 작업을 의미한다.

종합적으로 이 정규식은 문자열에서 괄호 안에 포함된 내용을 찾아 추출하는 데 사용된다. 아주 자주 사용되므로 기억해 두는 것이 좋다.

df_C_R 데이터프레임의 1번 열을 ',' 기준으로 분리하고 expand=True 옵션을 지정하여 데이터프레임으로 결과를 반환하자.

```
df_spt = df_C_R[1].str.split(',', expand = True)
df_spt
```

결과		0	1
	0	Black	128GB
	1	Red	128GB
	2	Black	128GB
	3	White	128GB
	4	Black	64GB
	5	White	128GB
	6	Gold	256GB
	7	Blue	128GB
	8	Dawn Gold	128GB

'**Color**' 열과 '**RAM**' 열에 df_spt 데이터프레임의 열을 각각 할당하면 목표한 데이터프레임의 형태를 갖추게 된다.

```
df_amazon['Color'] = df_spt[0]
df_amazon['RAM'] = df_spt[1]
df_amazon['Description'] = df_C_R[0]
df_amazon.rename(columns = {'Description' : 'Phone Name'}, inplace = True)
df_amazon
```

결과		Phone Name	Price	Rating	ReviewCount	Maker	Color	RAM
	0	iPhone 13	$65,999	4.6 out of 5 stars	7,507	Apple	Black	128GB
	1	iPhone 13 Mini	$64,900	4.5 out of 5 stars	1,341	Apple	Red	128GB
	2	Galaxy S22 5G	$62,999	4.2 out of 5 stars	772	Samsung	Black	128GB
	3	Galaxy M13	$13,999	4.0 out of 5 stars	12,588	Samsung	White	128GB
	4	Galaxy F13	$11,240	4.0 out of 5 stars	82	SAMSUNG	Black	64GB
	5	Blaze 5G	$10,999	5.0 out of 5 stars	5	Lava	White	128GB
	6	12 Pro ¦ 5G	$54,999	4.0 out of 5 stars	2,247	Xiaomi	Gold	256GB
	7	A74 5G	$14,990	4.2 out of 5 stars	31,010	OPPO	Blue	128GB
	8	Y35	$18,499	4.1 out of 5 stars	92	vivo	Dawn Gold	128GB

df_amazon 데이터프레임의 모든 시리즈는 문자형 'object' 타입이다. 이 데이터프레임을 쉽게 분석할 수 있도록 'Price', 'Rating', 'ReviewCount' 열을 수치 자료형인 'int' 또는 'float' 타입으로 변경하자. 수치 자료형으로 변경되면 각 열들을 value 값 기준으로 오름차순 또는 내림차순으로 재정렬하거나 sum(), mean(), max(), min() 등의 집계함수를 적용함으로써 데이터 분석이 가능해질 것이다.

'ReviewCount' 열은 astype('int')를 통해 쉽게 변경 가능할 것으로 예상되지만, 천 이상의 수에 표기된 콤마(',')로 인해 value error가 발생되므로 콤마 제거 후 astype('int')로 변경하자.

```python
# 1. 콤마 제거
df_amazon['ReviewCount'] = df_amazon['ReviewCount'].str.replace(',', '')
# 2. int 형으로 변경
df_amazon['ReviewCount'] = df_amazon['ReviewCount'].astype('int')
df_amazon['ReviewCount'].dtype
```

결과	dtype('int32')

위 예제의 첫 번째 줄은 콤마(',')를 빈 문자('')로 대체한다는 의미로, 결과적으로 콤마가 제거된다. 콤마가 제거된 숫자 형태의 문자열은 에러 없이 int 자료형으로 변경된다.

replace() 메서드와는 다르게 series.str.replace()의 경우에는 inplace 아규먼트가 없으므로 원본에 복사하기 위해 아래와 같이 적용된 결과를 다시 시리즈에 update 해야 한다. 위 예제의 첫 번째, 두 번째 줄은 메서드체이닝(메서드를 연결하여 적용하는 방법)을 통해 아래 한 줄로 표현이 가능하다.

```python
df_amazon['ReviewCount'] = df_amazon['ReviewCount'].str.replace(',', '').astype('int')
```

(* 위의 예제 실행 후에 아래 코드를 실행하면 에러가 발생한다. 이미 ','가 제거되고 int로 변경되었기 때문이다.)

'Price' 열은 '$'와 ','를 제거한 후에 int로 변경해야 한다.

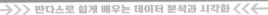
```
df_amazon['Price($)'] = df_amazon['Price'].str.replace('$','').str.replace(',','').
                        astype('int')
df_amazon['Price($)']
```

결과	0	65999
	1	64900
	2	62999
	3	13999
	4	11240
	5	10999
	6	54999
	7	14990
	8	18499
	Name: Price, dtype: int32	

이제 마지막으로 '**Rating**' 열의 평점을 분리하자. 의외로 다른 열들보다 평점 분리는 비교적 간단하다. 첫 번째 띄어쓰기 기준으로 분리한 데이터프레임을 만든 후, [0] 번째 시리즈가 바로 평점에 대한 정보를 가지고 있다. 다만, 타입을 'object'에서 'float'으로 변경이 필요하다.

```
df_amazon['Rating(5)'] = df_amazon['Rating'].str.split(n=1, expand = True)[0].
                         astype('float')
df_amazon['Rating(5)']
```

결과	0	4.6
	1	4.5
	2	4.2
	3	4.0
	4	4.0
	5	5.0
	6	4.0
	7	4.2
	8	4.1
	Name: Rating(5), dtype: float64	

문제 10 이제 완성된 df_amazon 데이터프레임을 평점이 높은 순, 즉 내림차순으로 정렬하고, 아래와 같이 필요한 열 ['**Maker**', '**Phone Name**', '**Color**', '**RAM**', '**Price($)**', '**Rating(5)**', '**ReviewCount**']만 남겨서 재정렬하자.

	Maker	Phone Name	Color	RAM	Price($)	Rating (5)	ReviewCount
0	Lava	Blaze 5G	White	128GB	10999	5.0	5
1	Apple	iPhone 13	Black	128GB	65999	4.6	7507
2	Apple	iPhone 13 Mini	Red	128GB	64900	4.5	1341
3	Samsung	Galaxy S22 5G	Black	128GB	62999	4.2	772
4	Oppo	A74 5G	Blue	128GB	14990	4.2	31010
5	Vivo	Y35	Dawn Gold	128GB	18499	4.1	92
6	Samsung	Galaxy M13	White	128GB	13999	4.0	12588
7	Samsung	Galaxy F13	Black	64GB	11240	4.0	82
8	Xiaomi	12 Pro ¦ 5G	Gold	256GB	54999	4.0	2247

문제 10.

```
df_amazon = df_amazon[['Maker','Phone Name','Color', 'RAM', 'Price($)',
                       'Rating(5)', 'ReviewCount']]

df_amazon.reset_index(drop = True, inplace = True)  #기존 인덱스 제거 후 reset
df_amazon
```

'**Maker**'부터 '**ReviewCount**'까지 문제에서 요구한 열의 순서대로 재배치하고, '**Rating(5)**' 열을 ascending=False를 통해 내림차순으로 정렬하였다. 이때 인덱스 순서가 뒤죽박죽으로 되어 있으므로 **reset_index(drop=True)** 옵션을 이용하여 인덱스를 오름차순 정수형으로 reset 해준다. drop=False 또는 drop 옵션을 사용하지 않으면, 기존의 뒤죽박죽된 숫자가 열에 추가된다는 사실을 상기하자.

문제 11 민성이는 위의 아마존 모바일 폰 판매 정보에서 리뷰 수가 1,000 이상이고, 'Black' 또는 'White' 색상의 128GB 모바일 폰을 하나 구매하려 한다. 다만 가격은 $65,000 이하의 폰을 찾고 있다. 민성이가 선택할 수 있는 폰은 무엇인가?

문제 11.

```
con1 = _____    #리뷰 수 1,000 이상
con2 = _____    # con2는 색상이 블랙 또는 화이트만 선택
con3 = _____    #128GB 선택
con4 = _____    #65,000 이하만 선택
df_amazon[con1 & con2 & con3 & con4]
```

결과	Maker	Phone Name	Color	RAM	Price($)	Rating (5)	ReviewCount
6	Samsung	Galaxy M13	White	128GB	13999	4.0	12588

위 문제를 풀이하다 보면, 'RAM' 열의 데이터에는 쉽게 알아차리기 힘든 함정이 숨겨져 있다. 바로 램 용량 데이터 앞에 빈 공백 하나가 있어서(예를 들어 '128GB'),

```
con3 = df_amazon['RAM'] == '128GB'
```

로 하면 con3의 결과는 모두 False가 된다. 실제로 데이터 분석을 하다 보면 간혹 이런 경우가 있으니 **strip**() 메서드를 유용하게 활용하는 것도 추천한다.

5.4.4 str.contains()과 str.startswith(), str.endswith()

대부분의 편집 프로그램이나 웹브라우저에서는 검색 기능을 가지고 있어서, 찾고자 하는 문자나 문자열을 간편하게 찾을 수 있다. 데이터프레임 역시 이러한 기능을 가지고 있는데, 훨씬 더 다양하고 구체적으로 원하는 문자(열)를 찾을 수 있다.

```
# series에서 특정 문자를 찾는 메서드 (결과는 bool로 반환)
Series.str.contains(str, regex=True)
```

다음으로 다루어 볼 데이터 세트는 2018년도에 미국에서 가장 많이 팔린 책에 대한 정보들이 있다.

```
df_book = pd.read_csv('d:/data/bestseller_2018.csv', encoding = 'euc-kr', index_col = 0)
df_book.head(5)
```

	title	no_of_reviews	ratings	author	cover_type	genre
ranks						
1	Becoming	123,276	4.8	Michelle Obama	Hardcover	Non Fiction
2	Girl, Wash Your Face: Stop Believing the Lies ...	27,338	4.6	Rachel Hollis	Hardcover	Non Fiction
3	Fire and Fury: Inside the Trump White House	17,292	4.2	Michael Wolff	Hardcover	Non Fiction
4	Fear: Trump in the White House	10,319	4.5	Bob Woodward	Hardcover	Non Fiction
5	Everybody Always: Becoming Love in a World Ful...	6,586	4.8	Bob Goff	Paperback	Non Fiction

```
df_book.info()
```

결과
```
Int64Index: 99 entries, 1 to 99
Data columns (total 6 columns):
 #   Column         Non-Null Count   Dtype
---  -----------    --------------   -----
 0   title          99 non-null      object
 1   no_of_reviews  99 non-null      object
 2   ratings        99 non-null      float64
 3   author         99 non-null      object
 4   cover_type     99 non-null      object
 5   genre          99 non-null      object
dtypes: float64(1), object(5)
```

df_book 데이터프레임은 6개의 열과 99개의 행으로 이루어져 있고, **ratings**를 제외하고는 모두 object 타입이다.

책 제목 중에 삶과 관련된 책을 찾고 싶을 경우에 책 제목 중에 'life'라는 단어가 포함된 모든 제목을 찾아야 한다. 이럴 경우 사용하는 메서드가 **str.contains()**이고 'life'를 아규먼트로 전달하면, 책 제목에서 life가 포함되어 있으면 True로, 포함되어 있지 않으면 False로 결과를 반환한다. True의 개수와 False의 개수를 확인하자.

```
df_book['title'].str.contains('life').value_counts()
```

결과	False 97
	True 2
	Name: title, dtype: int64

하지만 **str.contains**()는 정확하게 일치하는 문자만 검색하므로 만약 책 제목에 **Life**가 있었다면 찾을 수 없다. 대/소문자 구분 없이 모두 찾을 수 있는 방법에는 여러 가지 있지만, 대표적인 방법을 두 가지만 아래에서 소개한다.

```
1   df_book['title'].str.contains('life|Life').value_counts()
2   df_book['title'].str.lower().str.contains('life').value_counts()
```

결과	False 90
	True 9
	Name: title, dtype: int64

첫 번째 방법은 'life' 또는 'Life'를 찾기 위한 **OR** 방법이고, 두 번째 방법은 모든 책제목을 소문자로 변경한 후 'life'를 검색하므로, 심지어 'LIFE'까지도 찾아 준다. 이 책들만 포함된 책 제목을 시리즈로 출력해 보자.

```
df_book['title'][df_book['title'].str.contains('life|Life')]
```

결과	ranks	
	6	last Week Tonight with John Oliver Presents A ...
	7	12 Rules for **Life**: An Antidote to Chaos
	10	The Subtle Art of Not Giving a F*ck: a counter...
	12	The Complete Ketogenic Diet for Beginners: You...
	18	You Are a Badass: How to Stop Doubting Your Gr...
	61	Principles: **life** and work
	82	The **Life**-Changing Magic of Tidying Up: The Jap...
	86	Whiskey in a Teacup: What Growing Up in the So...
	97	Make Your Bed: Little Things That Can Change Y...

이번에는 '**author**' 열에서 Captain Underpants로 유명해진 Dav Pilkey 작가의 책을 찾아보려한다. 그런데 전체 이름 중 첫 두 글자 'Da'만 기억난다고 한다면, 'Da'로 시작하는 단어가 포함된 열들을 찾으면 된다. 그때 사용하는 것이 **str.startswith**() 이다.

```
# 특정 문자로 시작하는 원소를 찾아주는 메서드
  Series.str.startswith(str)
```

str.startswith() 역시 결과를 bool로 반환하므로 아래와 같이 프로그래밍할 수 있다.

```
df_book['author'][df_book.author.str.startswith('Da')]
```

결과	ranks	
	16	Dav Pilkey
	35	Dav Pilkey
	39	Dale Carnegie
	40	Dav Pilkey
	80	Dan Green
	89	Dave Ramsey

startswith() 또한 여러 단어 중 하나라도 포함되면 모두 찾을 수 있는데, 이때는 **str.contains**()와는 조금 차이가 있다. **startswith**()와 다음에 소개할 **endswith**()는 regix를 지원하지 않으므로 or ('|') 단어를 연결할 수 없다. Bob 또는 Dav로 시작하는 작가의 책들에 대한 정보를 데이터프레임으로 가져오자.

```
# df_book[df_book.author.str.startswith('Dav'|'Bob')] 오류 발생
df_book[df_book.author.str.startswith(('Dav','Bob'))]
```

```
# 특정 문자로 끝나는 원소를 찾아주는 메서드
  Series.str.endswith(str)
```

	title	no_of_reviews	ratings	author	cover_type	genre
ranks						
5	Fear: Trump in the White House	10,319	4.5	Bob Woodward	Hardcover	Non Fiction
16	Dog Man: Lord of the Fleas: From the Creator o...	15,744	4.9	Dav Pilkey	Hardcover	Fiction
35	Dog Man and Cat Kid: From the Creator of Capta...	15,853	4.9	Dav Pilkey	Hardcover	Fiction
40	Dog Man: Brawl of the Wild: From the Creator o...	18,456	4.9	Dav Pilkey	Hardcover	Fiction
55	Everybody Always: Becoming Love in a World Ful...	6,586	4.8	Bob Goff	Paperback	Non Fiction
89	The Total Money Makeover: Classic Edition: A P...	24,427	4.7	Dave Ramsey	Hardcover	Non Fiction

endswith()는 startswith()와 동일한 방법으로 특정 문자나 단어로 끝나는 데이터를 찾아준다.

문제 12   'author' 열 중 Pilkey 또는 pilkey로 끝나는 책의 평점들의 평균을 구하라.
단, pilkey 다음에 공백이 있을 수도 있으니 strip()으로 제거한다.

문제 12.

```
# 1. 작가 이름의 앞/뒤에 있을 수 있는 공백 제거
df_book['author'] = df_book['author']._____
# 2. pilkey,Pilkey,PILKEY로 되어 있을 수 있으므로 모두 소문자로 변경
df_book['author'] = df_book['author']._____
# 3. pilkey로 끝나는 작가의 평점을 찾고, mean() 적용
df_book.loc[df_book.author.str.endswith('pilkey'), _____].mean()
# 체이닝 메서드로 한 줄로 표시
#df_book.loc[_____, _____].mean()
```

결과   4.9

5.4.5 apply(), agg(), map(), applymap() 비교

lambda는 파이썬에서 자주 사용되는 함수로 이번 절의 주요 메서드들을 설명하기 위해 간단히 소개하려 한다. 파이썬에 능숙한 사람들은 아래 람다 함수를 건너뛰어도 무방하다.

lambda(람다) 함수

lambda 함수는 익명의 함수, 즉 이름 없는 함수라고 불린다. 프로그램을 코딩할 때 함수의 사용이 필요하지만, 일회성으로 사용되는 곳에는 람다 함수가 자주 사용된다. 거창하게 def 예약어를 이용할 필요 없이 단 한 줄로 함수의 기능을 사용할 수 있기 때문이다.

1	`def inc(x):        #inc() 함수 지정`
	`    return x+1`
	`print(inc(3))      #inc() 함수에 숫자 3 전달`
	`lam_1 = lambda x: x+1`
	`lam_2 = (lambda x: x+1)(3)`

2	`print(lam_1(3))    #범용 람다 함수`
3	`print(lam_2)       #고정 람다 함수`

결과	
	4 4 4

inc() 사용자 정의 함수는 전달받은 파라미터에 1을 더한 값을 반환한다. 동일한 결과를 반환하는 lam_1, lam_2 함수는 위의 예에서처럼 정의와 동시에 파라미터를 넘겨줄 수도 있고(lam_2), 일반 함수처럼 사용할 수도 있다(lam_1).

람다 함수 역시 일반적인 함수처럼 여러 개의 파라미터를 사용하거나 반환값을 가질 수 있다. 전달해야 하는 데이터의 개수가 많을 때 변수를 하나만 사용하여 데이터를 전달할 것인지, 아니면 필요한 데이터의 수만큼 변수를 만들어 사용할 것인지를 결정해야 한다. 전자의 경우에는 여러 원소를 가지는 리스트나 튜플 형태의 컬렉션 자료형을 사용할 수 있다.

1	`lam_3 = (lambda x: x[0]+x[1]+x[2])([1,2,3])`
	`lam_4 = lambda x: x[0]+x[1]+x[2]`
	`print(lam_3)`

2	`print(lam_4([1,2,3]))`

결과	
	6 6

함수와 마찬가지로 람다 함수 역시 디폴트 파라미터를 이용하여 다음과 같이 표현 가능하다. 아래의 예에서 x3는 default로 3을 가지게 되어 함수 호출 시 파라미터의 개수가 매개변수의 개수보다 작아도 에러가 발생되지 않는다.

```
# 람다함수 디폴트 파라미터 이용 가능
lam_5 = lambda x1, x2, x3=3 : x1+x2+x3
print(lam_5(1,2))    # 1+2+3
print(lam_5(1,2,0))  # 1+2+0
```

결과	6
	3

람다 함수는 조건식을 사용하여 파라미터가 조건식을 만족하는지에 따라 True와 False로 값을 반환할 수도 있다.

람다 함수의 기본 설명을 이것으로 마치고, apply()와 agg()에서 이 람다 함수를 적용하자.

● **apply() 메서드**

데이터프레임 또는 시리즈는 pandas와 Numpy의 풍부한 메서드를 이용하여 연산이나 필터링, 마스킹 작업 등을 아주 쉽게 프로그래밍할 수 있는 장점이 있다. 하지만 pandas에는 없지만, 파이썬에 존재하는 다양한 함수들이나 람다 함수, 일반 사용자 함수를 데이터프레임에 적용할 수는 없을까?

pandas의 **apply()** 메서드를 이용하면 데이터프레임의 각 열이나 행에 함수를 적용할 수 있다.

```
# 파이썬의 기본 내장 함수 및 사용자 정의 함수를 데이터프레임(시리즈)에 적용
DataFrame객체.apply(func_name, axis = 0(default) / 1, result_type))
Series객체.apply(func_name)
```

axis를 0으로 설정하면 각 열에 **apply()** 함수를 적용하고, 1로 설정하면 각 행에 적용하게 된다. 만약 apply를 통해 적용된 결과가 list, tuple 등과 같은 컬렉션 자료형일 경우 **result_type** = **'expand'**

로 설정하여 각 원소를 분리된 열로 생성할 수 있고, 'expand'의 반대 결과를 원할 때는 **'reduce'**로 설정하면 된다.

```
df_app = pd.DataFrame({'a':[1,2,3], 'b':[4,5,6], 'c':[7,8,9]})
df_app
```

결과		a	b	c
	0	1	4	7
	1	2	5	8
	2	3	6	9

df_app 데이터프레임에 pandas의 **sum()** 메서드를 적용하여 각 열이나 행의 합을 구할 수 있다. 만약 df_app.apply()를 통해 pandas의 sum() 메서드를 적용하고자 할 경우에는 큰따옴표로 적용할 pandas의 함수명("sum")을 전달해야 한다. Numpy의 **sum()**, **mean()**, **max()**, **min()** 등의 집계 함수 역시 **apply()**에 적용할 수 있는데, pandas의 메서드와 마찬가지로 괄호()를 생략한 함수명을 아규먼트로 전달해야 한다.

```
1   df_app.sum()
1   df_app.apply("sum")      # pandas 메서드 sum()을 apply에 적용할 경우
1   df_app.apply(np.sum)     # Numpy 메서드 np.sum()을 apply에 적용할 경우
2   df_app.sum(axis = 1)
2   df_app.apply(np.sum, axis = 1)
3   df_app.apply(np.mean, axis = 1)
3   df_app.apply("mean", axis = 1)
```

결과	1	2	3
	a 6	0 12	0 4.0
	b 15	1 15	1 5.0
	c 24	2 18	2 6.0
	dtype: int64	dtype: int64	dtype: float64

● **agg() 메서드**

일반적으로 집계 함수를 데이터프레임에 적용할 경우에는 **apply()**보다는 **agg()** 또는 **aggregate()** 메서드를 주로 이용한다. 아래 예는 **apply()**와 **agg()**를 비교한 것이다. 참고로 집계 함수를 시리즈에 적용하면 결과가 하나의 수치형 값(데이터)으로 출력된다.

```
# 집계함수를 시리즈나 데이터프레임에 적용
  DataFrame객체.agg(func_name, axis = 0(default) / 1)
  Series객체.apply(unc_name, axis = 0(default) / 1)

반환 형태 :
     단일값(scalar) - 시리즈에 하나의 함수가 적용될 때
     시리즈 - 데이터프레임에 하나의 함수가 적용될 때
     데이터프레임 - 데이터프레임에 여러 개의 함수가 적용될 때
```

apply()와 agg()에 집계함수 적용하여 비교

```
1    df_app.apply("sum")
2    df_app.agg("sum")
3    df_app.apply("mean")
4    df_app.agg("mean")
5    df_app.apply(["mean", "sum", "max"])  #데이터프레임에 여러 함수 적용
6    df_app.agg(["mean", "sum", "max"])    #데이터프레임에 여러 함수 적용
7    df_app.apply( {'a':"mean", 'b':"sum", 'c':"max"} ) #열별로 다른 집계함수 지정
8    df_app.agg( {'a':"mean", 'b':"sum", 'c':"max"} )   #열별로 다른 집계함수 지정
9    df_app.a.agg(['mean','max','min'])    # 한 시리즈에 다수 개의 함수 적용
10   df_app.a.apply(['mean','max','min'])  # 한 시리즈에 다수 개의 함수 적용
```

결과	1	2	3		
	a 6	a 2.0		a	b	c
	b 15	b 5.0	mean	2.0	5.0	8.0
	c 24	c 8.0	sum	6.0	15.0	24.0
	dtype: int64	dtype: float64	max	3.0	6.0	9.0

7, 8	9, 10
a 2.0	mean 2.0
b 15.0	max 3.0
c 9.0	min 1.0
dtype: float64	Name: a, dtype: float64

아래는 집계가 아닌 개별 원소에 함수를 각각 매핑하여 적용한 결과이다.

```
1    df_app.apply(np.sqrt)
1    df_app.agg(np.sqrt)
2    df_app.apply(np.log10)
2    df_app.agg(np.log10)
```

결과	1				2		
		a	b	c		a	b	c
	0	1.000000	2.000000	2.645751	0	0.000000	0.602060	0.845098
	1	1.414214	2.236068	2.828427	1	0.301030	0.698970	0.903090
	2	1.732051	2.449490	3.000000	2	0.477121	0.778151	0.954243

pandas에서 **agg**()로 이용할 수 있는 집계 함수의 목록은 다음과 같다.

함수	설명
'sum'	열의 값들의 합
'mean	열의 값들의 평균
'count'	열의 값들의 개수
'median'	열의 값들의 중앙값
'first'	열의 값 중 NaN이 아닌 첫 값
'last'	열의 값 중 NaN이 아닌 마지막 값
'var'	열의 값들의 분산값
'min'	열의 값들의 최솟값
'max'	열의 값들의 최댓값
'std'	열의 값들의 표준편차
'sem'	Standard Error of the Mean 평균값의 표준 오차

이번에는 사용자 정의 함수를 적용해 보자.

```
def square(x):
    return x*x   # 전달받 파라미터를 제곱한 결과를 반환
print(square(3)) # 3을 파라미터로 square() 함수에 전달
print(square(4)) # 4를 파라미터로 square() 함수에 전달
```

결과	9
	16

이젠 위의 **square**() 함수를 데이테프레임에 적용해 보자. 데이터프레임에 적용하기 위해 **apply**() 와 **agg**()를 사용하면 동일한 결과가 출력되며, 결과 역시 데이터프레임으로 출력된다.

```
df_app.apply(square)
df_app.agg('uare)
```

결과		a	b	c
	0	1.000000	2.000000	2.645751
	1	1.414214	2.236068	2.828427
	2	1.732051	2.449490	3.000000

문제 13 df_app 데이터프레임의 모든 원소에 10을 곱하고, 원소의 값을 더해 보자. 다시 말해 1 의 경우는 11이, 9의 경우는 99가 만들어지도록 하자.

문제 13.

```
def new_f(x):
    _____

df_app.apply(new_f)
df_app.agg(new_f)
```

결과		a	b	c
	0	1	16	49
	1	4	25	64
	2	9	36	81

위 문제는 단순히 df_app*10 + df_app로 코딩할 수 있지만, 복잡한 연산이나 조건식이 필요한 경우에는 **agg**() 또는 **apply**()를 적용하는 것이 가독성도 좋고 표현하기도 간단하다.

수치형 데이터를 다룰 때는 pandas의 **apply()**와 **agg()**의 기능은 매우 유사하다. 하지만 **그룹 단위의 집계 부분에서는 두 메서드 간의 큰 차이를 볼 수 있으며, 집계의 실행 속도 면에서는 agg()가 월등히 앞선다고 알려져 있다.** **groupby()** 등을 이용한 그룹 집계는 이후 챕터에서 설명하도록 한다.

집계 함수의 적용이 필요하다면 **agg()**를 사용하고, 집계가 아닌 함수의 적용에는 **apply()**를 사용하는 것이 일반적이다.

● **map()과 applymap() 메서드**

map()과 **applymap()**은 **apply()** 또는 **agg()**만큼 자주 사용되는 것이 아니지만, 분명히 장점이 존재하는 메서드들로, 차이점 위주로 알아보자. 우선 **map()**은 시리즈의 각 원소에 적용할 수 있고, **applymap()**은 데이터프레임의 모든 원소에 적용할 수 있다.

적용가능 유무	DataFrame	Series
apply()	●	●
agg()	●	●
map()		●
applymap()	●	

df_app의 각 열은 dtype이 모두 int64이다. 먼저, '**a**'열의 dtype을 **map()**을 사용하여 str로 변경해 보자.

```
df_app = pd.DataFrame({'a':[1,2,3], 'b':[4,5,6], 'c':[7,8,9]})
df_app['a'].map(lambda x: str(x))
```

결과	0 1
	1 2
	2 3
	Name: a, dtype: **object**

int 자료형에서 objcet 자료형으로 정상적으로 변경되었다. 위의 문제 13을 'a'열에 대해 다시 풀어 보자.

```
df_app['a'].map(lambda x: str(x)+str(x)) #문자끼리 '+' 연산으로 결합 가능
```

결과		
	0	11
	1	22
	2	33
	Name: a, dtype: object	

map()은 시리즈에만 적용 가능하므로 데이터프레임 df_app을 대상으로는 적용할 수 없다. 이번에는 **applymap**()을 이용하여 모든 원소를 'str' 자료형으로 변경하고 문제 13과 같은 결과가 나오도록 프로그래밍한다.

```
df_app.applymap(lambda x: str(x)+str(x))
```

결과		a	b	c
	0	11	44	77
	1	22	55	88
	2	33	66	99

위의 람다 함수를 **agg**() 또는 **apply**()에 적용하면 어떻게 될까?

```
df_app.apply(lambda x: str(x)+str(x))
df_app.agg(lambda x: str(x)+str(x))
```

결과								
a	0	1\n1	2\n2	3\nName: a, dtype: int64 0	1\n1	2\n2	...
b	0	4\n1	5\n2	6\nName: b, dtype: int64 0	4\n1	5\n2	...
c	0	7\n1	8\n2	9\nName: c, dtype: int64 0	7\n1	8\n2	...
dtype: object							

전혀 예상하지 못한 결과가 나온다. **apply**(), **agg**()의 경우는 한 열(행)씩 시리즈 단위로 lambda 함수가 적용되고, applymap()은 모든 원소에 lambda 함수가 적용되는 차이가 있다. 참고로 다음

과 같이 apply()의 람다 함수 부분을 조금 수정하면 정상적으로 출력된다.

```
df_app.apply(lambda x: x.astype('str') + x.astype('str'))
```

다시 df_amazon 데이터프레임으로 돌아가서, 앞에서 학습한 **apply()** 함수를 사용하여 문자 정보들을 숫자로 변경하거나, 문자열에서 평점이나 필요한 정보(Color, Ram)를 추출하여 보자.

우선 '**Rating**'(평점) 열의 글자 수를 살펴보자.

```
  df_amazon = pd.read_csv('d:/data/Amazon_top5.csv')
1 df_amazon
2 df_amazon['Rating'].apply(len)   #df_amazon['Rating'].agg(len)
3 df_amazon['Rating'].str.len()
```

결과	1						2, 3	
		Description	Price	Rating	ReviewCount		0	18
	0	Apple iPhone 13 (Black, 128GB)	$65,999	4.6 out of 5 stars	7,507		1	18
	1	Apple iPhone 13 Mini (Red, 128GB)	$64,900	4.5 out of 5 stars	1,341		2	18
	2	Samsung Galaxy S22 5G (Black, 128GB)	$62,999	4.2 out of 5 stars	772		3	18
	3	Samsung Galaxy M13 (White, 128GB)	$13,999	4.0 out of 5 stars	12,588		4	18
	4	SAMSUNG Galaxy F13 (Black, 64GB)	$11,240	4.0 out of 5 stars	82		5	18
	5	Lava Blaze 5G (White, 128GB)	$10,999	5.0 out of 5 stars	5		6	18
	6	Xiaomi 12 Pro | 5G (Gold, 256GB)	$54,999	4.0 out of 5 stars	2,247		7	18
	7	OPPO A74 5G (Blue, 128GB)	$14,990	4.2 out of 5 stars	31,010		8	18
	8	vivo Y35 (Dawn Gold, 128GB)	$18,499	4.1 out of 5 stars	92			

'**Rating**'의 평점에 해당되는 부분을 추출하여 정수로 변경하고, '**Price**' 열의 '$' 표시와 ','를 제거한 나머지 문자열을 정수로 변경해 보자. 그리고 '**ReviewCount**' 열 역시 ',' 제거 후 정수로 변경하자.

```
def str_Rating(x):
    a = x[:3]
    return float(a)
```

```python
def str_PriceCount(x):
    b = x.replace(',', '')
    if b[0] == '$':
        return int(b[1:])   #for df_amazon.Price
    else:
        return int(b[:])    #for df_amazon.ReviewCount

df_amazon['Rating_float'] = df_amazon['Rating'].apply(str_Rating)
df_amazon['Price_int'] = df_amazon['Price'].apply(str_PriceCount)
df_amazon['ReviewCount_int'] = df_amazon['ReviewCount'].apply(str_PriceCount)
df_amazon[['Rating_float', 'Price_int', 'ReviewCount_int']]
```

결과		Rating_float	Price_int	ReviewCount_int
	0	4.6	65999	7507
	1	4.5	64900	1341
	2	4.2	62999	772
	3	4.0	13999	12588
	4	4.0	11240	82
	5	5.0	10999	5
	6	4.0	54999	2247
	7	4.2	14990	31010
	8	4.1	18499	92

- str_Rating 함수 설명

'Rating' 열의 원소는 18개 문자의 조합으로 이루어진 문자열이다. 4.6 out of 5 stars처럼 추출하고자 하는 주요 정보는 [0],[1],[2] 인덱스에 해당하는 문자('4' , '.' , '6')이므로, [:3]으로 문자열 슬라이싱 표현할 수 있다. 슬라이싱 후에도 문자열('4.6') 자료형을 유지하고 있으므로 파이썬의 float() 함수를 이용하여 실수 자료형(4.6)으로 변경할 수 있다.

- str_PriceCount 함수 설명

'Price' 열과 'ReviewCount' 열에 있는 수치형 문자열에는 공통적으로 단위 표시를 위한 ','가 존재한다. 'ReviewCount' 열의 경우 replace 메서드로 ',' 제거 후에 정수형으로 데이터 타입을 변환하면 되는데, 'Price' 열의 경우에는 각 원소의 문자열 제일 앞에 '$' 표시가 있으므로, 슬라이싱 [1:]을 통해 첫 번째 문자 이후의 데이터만을 추출하여 정수형으로 타입 변경한다.

'Descrpition' 열의 '()' 안에 포함된 모바일 폰의 색상과 램 용량을 추출하는 것은 다소 복잡하게 느껴질 수도 있다. 하지만 천천히 한 step씩 실행 결과를 예측하고 아래 내용을 짚어 가면 무난하게 이해하리라 생각한다.

먼저 문자열에서 자주 사용되는 **find()** 메서드에 대해 살펴보자. **find()**는 어떤 문자열에서 특정 문자(열)의 위치 인덱스를 반환하는데, 만약 특정 문자가 문자열 안에 존재하지 않으면 -1을 반환한다.

```
    pi = '3.141592'
1   pi.find('.')      #'.'의 위치
2   pi.find('159')    #'159'의 위치
```

결과	1	1
	2	4

'**Description**' 열에서 '(' 의 위치와 ','의 위치를 찾아내면, **Color**와 **RAM** 용량의 정보를 추출할 수 있다. 파이썬의 함수는 다중 파라미터 전달과 다중 반환이 가능하므로 return 다음에 **Color**와 **RAM** 용량을 한 번에 반환하는 것도 가능하다.

```
def str_Des(x):
    s = x.find('(')
    m = x.find(',')
    return x[s+1 : m], x[m+1 : -1]
des = df_amazon['Description'].apply(str_Des)
des
```

결과	0	(Black,　128GB)
	1	(Red,　128GB)
	2	(Black,　128GB)
	3	(White,　128GB)
	4	(Black,　64GB)
	5	(White,　128GB)

```
6         (Gold,   256GB)
7         (Blue,   128GB)
8   (Dawn Gold,   128GB)
```

str_Des 함수는 두 정보를 한 번에 반환하게 되고, des 변수(시리즈)에 튜플로 반환 받은 정보가
저장된다. 튜플 자료형을 개별 시리즈로 변환 후 'Color' 열과 'RAM' 열에 추가하면 다음과 같이
출력된다.

```
df_amazon[['Color', 'RAM']] = des.apply(pd.Series)
df_amazon[['Color', 'RAM']]
```

결과		Color	RAM
	0	Black	128GB
	1	Red	128GB
	2	Black	128GB
	3	White	128GB
	4	Black	64GB
	5	White	128GB
	6	Gold	256GB
	7	Blue	128GB
	8	Dawn Gold	128GB

5.5 | 데이터 프레임 결합과 병합

데이터를 분석하다 보면, 다수 개의 데이터프레임들을 하나로 결합해야 하는 경우가 종종 발생한
다. 행이나 열 방향으로 단순히 결합하거나, 지정한 열 기준으로 효과적으로 원하는 정보들을 결합
하는 기능을 제공하는데, 판다스에는 concat(), merge()가 대표적인 결합 메서드이다. 1.5.X 이전까

지만에는 concat(), merge()가 대표적인 결합 메서드이다. 1.5.X 이전까지만 해도 append()라는 결합 메서드가 존재했지만, 2.X대로 업그레이드되면서 pandas에서 append() 메서드는 제거되었다.

먼저, **concat**() 메서드를 사용하여 두 데이터프레임을 하나로 결합해 보자.

5.5.1 pandas.concat()

```
# 다수 개의 데이터프레임(또는 시리즈)을 결합
pandas.concat(objs, axis=0, join='outer', ignore_index=False)
```

Numpy의 **concatenate**() 메서드를 이용하여 두 Numpy 배열을 연결(결합)할 수 있듯이, pandas의 **concat**() 메서드를 이용하여 두 개 이상의 데이터프레임을 결합할 수 있다.

objs에는 보통 리스트 형태로 결합할 시리즈 또는 데이터프레임의 이름을 입력하고, join의 경우에는 결합하려는 형태를 지정할 수 있는데 'outer'가 default로 설정되어 있다. 'outer'는 합집합의 개념으로 데이터프레임들을 결합할 때 인덱스(또는 열) 기준으로 결합하게 되고, 'inner'로 옵션을 선택하면 교집합처럼 두 개의 시리즈나 데이터프레임에서 동일한 인덱스(또는 열)만 추려서 두 데이터를 이어 붙이게 된다.

axis를 따로 1로 지정하지 않으면 default로 인덱스 기준으로 결합하도록 설정되어 있다. ignore_index는 default로 False로 되어 있으며, True로 변경하여 결합 후 인덱스를 새롭게 넘버링할 수도 있다.

```
df1 = pd.DataFrame({'A':[19, 'M', 'Pusan'],
                    'B':[20, 'F', 'Seoul'],
                    'C':[21, 'M', 'Incheon']},
                    index = ['age','sex', 'town'])
df2 = pd.DataFrame({'A':[19, '180', '75'],
                    'E':[26, '177', '66'],
                    'F':[25, '162', '60']},
```

```
                        index = ['age','hight', 'weight'])
     #default axis = 0(인덱스 기준으로 결합), join = 'outer'(합집합)
     df1_1 = pd.concat([df1, df2])
1    print(df1_1)
     # axis = 1 (열 기준으로 결합), join = 'outer'(합집합)
     df1_2 = pd.concat([df1, df2], axis = 1)
2    print(df1_2)
     #axis = 0 (인덱스 기준으로 결합), join = 'inner'(교집합)
     df1_3 = pd.concat([df1, df2],  join = 'inner')
3    print(df1_3)
     # axis = 1 (열 기준으로 결합), join = 'inner'(교집합)
     df1_4 = pd.concat([df1, df2], axis = 1, join = 'inner')
4    print(df1_4)
```

결과			A	B	C	E	F	
	1		A	B	C	E	F	
		age	19	20	21	NaN	NaN	
		sex	M	F	M	NaN	NaN	
		town	Pusan	Seoul	Incheon	NaN	NaN	
		age	19	NaN	NaN	26	25	
		hight	180	NaN	NaN	177	162	
		weight	75	NaN	NaN	66	60	
	2		A	B	C	A	E	F
		age	19	20	21	19	26	25
		sex	M	F	M	NaN	NaN	NaN
		town	Pusan	Seoul	Incheon	NaN	NaN	NaN
		hight	NaN	NaN	NaN	180	177	162
		weight	NaN	NaN	NaN	75	66	60
	3		A					
		age	19					
		sex	M					
		town	Pusan					
		age	19					
		hight	180					
		weight	75					
	4		A	B	C	A	E	F
		age	19	20	21	19	26	25

df1_1 데이터프레임은 df1과 df2를 default 조건으로 결합한 결과이다. 이때는 axis = 0, join = 'outer', ignore_index=False로 설정되어 인덱스 기준으로 두 데이터프레임을 모두 결합된다.

df1_2는 두 데이터프레임을 열 기준으로 결합하고 인덱스를 정렬한 결과이며, df1_3은 df1_1 출력 결과 중 열 시리즈에 NaN이 포함되지 않은 시리즈들만을 데이터프레임으로 출력하며, df1_4 는 df1_2의 출력 결과에서 인덱스 시리즈 중 NaN이 포함되지 않은 결과를 출력한다.

데이터프레임과 시리즈를 결합하는 것도 가능하다. 아래 예제는 df1 데이터프레임과 df2 데이터 프레임 중 'A' 열을 결합한 것이다

```
df1_5 = pd.concat([df1, df2['A']], axis = 1)
df1_5
```

결과	df1_5		A	B	C	A
		age	19	20	21	19
		sex	M	F	M	NaN
		town	Pusan	Seoul	Incheon	NaN
		hight	NaN	NaN	NaN	180
		weight	NaN	NaN	NaN	75

이제 살펴볼 메서드는 **merge()**로, 아래와 같은 두 데이터프레임이 있다고 하자. **merge()**는 두 개의 데이터프레임을 스마트하게 병합해 준다.

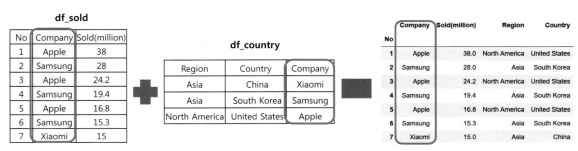

[그림 5-26] merge() 설명

5.5.2 pandas.merge()

```
# 데이터프레임 간의 스마트한 병합 방법
DataFrame.merge(right, how = 'inner', on/Left_on/Right_on = None,
                fill_method = None)
또는
pd.merge(left, right, how = 'inner', on/Left_on/Right_on = None,
         fill_method = None))
```

merge() 메서드를 이용하면 여러 데이터를 효과적으로 병합할 수 있다. **DataFrame.merge**() 또는 **pandas.merge**()로 데이터프레임을 병합 가능한데, **DataFrame.merge**()의 경우에는 병합하고자 하는 데이터프레임 이름을 'right'에 위치시킨다.

concat()의 join 옵션과 동일한 기능을 **merge**()에서는 how로 지정해야 한다. **concat**()의 join 디폴트는 'outer'로 합집합이 기본 설정인데, **merge**()의 how는 'inner' 교집합이 기본 설정이다.

추가로 'left', 'right'의 옵션과 'cross' 옵션이 가능하다. 합치고자 하는 두 데이터프레임에 동일한 열 이름을 가지고 있다면 따로 지정하지 않아도 되며, 만약 동일한 열 이름이 없다면 합칠 기준열 이름을 Left_on과 Right_on에 지정해야 한다.

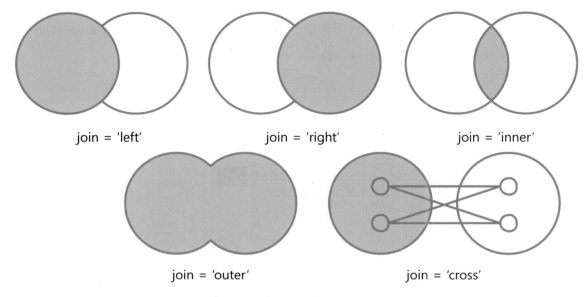

[그림 5-27] merge()의 join 옵션

```
df_sold = pd.read_csv('d:/data/merge_Best Selling2020.csv', index_col=0)
df_country = pd.read_csv('d:/data/merge_country.csv')
```

```
1   df_sold
2   df_country
```

결과	1		Company	Sold(million)
		No		
		1	Apple	38.0
		2	Samsung	28.0
		3	Apple	24.2
		4	Samsung	19.4
		5	Apple	16.8
		6	Samsung	15.3
		7	Xiaomi	15.0
		8	OPPO	8.0

	2		Region	Country	Company
		0	asia	China	Xiaomi
		1	asia	South Korea	Samsung
		2	North America	United States	Apple
		3	asia	China	Vivo

df_sold에는 회사명(Company)과 판매 수량(Sold(million))이 있고, df_country에는 지역(Region)과 제조국(Country) 그리고 회사명(Company)이 있다. 두 데이터프레임에는 공통적으로 'Company'라는 동일한 열의 이름이 있다. 병합 시에 on='**Company**'로 옵션을 지정해도 되지만, 생략도 가능하다.

```
#default join = 'inner'
df_merge1 = pd.merge(df_sold, df_country , on = 'Company')
df_merge2 = df_sold.merge(df_country , on = 'Company')
```

```
1   print(df_merge1)
2   print(df_merge2)
```

결과		Company	Sold(million)	Region	Country
	0	Apple	38.0	North America	United States

```
     1  Apple     24.2  North America  United States
  1  2  Apple     16.8  North America  United States
  /  3  Samsung   28.0          asia  South Korea
  2  4  Samsung   19.4          asia  South Korea
     5  Samsung   15.3          asia  South Korea
     6  Xiaomi    15.0          asia         China
```

df_merge1과 df_merge2 데이터프레임에는 df_sold에 df_country가 병합된 결과가 할당된다. join 옵션을 따로 정해 주지 않으면, 'inner' join으로 결합되어 두 데이터프레임의 병합 기준 열 (Company)의 알파벳 오름차순으로 자동 정렬되는데, df_sold와는 열의 순서가 바뀐 df_sold_1 열 을 하나 만들어서 df_sold_1과 df_country를 병합하면서 이해도를 높여 보자.

1	`df_sold_1 = df_sold[['Sold(million)', 'Company']]   # 열 순서 변경`
	`df_sold_1`
	`df_merge3 = pd.merge(df_sold_1, df_country)          # 병합`

2	`df_merge3.sort_values(by='Sold(million)', ascending=False, ignore_index=True)`

결과					
1		Sold(million)	Company		
	No				
	1	38.0	Apple		
	2	28.0	Samsung		
	3	24.2	Apple		
	4	19.4	Samsung		
	5	16.8	Apple		
	6	15.3	Samsung		
	7	15.0	Xiaomi		
2		Sold(million)	Company	Region	Country
	0	38.0	Apple	North America	United States
	1	28.0	Samsung	asia	South Korea
	2	24.2	Apple	North America	United States
	3	19.4	Samsung	asia	South Korea
	4	16.8	Apple	North America	United States
	5	15.3	Samsung	asia	South Korea
	6	15.0	Xiaomi	asia	China

df_sold_1과 df_country를 병합시키면 위 예제와 마찬가지로 두 데이터프레임에서 동일한 이름을 가진 '**Company**' 열을 기준으로 결합되는데, df_merge1과 마찬가지로 '**Company**' 열의 데이터 알파벳 오름차순으로 정렬된다.

df_sold(왼쪽 데이터프레임)를 기준 데이터프레임으로 지정하여 df_country를 병합하였으므로, 병합된 전과 후가 어떻게 달라졌는가를 비교하기 위해 병합된 df_merge3을 df_sold의 순서인 '**Sold(million)**' 열 기준으로 내림차순으로 정렬한 데이터프레임이 바로 위의 결과인 df_merge3이다.

inner join으로 결합하면 두 개의 데이터프레임에서 공통된 값을 가진 행들만 결합하게 된다. 그래서 df_sold에서는 8번 index의 OPPO가 df_country에서는 3번 index Vivo가 병합된 결과에서 제외되었다.

이제 outer join으로 결합해 보자.

outer join에는 왼쪽 데이터프레임을 기준으로 오른쪽 데이터프레임과 결합하는 left outer join(left)과 반대로 동작하는 right outer join(right) 그리고 두 데이터프레임의 모든 행들을 결합하는 outer join이 있다. (위의 [그림 5-27] 참조)

```
df_left = pd.merge(df_sold, df_country, how = 'left')
df_right = pd.merge(df_sold, df_country, how = 'right')
df_outer = pd.merge(df_sold, df_country, how = 'outer')
1  print(df_left)
2  print(df_right)
3  print(df_outer)
```

		Company	Sold(million)	Region	Country
	0	Apple	38.0	North America	United States
	1	Samsung	28.0	asia	South Korea
	2	Apple	24.2	North America	United States
1	3	Samsung	19.4	asia	South Korea
	4	Apple	16.8	North America	United States
	5	Samsung	15.3	asia	South Korea
	6	Xiaomi	15.0	asia	China
	7	OPPO	8.0	NaN	NaN

		Company	Sold(million)	Region	Country
	0	Xiaomi	15.0	asia	China
	1	Samsung	28.0	asia	South Korea
	2	Samsung	19.4	asia	South Korea
2	3	Samsung	15.3	asia	South Korea
	4	Apple	38.0	North America	United States
	5	Apple	24.2	North America	United States
	6	Apple	16.8	North America	United States
	7	**Vivo**	**NaN**	**asia**	**China**

		Company	Sold(million)	Region	Country
	0	Apple	38.0	North America	United States
	1	Apple	24.2	North America	United States
	2	Apple	16.8	North America	United States
3	3	Samsung	28.0	asia	South Korea
	4	Samsung	19.4	asia	South Korea
	5	Samsung	15.3	asia	South Korea
	6	Xiaomi	15.0	asia	China
	7	**OPPO**	**8.0**	**NaN**	**NaN**
	8	**Vivo**	**NaN**	**asia**	**China**

'left' outer join으로 결합하면 **pd.merge**의 왼쪽 열인 **df_sold** 열의 'Company' 순서대로 두 데이터프레임을 결합하게 되는데, 오른쪽 열인 df_country 열에는 존재하지 않는 OPPO Company의 경우는 자동으로 NaN(결측치)으로 채워진다.

'right' outer join의 경우는 오른쪽 열인 df_country 열의 'Company' 기준으로(Xiaomi, Samsung, Apple, Vivo)으로 두 데이터프레임을 결합하며, 왼쪽 데이터프레임에 없는 Vivo의 Sold(판매량) data는 NaN으로 채워진다. how를 'outer'로 설정하여 결합하면 두 데이터프레임의 결합 기준열(Company) 중심으로 결합하되 왼쪽 데이터프레임의 기준열 순서로 정렬되며, 그다음 오른쪽 데이터프레임에만 존재하는 데이터들이 나열된다.

지금까지는 주어진 데이터프레임의 결측치를 채운다거나 데이터프레임들의 결합 등에 대해 살펴보았다. 다음 절에서는 데이터프레임을 특정 열이나 행을 기준으로 그룹핑하여 데이터프레임의 집계를 나타내어 보자.

문제 14 다음 두 데이터프레임을 '**과일**' 열을 기준으로 'inner' 결합하라.

문제 14.

```
import pandas as pd
data1 = {
    '과일': ['사과', '복숭아', '오렌지', '포도'],
    '가격': [1000, 1500, 800, 1200],
    '재고': [50, 30, 40, 25]
}
data2 = {
    '과일': ['사과', '복숭아', '망고', '수박'],
    '원산지': ['한국', '중국', '인도', '한국'],
    '판매량': [20, 15, 10, 8]
}
df1 = pd.DataFrame(data1)
df2 = pd.DataFrame(data2)
# 두 데이터프레임 병합
m_df = pd.merge(_____)
m_df
```

결과		과일	가격	재고	원산지	판매량
	0	사과	1000	50	한국	20
	1	복숭아	1500	30	중국	15

5.6 그룹 집계와 멀티 인덱스

pandas에서는 여러 방법을 통해 데이터프레임의 열 데이터를 그룹핑하여 분석을 용이하게 할 수 있다. 사실, 데이터 분석에 있어서 데이터를 grouping 하는 작업은 매우 자주 사용되는 분석 기법이며, pandas에서는 grouping에 관련된 많은 기능을 제공하고 있다. 실제로 접하게 되는 복잡하고 방대한 데이터를 관측하고 유의미한 결론을 내리기는 쉽지 않다.

따라서 필연적으로 방대한 데이터 세트의 요약이 필요하고, 이를 위해 몇 개의 그룹으로 나누고 (분할, split), 데이터를 집계 또는 변환하며(적용, apply), 그 결과를 하나로 결합(combine)하는 단계별 절차가 이루어져야 한다.

예를 들어 아래와 같은 데이터 세트가 있다고 하자.

pclass	국어	영어	quiz	성별
A	70	80	PASS	남
A		80	PASS	여
A	90	70	FAIL	여
B	70		PASS	여
B	80	100	FAIL	남
B	60	80		남

데이터를 그룹 연산을 적용하기 위해 먼저 분할을 진행해 보자. **pclass** 기준으로 A반과 B반으로 분할할 수도 있고, 성별 기준으로 남학생과 여학생으로 분할할 수도 있다. 또는 **quiz** 열을 기준으로 pass 학생과 fail 학생으로 분할하는 것도 가능하다.

pandas에서는 쉽게 데이터 세트를 그룹핑하기 위해 **groupby()**와 **pivot_table()**, **crosstab()**을 제공한다.

5.6.1 groupby()

groupby() 메서드를 이용하면 특정 열을 기준으로 데이터프레임을 grouping 하여 분할할 수 있다.

```
DataFrame.groupby(by = None, axis = 0, level = None, dropna = True)
Series.groupby(by = None, axis = 0, level = None, dropna = True)
# groupby().agg()의 형태로 주로 사용된다.
```

```
df_score = pd.DataFrame([['A',70,80,'pass','남'],['A',np.NaN,80,'pass','여'],
                         ['A',90,70,'FAIL','여'], ['B',70, np.nan,'pass','여'],
                         ['B',80,100,'FAIL','남'],['B',60,80,np.nan,'남']],
                         columns = ['pclass','국어','영어','quiz','성별'])
df_score
```

결과

	pclass	국어	영어	quiz	성별
0	A	70.0	80.0	pass	남
1	A	NaN	80.0	pass	여
2	A	90.0	70.0	FAIL	여
3	B	70.0	NaN	pass	여
4	B	80.0	100.0	FAIL	남
5	B	60.0	80.0	NaN	남

아래와 같이 df_score 데이터프레임을 'pclass'에 대해 groupby()로 그룹화하면 튜플 형태로 구성된 객체가 반환된다. 먼저, 아래 출력된 결과를 한번 살펴보자.

```
df_score.groupby('pclass')
```

결과　<pandas.core.groupby.generic.DataFrameGroupBy object at 0x000001F830E42BE0>

pandas.core.groupby.generic.DataFrameGroupBy는 pandas 라이브러리 내부의 경로와 클래스 이름을 나타내는데, 여기서 DataFrameGroupBy는 DataFrame의 데이터를 특정 기준에 따라 그룹핑하는 객체를 나타낸다.

object at 0x000001F830E42BE0는 해당 'DataFrameGroupBy' 객체가 컴퓨터 메모리에서 위치하고 있는 고유 위치이며, 이 주소는 그 객체를 구별하는 데 사용된다.

이 객체 자체로는 데이터를 직접 볼 수 없으며, 아래의 방법들로 이 객체를 사용해야 한다.

위에서 groupby로 그룹핑하면 튜플 객체가 반환된다고 했는데, 이 튜플 객체의 첫 번째 원소는 pclass이며, 두 번째 원소는 해당 그룹의 데이터프레임이다.

```
1    pcl = df_score.groupby('pclass')
     print(len(pcl))  # 2 출력, 'A'와 'B'
     for c, j in pcl:
2        print('Element :\n', c)
3        print('DataFrame :\n', j)
```

C:\anaconda\python.exe C:\anaconda\cwp.py C:\anaconda C:\anaconda\python.exe C:\anaconda\
Scripts\jupyter-notebook-script.py "%USERPROFILE%/"

결과	1	2 #print(len(pcl))에 대한 결과
	2	Element :
		A #c
	3	DataFrame : #j

	pclass	국어	영어	quiz	성별
0	A	70.0	80.0	pass	남
1	A	NaN	80.0	pass	여
2	A	90.0	70.0	FAIL	여

2	Element :
	B #c
3	DataFrame : #j

	pclass	국어	영어	quiz	성별
3	B	70.0	NaN	pass	여
4	B	80.0	100.0	FAIL	남
5	B	60.0	80.0	NaN	남

'**pclass**'는 'A'반과 'B'반 두 개로 구성되어 있으므로 len을 통해 객체의 개수를 반환하면 2가 출력되고, 그 객체를 for 반복문을 이용하여 unpacking 하면 'A'와 'B' 각각에 대한 원소와 데이터프레임이 출력된다.

groupby()에 집계 메서드(min(), max(), mean(), sum(), count(), std(), var(), first(), last()) 등과 **descirbe**(), **size**() 등을 체이닝 메서드로 연결하여 적용하면 그룹별로 적용된 결과가 반환된다.

```
# 두 방법 모두 동일한 결과를 출력한다.
df_score.groupby('pclass').count()
df_score.groupby('pclass').apply('count')
```

결과		국어	영어	quiz	성별
pclass					
A		2	3	3	3
B		3	2	2	3

sum() 메서드를 groupby()에 적용하면 숫자형 데이터의 경우 문제없이 NaN을 제외하고 합이 출력되지만, 문자형 데이터의 경우에는 문자들이 결합된 형태로 출력된다. 따라서 groupby로 그룹 핑 후에 메서드를 적용할 열을 리스트로 지정하여 한정된 열에 대해서만 출력할 수 있다.

```
1    df_score.groupby('pclass').sum()
2    df_score.groupby('pclass')[['국어','영어']].sum()
```

결과	1		국어	영어	quiz	성별
		pclass				
		A	160.0	230.0	PASSPASSFAIL	남여여
		B	210.0	180.0	PASSFAIL	여남남
	2		국어	영어		
		pclass				
		A	160.0	230.0		
		B	210.0	180.0		

만약 사용자 정의 함수를 그룹 객체에 적용하려면 **agg**() 또는 **apply**()를 사용해야 한다. 5.4절 에서 두 메서드는 거의 모든 상황에서 유사한 결과를 보였지만, 그룹 집계에서는 결과에 차이를 보이 며, 특히 **agg**()는 그룹핑된 집계에 유용하게 사용된다.

groupby().**agg**()를 이용하면 A, B class를 기준으로 각 과목별로 다른 집계 함수를 적용한 결 과를 확인할 수 있다.

```
df_score.groupby('pclass').agg( {'국어':'mean', '영어':'max', 'quiz':'count',
                                 '성별':'count'} )
```

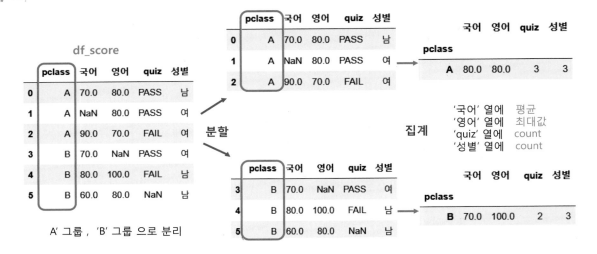

```
df_score.groupby('pclass').agg({'국어':'mean','영어':'max','quiz':'count','성별':'count'})
```

[그림 5-28] groupby()의 process

하지만 위의 **agg**()를 **apply**()로 변경하면 아래와 같은 에러가 발생한다.

```
df_score.groupby('pclass').apply({'국어':'mean','영어':'max','quiz':'count'})
```

이 경우 Type Error: unhashable type: 'dict'가 발생한다.

또는,

```
df_score.groupby('pclass')[['국어','영어','quiz']].apply(['mean','sum','count'])
```

로 실행하면 Type Error: unhashable type: 'list'가 발생한다.

groupby()로 반환된 객체에 **apply**()로 dict나 list로 아규먼트를 전달할 수 없으며, 필요시 **apply**() 대신 **agg**()를 사용해야 한다.

apply()는 아래와 같이 다소 복잡한 사용자 정의 함수를 적용할 경우에 자주 사용된다.

아래 예는 'pclass' 기준으로 그룹핑하고, 각 그룹 중 'quiz'를 pass 한 학생들을 국어 성적이 높은 순으로 정렬한 결과이다.

```python
def quiz_pass_korean_high_score(group):
    return group[group['quiz'] == 'pass'].sort_values('국어', ascending = False)

df_score.groupby('pclass').apply(quiz_pass_korean_high_score)
```

결과		pclass	국어	영어	quiz	성별
pclass						
A	0	A	70.0	80.0	pass	남
	1	A	NaN	80.0	pass	여
B	3	B	70.0	NaN	pass	여

5.6.2 멀티 인덱스와 swaplevel(), droplevel()

groupby()는 멀티 인덱스가 가능하므로 여러 레벨, 즉 계측정 다중 인덱스로 그룹핑이 가능하다. 아래 예는 'plcass'와 '성별'을 각각의 인덱스로 가지며, 이는 level0(pclass)와 level1(성별)의 계층적 인덱스로 표현된다.

```python
df_score.groupby(['pclass','성별']).agg({ '국어':'mean', '영어':'median'} )
```

결과		국어	영어
pclass	성별		
A	남	70.0	80.0
	여	90.0	75.0
B	남	70.0	90.0
	여	70.0	NaN

데이터프레임 역시 멀티 인덱스로 표현 가능한데, 멀티 인덱스로 표현하기 위해서는 **set_index()** 에 인덱스들을 리스트로 전달해야 한다. **groupby()**의 멀티 인덱스는 그룹별로 분리하고 통계량을 계산하여 데이터프레임의 특성을 쉽고 효율적으로 분석할 수 있도록 도와주며, 데이터프레임의 멀티 인덱스는 데이터프레임의 구조 자체를 변경시켜 다양하게 표현할 수 있게 해준다.

```
df_score.set_index(['pclass','성별'], inplace = True)
df_score
```

$df\_score.set\_index(['pclass', '성별'])$

df_score

pclass	국어	영어	quiz	성별
0	A	70.0	80.0	PASS	남
1	A	NaN	80.0	PASS	여
2	A	90.0	70.0	FAIL	여
3	B	70.0	NaN	PASS	여
4	B	80.0	100.0	FAIL	남
5	B	60.0	80.0	NaN	남

pclass	성별	국어	영어	quiz
A	남	70.0	80.0	PASS
	여	NaN	80.0	PASS
	여	90.0	70.0	FAIL
B	여	70.0	NaN	PASS
	남	80.0	100.0	FAIL
	남	60.0	80.0	NaN

```
df_score.loc[('A','남'),'quiz']
```

set_index()는 데이터프레임의 인덱스 자체를 변경시키며, loc 인덱서를 이용한 인덱싱은 단일 인덱스를 가지는 데이터프레임과 크게 다르진 않다. 유일한 차이점은 행이나 열이 두 개 이상의 계층(레벨)으로 구분되어 있으므로, 인덱싱을 위해서는 계층을 지닌 행이나 열을 튜플로 묶어서 접근해야 한다는 점이다. (위의 그림 참조)

멀티 인덱스를 가지는 데이터프레임의 index 속성을 출력하면 MultiIndex의 각 인덱스가 tuple 형태로 출력됨을 알 수 있다.

```
df_score.index
```

결과	`MultiIndex([('A', '남'),`
	`            ('A', '여'),`
	`            ('A', '여'),`
	`            ('B', '여'),`
	`            ('B', '남'),`
	`            ('B', '남')],`
	`           names=['pclass', '성별'])`

바깥쪽 인덱스는 '**pclass**'이고, 안쪽 인덱스는 '성별'이다. 먼저 바깥쪽 인덱스만 loc 인덱서로 인덱싱해 보자.

```
1    df_score.loc['A']
2    df_score.loc['B']
```

결과	1 (class 'A')			2 (class 'B')		
	국어	영어	quiz	국어	영어	quiz
성별				성별		
남	70.0	80.0	pass	여	70.0	NaN	pass
여	NaN	80.0	pass	남	80.0	100.0	FAIL
여	90.0	70.0	FAIL	남	60.0	80.0	NaN

이번엔 level 0인 바깥쪽 인덱스와 level 1인 안쪽 인덱스 모두 다양한 방법으로 인덱싱을 해보자.

```
1    df_score.loc['A', '여']
2    df_score.loc[('A', '여')]
3    df_score.loc[('A', '여'), :]   # 멀티 인덱스의 표준 인덱싱 방법
4    df_score.loc[ [('A', '여')] ]
```

결과			국어	영어	quiz
pclass	성별				
A	여		NaN	80.0	pass
	여		90.0	70.0	FAIL

위의 1~4번 모두 같은 인덱싱 결과를 보여 주지만 1~3번까지의 코드는 performanceWarning을 발생시킨다. 물론 warning이 발생해도 큰 문제는 없지만, 4번처럼 데이터프레임으로 만들어 주면 warning이 사라진다. 향후 pandas의 업데이트에서 이번 warning은 수정되리라 예상된다.

다음으로 '**A**'반 여학생의 '**quiz**' 점수를 인덱싱 해보자.

```
1   df_score.loc[('A', '여'), 'quiz']  #PerformanceWarning
2   df_score.loc[[('A', '여')], 'quiz'] #데이터프레임으로 만들어준다.
```

결과	pclass 성별
	A 여 pass
	여 FAIL
	Name: quiz, dtype: object

● **swaplevel()과 droplevel()**

멀티 인덱스를 가진 데이터프레임의 인덱스 순서를 변경하거나 멀티 인덱스 중 한 인덱스를 삭제하는 것도 가능하다.

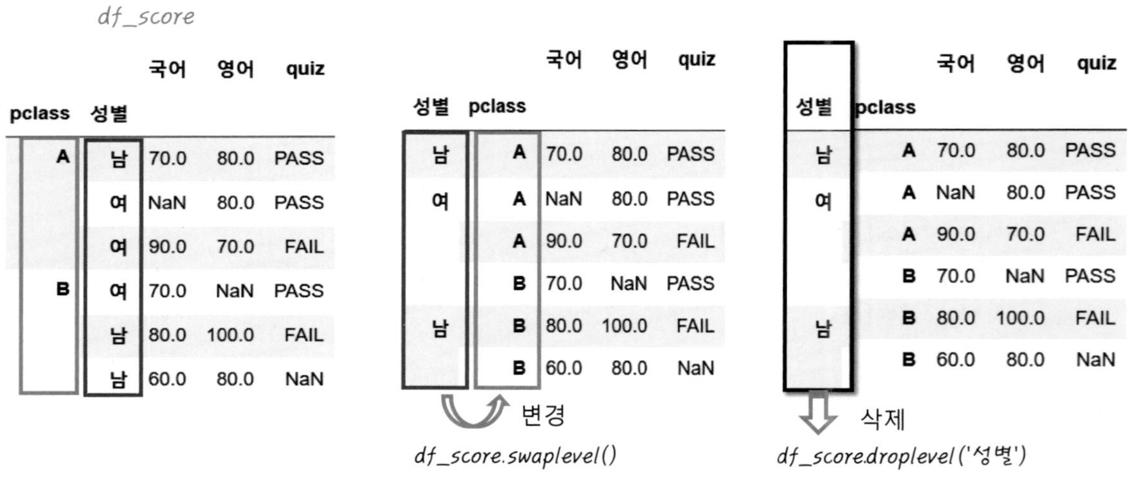

[그림 5-29] swaplevel()과 droplevel()의 설명

멀티 인덱스를 가진 데이터프레임에서 인덱스의 레벨 변경, 즉 인덱스의 순서(레벨, depth)를 변경하기 위해서는 **swaplevel**() 메서드를 이용할 수 있다.

또한, 인덱스를 초기화하는 **reset_index**()를 멀티 인덱스에 적용하면 멀티 인덱스가 해제되고, 해제된 멀티 인덱스는 데이터프레임의 각각의 열로 추가됨과 동시에 데이터프레임에는 수치형 인덱스가 생성된다.

```
# 인덱스의 순서 변경( 외측 <-> 내측)
  DataFrame.swaplevel(i = -2, j = -1, axis = 0)
```

```
# 성별 <-> pclass 인덱스 순서 변경
df_score1 = df_score.swaplevel()  # -2가 default
df_score1
```

결과			국어	영어	quiz
성별	**pclass**				
남	A		70.0	80.0	pass
여	A		NaN	80.0	pass
	A		90.0	70.0	FAIL
	B		70.0	NaN	pass
남	B		80.0	100.0	FAIL
	B		60.0	80.0	NaN

```
# 멀티인덱스 해제
df_score1.reset_index()
```

결과		성별	pclass	국어	영어	quiz
	0	남	A	70.0	80.0	pass
	1	여	A	NaN	80.0	pass
	2	여	A	90.0	70.0	FAIL
	3	여	B	70.0	NaN	pass
	4	남	B	80.0	100.0	FAIL
	5	남	B	60.0	80.0	NaN

멀티 인덱스를 지닌 데이터프레임에서 하나의 인덱스를 제거하길 원할 때에는 **droplevel()**을 사용하면 되는데, 그룹핑된 데이터프레임의 분석에서 자주 사용하게 되므로 잘 봐두길 바란다. **droplevel()**은 아규먼트로 level(숫자) 또는 인덱스나 열의 이름을 이용하여 해당 인덱스나 열을 제거하는 기능을 한다.

```
# 인덱스나 열의 레벨을 제거하여 반환
  DataFrame.droplevel(level, dropna=True)
```

```
1  df_score.droplevel(level = 0)        # 또는 droplevel('pclass')
2  df_score.droplevel(level = '성별') # 또는 droplevel(level = 1)
```

결과	1				2		
	국어	영어	quiz		국어	영어	quiz
성별				pclass			
남	70.0	80.0	pass	A	70.0	80.0	pass
여	NaN	80.0	pass	A	NaN	80.0	pass
여	90.0	70.0	FAIL	A	90.0	70.0	FAIL
여	70.0	NaN	pass	B	70.0	NaN	pass
남	80.0	100.0	FAIL	B	80.0	100.0	FAIL
남	60.0	80.0	NaN	B	60.0	80.0	NaN

5.6.3 groupby()에 멀티 인덱스 적용

다시 **groupby()**로 돌아와서, 예제 파일 중 'laptos.csv'를 이용하여 그룹핑 연습을 해보자.

이 데이터 세트는 노트북의 **brand** 정보, **ram** 용량, 디스플레이 크기(scr_size. 인치), 가격(price), processor brand(**p/brand**), clock speed(**clk_speed**)와 운영체제(os) 그리고 무게(weight)에 대한 정보가 있다.

```
df_lap = pd.read_csv('d:/data/laptops.csv', index_col = 0)
df_lap
```

	brand	ram	scr_size	price	p/brand	clk_speed	os	weight
model								
Inspiron 15-3567	Dell	4	15.6	40000	intel	2.5	linux	2.50
MacBook Air	Apple	8	13.3	55499	intel	1.8	mac	1.35
MacBook Air	Apple	8	13.3	71500	intel	1.8	mac	1.35
MacBook Pro	Apple	8	13.3	96890	intel	2.3	mac	3.02
MacBook Pro	Apple	8	13.3	112666	intel	2.3	mac	3.02
...	...	...	...	...	...	...	...	...
A555LF	Asus	8	15.6	39961	intel	1.7	windows	2.30
X555LA-XX172D	Asus	4	15.6	28489	intel	1.9	linux	2.30
X554LD	Asus	2	15.6	29199	intel	1.9	linux	2.30
X550LAV-XX771D	Asus	2	15.6	29990	intel	1.7	linux	2.50
X540LA-XX538T	Asus	4	15.6	30899	intel	2.0	windows	2.30

167 rows × 8 columns

df_lap 데이터프레임은 'brand', 'p/brand', 'os' 열을 제외하고는 int와 float으로 구성된 수치형 데이터 열들이며, clk_speed와 weight 열에는 결측치가 각각 1개와 7개 있다.

```
df_lap.info()
```

결과

```
Data columns (total 8 columns):
 #   Column     Non-Null Count  Dtype
---  ------     --------------  -----
 0   brand      167 non-null    object
 1   ram        167 non-null    int64
 2   scr_size   167 non-null    float64
 3   price      167 non-null    int64
 4   p/brand    167 non-null    object
 5   clk_speed  166 non-null    float64
 6   os         167 non-null    object
 7   weight     160 non-null    float64
dtypes: float64(3), int64(2), object(3)
memory usage: 11.7+ KB
```

df_lap 데이터프레임의 '**brand**' 열에 **value_counts**()를 적용하면 브랜드별 랩탑의 개수를 파악할 수 있다.

```
df_lap['brand'].value_counts()
```

결과	
HP	55
Acer	35
Dell	31
Lenovo	18
asus	9
Apple	7
Alienware	6
Microsoft	6
Name: brand, dtype: int64	

브랜드별로 그룹핑하고, 각 브랜드별로 각 열 레이블에 해당하는 데이터의 개수를 코드로 표현하면 아래와 같다.

```
df_lap.groupby('brand').count()
```

결과 brand	ram	scr_size	price	p/brand	clk_speed	os	weight
Acer	35	35	35	35	35	35	33
Alienware	6	6	6	6	6	6	6
Apple	7	7	7	7	7	7	7
asus	9	9	9	9	9	9	9
Dell	31	31	31	31	31	31	30
HP	55	55	55	55	54	55	51
Lenovo	18	18	18	18	18	18	18
Microsoft	6	6	6	6	6	6	6

count()가 아닌 **mean**(), **sum**() 등의 집계 함수를 적용하면 실행은 되지만 warning이 발생한다. 'mean' 기능이 적용되는 것은 수치형 데이터를 가지고 있는 열에 국한된다. 즉 'p/brand', 'os'의 object 자료형은 제외되어 출력된다.

다수 열 기준으로 그룹핑하기 위해서는 **groupby()**에 리스트로 열들의 이름을 전달하면 되고, 적용하고자 하는 집계 함수를 바로 적용하거나 **agg()** 또는 **apply()**를 이용하면 그룹별 집계가 가능하다.

os와 brand별로 그룹핑 후 평균을 적용하되 소수점 둘째 자리까지만 출력하려면 아래와 같은 방법들이 있다.

```
1  df_lap.groupby(['os', 'brand']).agg('mean').round(2)
2  df_lap.groupby(['os', 'brand']).agg('mean').agg(lambda x: round(x, 2))
3  df_lap.groupby(['os', 'brand']).mean().round(2)
```

os	brand	ram	scr_size	price	clk_speed	weight
linux	Acer	5.33	15.60	32212.78	2.19	2.47
	Asus	3.43	15.37	26382.57	1.84	2.11
	Dell	3.75	14.85	27984.38	1.97	2.41
	HP	4.89	15.60	31938.11	1.98	2.34
	Lenovo	6.67	15.60	42075.00	2.33	2.82
mac	Apple	10.29	13.36	116792.14	2.14	1.93
windows	Acer	7.38	14.60	69255.58	2.27	2.20
	Alienware	10.67	15.35	164448.83	2.67	3.23
	Asus	6.00	15.60	35430.00	1.85	2.30
	Dell	9.04	14.83	69652.30	2.83	2.64
	HP	6.65	14.57	61333.26	2.32	2.00
	Lenovo	5.67	15.15	49984.17	2.58	2.28
	Microsoft	7.33	12.90	128824.50	1.80	1.11

그룹핑 후에 모든 열이 아니라 특정 열에만 집계 함수를 적용하려면 아래와 같이 특정 열로 인덱싱을 하면 된다. 이때 반환되는 결과는 시리즈이다.

```
1  df_lap.groupby(['os', 'brand'])['price'].agg('mean').round(2)
2  df_lap.groupby(['os', 'brand'])['price'].mean().round(2)
```

```
결과    os         brand       price
        linux      Acer        32212.78
                   asus        26382.57
                   Dell        27984.38
                   HP          31938.11
                   Lenovo      42075.00
        mac        Apple       116792.14
        windows    Acer        69255.58
                   Alienware   164448.83
                   asus        35430.00
                   Dell        69652.30
                   HP          61333.26
                   Lenovo      49984.17
                   Microsoft   128824.50
        Name: price, dtype: float64
```

'os'와 'brand'로 그룹핑 후에 원하는 열들을 리스트로 인덱싱하면 데이터프레임이 만들어지는데, 지정한 열들 각각에 대해 여러 집계를 적용하기 위해선 리스트로 agg()에 전달해야 한다.

```
df_lap.groupby(['os', 'brand'])[['price','weight']].agg(['mean','median']).round(2)
```

		price		weight	
		mean	median	mean	median
os	brand				
linux	Acer	32212.78	27280.0	2.47	2.40
	asus	26382.57	27730.0	2.11	2.00
	Dell	27984.38	26885.0	2.41	2.40
	HP	31938.11	28590.0	2.34	2.14
	Lenovo	42075.00	41990.0	2.82	3.00
mac	Apple	116792.14	96990.0	1.93	1.37
windows	Acer	69255.58	71055.5	2.20	2.40
	Alienware	164448.83	164842.5	3.23	3.34
	asus	35430.00	35430.0	2.30	2.30
	Dell	69652.30	76585.0	2.64	2.70

결과

	HP	61333.26	47745.0	2.00	2.10
	Lenovo	49984.17	47990.0	2.28	2.25
	Microsoft	128824.50	133423.5	1.11	1.00

문제 15 아래 데이터프레임을 날짜와 과일에 대해 그룹핑을 하고, 판매량과 가격은 평균을 적용, 재고량에는 합계를 적용한 집계 연산을 하라.

문제 15.

```python
import pandas as pd
# 데이터프레임 생성
data = {
    '날짜': ['2023-01-01', '2023-01-01', '2023-02-01', '2023-02-01', '2023-03-01',
            '2023-03-01'],
    '과일': ['사과', '바나나', '사과', '바나나', '사과', '바나나'],
    '가격': [1000, 1500, 1100, 1400, 1200, 1300],
    '판매량': [30, 20, 25, 22, 18, 27],
    '재고량': [50, 40, 45, 35, 55, 30]
}
df = pd.DataFrame(data)

# '날짜', '과일'에 대해 그룹핑하여 '판매량', '가격'에는 평균, '재고량'에 대한 합계 집계
grouped_df = df.groupby _____
grouped_df
```

결과

날짜	과일	판매량	가격	재고량
2023-01-01	바나나	20.0	1500.0	40
	사과	30.0	1000.0	50
2023-02-01	바나나	22.0	1400.0	35
	사과	25.0	1100.0	45
2023-03-01	바나나	27.0	1300.0	30
	사과	18.0	1200.0	55

5

5. 판다스(pandas) - 데이터프레임(DataFrame) 다루기

5.6.4 pandas.transform()

pandas의 **transform**() 함수는 그룹핑된 데이터프레임 내에서 각 그룹에 대해 동일한 함수 또는 연산을 적용하고, 그 결과를 원래 데이터프레임과 동일한 크기와 형태로 반환하는 기능을 한다.

> \# 그룹핑되어 계산된 통계 값을 원래의 데이터프레임 size로 반환
>   pandas.transform(str or func)

```python
df_lap = pd.read_csv('d:/data/laptops.csv', index_col = 0)
df_lap['os_brand_Price'] = df_lap.groupby(['os'])['price'].transform('mean')
df_lap.head(10)
```

결과	model	brand	ram	scr_size	price	p/brand	clk_speed	os	weight	os_brand_Price
	Inspiron 15-3567	Dell	4	15.6	40000	intel	2.5	linux	2.50	31752.846154
	MacBook Air	Apple	8	13.3	55499	intel	1.8	mac	1.35	116792.142857
	MacBook Air	Apple	8	13.3	71500	intel	1.8	mac	1.35	116792.142857
	MacBook Pro	Apple	8	13.3	96890	intel	2.3	mac	3.02	116792.142857
	MacBook Pro	Apple	8	13.3	112666	intel	2.3	mac	3.02	116792.142857
	MacBook Pro	Apple	16	15.0	226000	intel	2.7	mac	2.50	116792.142857
	MacBook Pro	Apple	16	13.3	158000	intel	2.9	mac	1.37	116792.142857
	MacBook	Apple	8	12.0	96990	intel	1.2	mac	0.92	116792.142857
	Vostro 3468	Dell	4	14.0	33225	intel	2.4	linux	1.76	31752.846154
	Inspiron 15.6 3552	Dell	4	15.0	21990	intel	1.6	linux	2.19	31752.846154

df_lap 데이터프레임의 '**os**' 열을 기준으로 그룹핑하고, 그룹별로 '**price**' 열에 평균('mean')을 적용하면 아래와 같다.

```python
df_lap.groupby(['os'])['price'].mean()
```

결과	
	os
	linux 31752.846154
	mac 116792.142857
	windows 71523.041322
	Name: price, dtype: float64

위의 예제에서 새로 생성하여 df_lap에 추가한 **os_brand_Price** 열에는 각 'os'별로 평균 가격 정보가 입력되어 있다. 즉 **'os'**는 linux, mac, windows 3종류가 있으므로 **os_brand_Price** 역시 3종류의 value가 있다.

```
df_lap['os_brand_Price'].value_counts()
```

결과	
71523.041322	121
31752.846154	39
116792.142857	7
Name: os_brand_Price, dtype: int64	

데이터프레임을 그룹핑하고 집계 함수를 적용하여 도출된 통계량은 우리에게 많은 유용한 정보를 제공한다. 그룹핑된 통계량은 원 데이터프레임과는 차원(size)이 틀려 원래의 데이터프레임에 적용할 수 없지만, **transform()**을 통해 데이터프레임의 size와 동일한 크기로 반환할 수 있어 이상치를 제거한다거나 결측치를 채운다거나 아니면 그래프로 표현할 때 많이 활용된다.

price 열에 있는 이상치와 결측치를 단순히 **os**별로의 평균 **price**로 대체하기에는 무리가 있다. **price** 열의 결측치와 최대한 유사한 조건에서의 평균 price라면 대체하기에 무리 없을 것이다.

```
df_lap.groupby(['os','ram','scr_size','brand'])['price'].mean()
```

결과	os	ram	scr_size	brand	
	linux	2	15.6	asus	29594.500000
				Dell	23000.000000
		4	14.0	asus	22290.000000
				Dell	30998.333333
			15.0	Dell	21490.000000
					...
	windows	16	15.6	Alienware	175129.000000
				Dell	93726.000000
				HP	143990.000000
			17.3	Acer	178912.000000
			17.6	HP	169990.000000
	Name: price, Length: 69, dtype: float64				

'os', 'ram', 'scr_size', 'brand'로 그룹하여 'price' 열 기준으로 평균값을 나타내면, 단순 'os'별로 그룹핑한 것보다 훨씬 구체적인 그룹 간의 평균값을 비교할 수 있다.

df_lap 데이터프레임에서 브랜드가 Dell 컴퓨터인 랩탑만을 추출하여 **clk_speed**를 내림차순으로 정렬해 보자.

```
df_dell = df_lap.loc[df_lap.brand == 'Dell'].sort_values('clk_speed', ascending = False)
df_dell.head(15)
```

	model	brand	ram	scr_size	price	p/brand	clk_speed	os	weight	os_brand_Price
결과	Inspiron 15 Gaming 7567	Dell	8	15.6	91890	intel	3.8	windows	2.8	71523.04
	Inspiron 15 Gaming	Dell	16	15.6	112990	intel	3.8	windows	2.8	71523.04
	Inspiron 15 Gaming 5577	Dell	8	15.6	83000	intel	3.8	windows	2.6	71523.04
	Inspiron 5567	Dell	16	15.6	84990	intel	3.5	windows	2.4	71523.04
	Inspiron 15 5000 5567	Dell	16	15.6	86350	intel	3.5	windows	2.4	71523.04
	Inspiron 15 Gaming 5577	Dell	8	15.6	72490	intel	3.5	windows	2.6	71523.04
	Inspiron 5567	Dell	16	15.6	74985	intel	3.5	windows	2.3	71523.04
	Inspiron 15 5555	Dell	8	15.6	38590	amd	3.2	windows	3.6	71523.04
	Inspiron 15 7000 7567	Dell	16	15.6	99991	intel	2.8	windows	2.8	71523.04
	Inspiron 17 7567	Dell	16	15.6	119780	intel	2.8	windows	4.1	71523.04
	Inspiron 5378	Dell	8	13.3	76585	intel	2.7	windows	1.6	71523.04

df_dell의 'price'에 인위적으로 결측치를 몇 개 추가하여 **fillna**()로 채운 보정값과 그룹핑에 의해 채워진 보정값과의 차이를 비교해 보자. 예제의 목적상 결측치는 임의의 자리에 만드는 것보다는 **ram**과 **clk_speed**를 고려하여 만들도록 한다.

```
1   df_dell.ram.value_counts().head(3)
2   df_dell.clk_speed.value_counts().head(3)
```

결과	1		2	
	4	12	2.7	6
	8	9	3.5	4
	16	7	3.8	3
	Name: ram, dtype: int64		Name: clk_speed, dtype: int64	

Dell 컴퓨터는 램이 4Gb, 8Gb, 16Gb 순으로 종류가 많고, clk_speed는 2.70, 3.50, 3.80, 1.60 순으로 종류가 많으므로, df_dell 데이터프레임의 6번째 row 5577 모델과 11번째 row 5378 모델의 가격을 NaN 값으로 대체하자.

결측치로 대체 전, 각각의 price는 72490, 76865였다는 것을 기억하자.

```
df_dell.iloc[[5,10], 3] = np.nan
df_dell.head(15)
```

결과		brand	ram	scr_size	price	p/brand	clk_speed	os	weight	os_brand_Price
	model									
	Inspiron 15 Gaming 7567	Dell	8	15.6	91890.0	intel	3.8	windows	2.8	71523.04
	Inspiron 15 Gaming	Dell	16	15.6	112990.0	intel	3.8	windows	2.8	71523.04
	Inspiron 15 Gaming 5577	Dell	8	15.6	83000.0	intel	3.8	windows	2.6	71523.04
	Inspiron 5567	Dell	16	15.6	84990.0	intel	3.5	windows	2.4	71523.04
	Inspiron 15 5000 5567	Dell	16	15.6	86350.0	intel	3.5	windows	2.4	71523.04
	Inspiron 15 Gaming 5577	Dell	8	15.6	NaN	intel	3.5	windows	2.6	71523.04
	Inspiron 5567	Dell	16	15.6	74985.0	intel	3.5	windows	2.3	71523.04
	Inspiron 15 5555	Dell	8	15.6	38590.0	amd	3.2	windows	3.6	71523.04
	Inspiron 15 7000 7567	Dell	16	15.6	99991.0	intel	2.8	windows	2.8	71523.04
	Inspiron 17 7567	Dell	16	15.6	119780.0	intel	2.8	windows	4.1	71523.04
	Inspiron 5378	Dell	8	13.3	NaN	intel	2.7	windows	1.6	71523.04
	Inspiron 7378	Dell	8	13.3	77993.0	intel	2.7	windows	2.8	71523.04

fillna() 메서드를 이용하여 **price**의 NaN 값을 **price** 열의 평균값으로 대체하면, 57,820원으로 가격이 채워진다. 원래의 값과 최대 19,045원만큼의 가격 예측에 차이가 발생하게 된다.

```
df_dell['price'].fillna(df_dell['price'].mean()).iloc[[5,10]]
```

```
결과   model
       Inspiron 15 Gaming 5577      57820.793103
       Inspiron 5378                57820.793103
       Name: price, dtype: float64
```

'**ram**'을 기준으로 그룹핑하고 각 그룹별로 **transform()**을 적용하여 NaN에 위치한 price value 를 찾아내면 다음과 같다.

```python
df_dell.groupby('ram')['price'].transform('mean').iloc[[5,10]]
```

결과	model
	Inspiron 15 Gaming 5577 69690.285714
	Inspiron 5378 69690.285714
	Name: price, dtype: float64

'**price**' 열 전체의 **mean**()보다는 원래의 값에 가까워졌다. 더욱 구체적으로 그룹핑을 해보자. 두 결측치는 scr_size가 틀리므로 '**ram**'과 함께 '**scr_size**'에 대해서도 그룹핑을 진행하여 price value를 확인하면 원래의 값(72490, 76865)과 유사해졌음을 알 수 있다.

```python
df_dell.groupby(['ram','scr_size'])['price'].transform('mean').iloc[[5,10]]
```

결과	model
	Inspiron 15 Gaming 5577 68306.5
	Inspiron 5378 77993.0
	Name: price, dtype: float64

```python
# transfrom()으로 생성한 열 데이터로 결측치 채움
df_dell['n_price'] = df_dell.groupby(['ram', 'scr_size'])['price'].transform('mean')
df_dell['price'].fillna(df_dell['n_price'], inplace = True)
df_dell.head(15)
```

		brand	ram	scr_size	price	p/brand	clk_speed	os	weight	os_brand_Price	n_price
결과	**model**										
	Inspiron 15 Gaming 7567	Dell	8	15.6	91890.0	intel	3.8	windows	2.8	71523.04	68306.5
	Inspiron 15 Gaming	Dell	16	15.6	112990.0	intel	3.8	windows	2.8	71523.04	93726.0
	Inspiron 15 Gaming 5577	Dell	8	15.6	83000.0	intel	3.8	windows	2.6	71523.04	68306.5
	Inspiron 5567	Dell	16	15.6	84990.0	intel	3.5	windows	2.4	71523.04	93726.0
	Inspiron 15 5000 5567	Dell	16	15.6	86350.0	intel	3.5	windows	2.4	71523.04	93726.0
	Inspiron 15 Gaming 5577	Dell	8	15.6	68306.5	intel	3.5	windows	2.6	71523.04	68306.5
	Inspiron 5567	Dell	16	15.6	74985.0	intel	3.5	windows	2.3	71523.04	93726.0
	Inspiron 15 5555	Dell	8	15.6	38590.0	amd	3.2	windows	3.6	71523.04	68306.5
	Inspiron 15 7000 7567	Dell	16	15.6	99991.0	intel	2.8	windows	2.8	71523.04	93726.0
	Inspiron 17 7567	Dell	16	15.6	119780.0	intel	2.8	windows	4.1	71523.04	93726.0
	Inspiron 5378	Dell	8	13.3	77993.0	intel	2.7	windows	1.6	71523.04	77993.0
	Inspiron 7378	Dell	8	13.3	77993.0	intel	2.7	windows	2.8	71523.04	77993.0

문제 16 아래 그림과 같이 날짜에 대해 그룹핑하고, spd(Sell per day) 열을 추가하여 각 날짜의 전체 판매량을 표시하고, **pct** 열을 추가하여 하루 판매량 중 각 과일이 차지하는 비율을 표시하라.

	날짜	과일	가격	판매량	재고량	spd	pct(%)
0	2023-01-01	사과	1000	30	50	50	60.0
1	2023-01-01	바나나	1500	20	40	50	40.0
2	2023-02-01	사과	1100	25	45	47	53.0
3	2023-02-01	바나나	1400	22	35	47	47.0
4	2023-03-01	사과	1200	18	55	45	40.0
5	2023-03-01	바나나	1300	27	30	45	60.0

문제 16.

```python
import pandas as pd
# 데이터프레임 생성
data = {
    '날짜': ['2023-01-01', '2023-01-01', '2023-02-01', '2023-02-01', '2023-03-01',
            '2023-03-01'],
    '과일': ['사과', '바나나', '사과', '바나나', '사과', '바나나'],
    '가격': [1000, 1500, 1100, 1400, 1200, 1300],
    '판매량': [30, 20, 25, 22, 18, 27],
    '재고량': [50, 40, 45, 35, 55, 30]
}
df = pd.DataFrame(data)

# '날짜', '과일'에 대해 그룹핑하여 '판매량', '가격'에는 평균, '재고량'에 대한 합계 집계
df['spd'] = _____
df['pct(%)'] = _____
df
```

5.6.5 unstack()과 stack()

unstack()은 데이터프레임의 행 인덱스를 열로 변환해 주는 기능을 한다. 이를 통해 데이터프레임의 구조를 변경할 수 있으며, 특히 groupby()와 함께 사용하여 그룹핑의 장점을 극대화시킬 수 있다.

```
# 인덱스를 열로 변경
  DataFrame.unstack(level = -1, fill_value=None)
  Seires.unstack(level = -1, fill_value=None)
```

```
# 열을 인덱스로 변경
  DataFrame.stack(level=- 1, dropna=True)
```

우선, df_lap 데이터프레임을 'brand'와 'p/brand'를 기준으로 그룹핑을 하자.

```
df_lap = pd.read_csv('d:/data/laptops.csv', index_col = 0)
brand_gr = df_lap.groupby(['brand','p/brand'])['price'].agg('mean').round(2)
brand_gr
```

결과	brand	p/brand	
	Acer	amd	32457.00
		intel	63249.42
	Alienware	intel	164448.83
	Apple	intel	116792.14
	asus	amd	19990.00
		intel	29443.50
	Dell	amd	29790.00
		intel	60906.83
	HP	amd	31853.00
		intel	58458.06
	Lenovo	intel	47347.78
	Microsoft	intel	128824.50
	Name: price, dtype: float64		

위에서 만든 barnd_gr의 데이터프레임은 멀티 인덱스를 가지며, 외측 인덱스의 수는 9개, 내측은 12개 존재하며 하나의 열만 존재하므로 시리즈이다.

unstack()은 외측(level 0) 인덱스 또는 내측(level 1 or -1) 인덱스를 열로 올릴 수 있어 데이터프레임으로 변경해 줌과 동시에 보다 나은 표 형태로 구조를 변경하여 분석을 용이하게 해준다.

```
brand_gr.unstack() #unstack()은 default로 내측 인덱스가 열로 변경된다.
```

결과	p/brand	amd	intel
	brand		
	Acer	32457.0	63249.42
	Alienware	NaN	164448.83
	Apple	NaN	116792.14
	asus	19990.0	29443.50
	Dell	29790.0	60906.83
	HP	31853.0	58458.06
	Lenovo	NaN	47347.78
	Microsoft	NaN	128824.50

만약, unstack()의 인덱스 레벨을 변경하려면 아규먼트로 level 다음에 0(외측) 또는 1(내측)을 입력하면 된다.

```
brand_gr.unstack(level = 0, fill_value = 0) #외측 인덱스로 unstack()
```

				결과				
brand	Acer	Alienware	Apple	asus	Dell	HP	Lenovo	Microsoft
p/brand								
amd	32457.00	0.00	0.00	19990.0	29790.00	31853.00	0.00	0.0
intel	63249.42	164448.83	116792.14	29443.5	60906.83	58458.06	47347.78	128824.5

unstack()의 경우 따로 지정하지 않으면 내측 인덱스(-1)가 열로 변경되며, level은 인덱스의 depth만큼 얼마든지 변경 가능하다. fill_value에 숫자나 문자, dict 등으로 결측치를 채울 값을 지정할 수 있다.

stack()은 정확하게 unstack()과 반대 기능을 실행하여 열을 인덱스로 변경한다. 다만, 시리즈에는 당연하게도 적용할 수 없다. 시리즈는 열이 하나뿐이기 때문이다.

```
1   bgr_u.stack()
2   bgr_u.stack().swaplevel()
```

결과		1			2	
	p/brand	brand		brand	p/brand	
	amd	Acer	32457.00	Acer	amd	32457.00
		Alienware	0.00	Alienware	amd	0.00
		Apple	0.00	Apple	amd	0.00
		asus	19990.00	asus	amd	19990.00
		Dell	29790.00	Dell	amd	29790.00
		HP	31853.00	HP	amd	31853.00
		Lenovo	0.00	Lenovo	amd	0.00
		Microsoft	0.00	Microsoft	amd	0.00
	intel	Acer	63249.42	Acer	intel	63249.42
		Alienware	164448.83	Alienware	intel	164448.83
		Apple	116792.14	Apple	intel	116792.14
		asus	29443.50	asus	intel	29443.50
		Dell	60906.83	Dell	intel	60906.83
		HP	58458.06	HP	intel	58458.06
		Lenovo	47347.78	Lenovo	intel	47347.78
		Microsoft	128824.50	Microsoft	intel	128824.50
	dtype: float64			dtype: float64		

5.6.6 cross_tab()

cross_tab()과 **pivot_talbe()**은 **groupby()**보다 높은 자유도로 데이터프레임을 그룹핑하고, 집계할 수 있다. 사실 **groupby()**와 **unstack()**을 잘 활용하면 **cross_tab()**과 동일한 형태의 그룹핑된 테이블을 만들 수 있지만, normalize, margins 등의 기능을 사용할 수 있어서 **groupby()**만큼

crosst_tab() 역시 많이 활용된다.

cross_tab은 cross-tabulation table의 약어로 두 개 이상의 요인에 대한 교차표를 의미한다. 예를 들어, 각 반의 남학생과 여학생 성적의 평균 또는 합계 등을 테이블화하여 교차표 형태로 출력한다.

```
# 두 개 이상의 요인에 대한 교차표
pandas.crosstab(index, columns, values=None, aggfunc=None,
                dropna=True, normalize=False, margins = False,
                margins_name = 'all')
1. dataframe.crosstab()은 허용되지 않는다.
2. values에 열 이름 입력 시 aggfunc 역시 집계함수 지정이 필요하다.
```

index와 columns에는 리스트 형태로 다중 열 선택이 가능하며 선택된 index와 columns에 대한 교차표가 만들어진다.

```
df_score = pd.DataFrame([['A',70,80,'pass','남'],['A',np.NaN,80,'pass','여'],
                        ['A',90,70,'FAIL','여'],['B',70, np.nan,'pass','여'],
                        ['B',80,100,'FAIL','남'],['B',60,80,np.nan,'남']],
                        columns = ['pclass','국어','영어','quiz','성별'])
pd.crosstab(index = df_score['pclass'], columns = df_score['성별'])
```

결과	성별	남	여
	pclass		
	A	1	2
	B	2	1

```
pd.crosstab( index = [df_score['pclass'], df_score['성별']],
            columns = df_score['quiz'])
```

결과		quiz	FAIL	pass
	pclass	성별		
	A	남	0	1
		여	1	1
	B	남	1	0
		여	0	1

index와 columns만 입력하면 default로 위와 같이 index에 대한 columns의 **개수**(count)를 집계한다.

crosstab()이 **groupby**()와의 가장 큰 차이가 바로 values 옵션을 사용할 수 있다는 점이다. 'pclass' 열을 index로 지정하고, **'성별'**을 columns로 지정하여 그룹핑한 후에 values에 df_socre의 열 중 하나를 선택하면, 선택된 열에 대한 집계가 출력된다. values를 지정하는 순간, 반드시 aggfunc 역시 지정해야 된다는 점에 주의하자.

아래 예는 지정한 index와 columns 기준으로 국어 점수에 대한 'mean'과 'max' 점수를 교차표로 표현한 것이다.

```
pd.crosstab( index = df_score['pclass'], columns = df_score['성별'],
        values = df_score['국어'], aggfunc = ['mean', 'max'] )
```

결과		mean		max	
성별	**남**	**여**	**남**	**여**	
pclass					
A	70.0	90.0	70.0	90.0	
B	70.0	70.0	80.0	70.0	

문제 17 df_lap 데이터프레임을 'os'와 'ram'을 인덱스로, 'p/brand'를 열로, 'price'를 values로 하여 'count' 하는 집계표를 만들어라. 이때 NaN 값은 모두 0으로 대체하라.

문제 17.

```
df_lap = pd.read_csv('d:/data/laptops.csv', index_col = 0)
pd.crosstab(_____).fillna(0)
```

결과	p/brand	amd	intel
os	**ram**		
linux	2	0.0	3.0
	4	5.0	22.0
	8	0.0	9.0
mac	8	0.0	5.0
	16	0.0	2.0

windows	2	1.0	6.0
	4	3.0	38.0
	8	2.0	53.0
	12	0.0	3.0
	16	0.0	15.0

문제 17에서 각 os별로 ram 크기에 대한 합계를 구하고, 또 각 제조사별 합계를 구하기 위해서는 margins 옵션을 사용하면 되는데, margins_name에 열의 이름을 따로 지정하지 않으면 'all' 이름으로 생성된다.

```
pd.crosstab(index = [df_lap['os'], df_lap['ram']], columns = df_lap['p/brand'],
            values = df_lap['price'], aggfunc = 'count', margins = True,
            margins_name = 'total').fillna(0)
```

결과	p/brand		amd	intel	total
	os	ram			
	linux	2	0.0	3.0	3
		4	5.0	22.0	27
		8	0.0	9.0	9
	mac	8	0.0	5.0	5
		16	0.0	2.0	2
	windows	2	1.0	6.0	7
		4	3.0	38.0	41
		8	2.0	53.0	55
		12	0.0	3.0	3
		16	0.0	15.0	15
	total		11.0	156.0	167

물론, 위의 결과는 **groupby**() 메서드로도 동일한 결과를 얻을 수 있다.

문제 18 위의 문제와 동일한 결과를 groupby() 메서드를 이용하여 만들어 보자.

문제 18.

결과	p/brand		amd	intel	total
os		**ram**			
linux	2		0.0	3.0	3.0
	4		5.0	22.0	27.0
	8		0.0	9.0	9.0
mac	8		0.0	5.0	5.0
	16		0.0	2.0	2.0
windows	2		1.0	6.0	7.0
	4		3.0	38.0	41.0
	8		2.0	53.0	55.0
	12		0.0	3.0	3.0
	16		0.0	15.0	15.0
total			11.0	156.0	167.0

5.6.7 pivot()과 pivots_table()

groupby()와 **crosstab()** 그리고 **pivot_table()**은 데이터프레임을 그룹핑하여 집계하는 공통된 목적을 지닌 메서드들이다. 각기 상황에 맞도록 선택하여 사용하면 되지만, 사실 세 메서드 중 무엇을 사용해도 문제가 되지 않는다. 중요한 것은 데이터를 분석을 위해 데이터프레임을 그룹핑하고 집계표를 만드는 작업은 매우 빈번하므로 세 메서드에 익숙해지고 각각의 장점을 잘 활용하는 것이 무엇보다도 중요하다.

pivot()과 pivot_table()의 가장 큰 차이는 집계 함수를 사용할 수 있느냐 없느냐의 차이로 pivot()의 경우 집계 함수를 적용할 수 없다. crosstab()과 pivot_table()은 매우 유사하며, pivot()의 경우 그룹핑할 인덱스와 열로 사용할 데이터프레임의 열의 값이 중복되면 에러가 발생한다.

```
# pivot() - 주어진 인덱스와 열에 의해 데이터프레임을 재구성
  DataFrame.pivot(index, columns, values)
  values 원소가 inex와 columns에서의 중복을 허락하지 않으며,
  aggfunc 옵션은 지원하지 않는다.
```

```
df_score1 = pd.DataFrame([['A',1,80,'pass','A+'],['A',2,80,'pass','B+'],
                          ['A',3,70,'FAIL','C+'],
                          ['B',1,90,'pass','A'],['B',2,100,'FAIL','B'],
                          ['B',3,80,np.nan,'C']],
                          columns = ['pclass','학번','파이썬','quiz','성적'])
df_score1
```

결과		pclass	학번	파이썬	quiz	성적
	0	A	1	80	pass	A+
	1	A	2	80	pass	B+
	2	A	3	70	FAIL	C+
	3	B	1	90	pass	A
	4	B	2	100	FAIL	B
	5	B	3	80	NaN	C

df_score1의 'pclass' 열을 index로, '학번'을 columns로, values를 '파이썬'으로 하는 집계표를 만들어 보자.

```
df_score1.pivot(index = 'pclass', columns = '학번', values = '파이썬' )
```

결과	학번	1	2	3
	pclass			
	A	80	80	70
	B	90	100	80

	pclass	학번	파이썬	quiz	성적
0	A	1	80	PASS	A+
1	A	2	80	PASS	B+
2	A	3	70	FAIL	C+
3	B	1	90	PASS	A
4	B	2	100	FAIL	B
5	B	3	80	NaN	C

df_scorel

학번	1	2	3
pclass			
A	80	80	70
B	90	100	80

*pclass*와 학번에 파이썬 점수가 1:1로 매칭된다.
만약, 중복이 되면 에러가 발생한다.

df_scorel.pivot(index = 'pclass', columns = '학번', values = '파이썬')

[그림 5-30] pivot()에 대한 설명

pclass와 학번에는 서로 중복되지 않아서 문제없이 실행되지만, columns를 quiz로 변경하게 되면 A반에 pass가 두 명이 있어서 에러가 발생하게 된다.

```
df_score.pivot(index = 'pclass', columns = 'quiz' )
```

결과 | ValueError: Index contains duplicate entries, cannot reshape

반면에 pivot_table()은 aggfunc에 대한 파라미터가 있어서 values로 지정한 열의 원소가 columns과 index에 중복되더라도 에러가 발생하지 않는다.

```
# pivot_table() - 주어진 인덱스와 열에 의해 데이터프레임을 재구성
DataFrame.pivot_table(index, columns, values, aggfunc = 'mean',
                      fill_value, margins, margins_name='ALL', )
pivot()과는 다르게 집계(aggfunc)에 대한 옵션이 있다.
```

이전에 살펴본 crosstab()과 상당히 파라미터들이 유사함을 알 수 있다.

```
df_score.pivot_table(index = 'pclass', columns = 'quiz', values = '파이썬' ,
                     aggfunc = 'count')
```

결과	quiz	FAIL	pass
pclass			
A	1	2	
B	1	1	

문제 19 df_lap 데이터프레임을 이용한 이전 문제의 결과를 pivot_table()을 이용하여 집계표를 나타내라.

문제 19.

결과	p/brand		amd	intel	total
os	ram				
linux	2		0.0	3.0	3
	4		5.0	22.0	27
	8		0.0	9.0	9
mac	8		0.0	5.0	5
	16		0.0	2.0	2
windows	2		1.0	6.0	7
	4		3.0	38.0	41
	8		2.0	53.0	55
	12		0.0	3.0	3
	16		0.0	15.0	15
total			11.0	156.0	167

6

데이터 시각화

지금까지는 데이터프레임의 데이터를 다듬고 변형하는 데이터 정제에 대해 다루었다.

이제부터는 주어진 데이터를 시각화하는 방법에 대해 살펴보자. 판다스에는 기본적으로 데이터 프레임 또는 시리즈를 대상으로 그래프를 그릴 수 있는 **plot**() 메서드를 제공한다. 복수 개의 그래 프를 그리거나, 좀 더 다양한 옵션을 이용하여 그래프를 시각화하기 위해서는 기본 plot() 메서드로 한계가 있으므로 **matplotlib** 패키지나 Seaborn 패키지를 이용하는 것이 일반적이다.

이 절에서는 그래프와 차트를 혼용하여 표현하고 있지만 원래는 둘 사이에 차이가 있다. 그래프 는 수치 데이터를 시각적으로 표현하는 기술이며, 차트는 그래프를 막대, 선 등의 형태로 시각화하 는 도구이다.

6.1 pandas의 plot()

pandas의 plot() 메서드에 대해서 먼저 살펴보자.

```
DataFrame.plot(kind = line, x, y, subplots = False, sharex = True,
               sharey = False, figsize, title, grid = None, xticks, yticks,
               xlim, ylim, xlabel, ylabel, rot, fontsize, colormap = None,
               colorbar = False )
```

plot 메서드는 다른 메서드에 비해 비교적 많은 파라미터를 가지고 있으며, 다시 말해 다양하게 차트를 꾸미고 출력할 수 있음을 의미한다. plot을 통해 그릴 수 있는 차트의 종류는 총 11가지이며, kind에 아규먼트에 차트 명을 입력하면 된다.

종류(kind)			
line	(선 그래프)	scatter	(산점도 그래프)
bar / barh	(막대 그래프, 수직/수평)	box	(박스 그래프)
hist	(히스토그램)	area	(면적 그래프)
kde/ density	(밀도 그래프)	pie	(파이 그래프)
hexbin	(hexbin그래프)		

데이터를 시각화하는 경우 그래프로 표현하고자 하는 데이터가 한 개인지, 두 개 이상인지, 또는 수치형의 데이터인지 아니면 범주형이거나 순서형, 연속형의 데이터인지에 따라서 사용해야 하는 그래프를 달리 표현해야 한다.

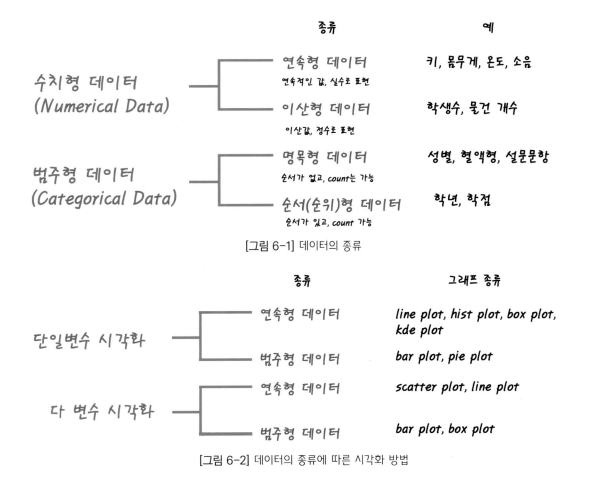

[그림 6-1] 데이터의 종류

[그림 6-2] 데이터의 종류에 따른 시각화 방법

예를 들어, line 그래프(꺾은선 그래프)는 주로 시간의 흐름에 따라 수량의 변화, 가격의 변동 등을 보여 줄 때 많이 사용되며, 막대 그래프는 x축에는 주로 범주가 y축에는 도수의 크기를 막대 모양으로 나타낸 그래프로 각 범주가 가지는 도수의 크기를 단순히 비교하기에 용이하다.

pie 그래프 또는 원형 그래프는 범주형 데이터들의 비율을 표시한 그래프이며, scatter는 두 데이터의 상관관계를 분석할 때 주로 사용된다.

box 그래프는 통계 분석에서 가장 많이 사용되는 그래프 중 하나로, 데이터의 분포(min, 25% 지점, median, 75% 지점, max)를 박스 형태로 표현하여 수치형 데이터 분석에 많이 사용된다.

6.1.1 line 그래프

먼저 line 그래프부터 살펴보자. 앞서 설명한 것처럼 흔히 꺾은선 그래프라고도 하며, 시간 흐름에 따른 변동을 표현하기에 용이하다.

```
import pandas as pd
df_fruit = pd.read_csv('d:/data/과실별생산량.csv', index_col = 0)
df_fruit
```

결과 연 별	사과_면적	사과_생산량	포도_면적	포도_생산량	감_면적	감_생산량
2014	18811	292340	8069	145403	7574	145592
2015	19247	372627	7714	143712	7166	128412
2016	20083	367710	7786	146564	6625	118095
2017	20178	338034	6809	108602	6715	97386
2018	19780	315230	6769	95840	6437	86537
2019	19462	338085	6773	88416	6128	91937

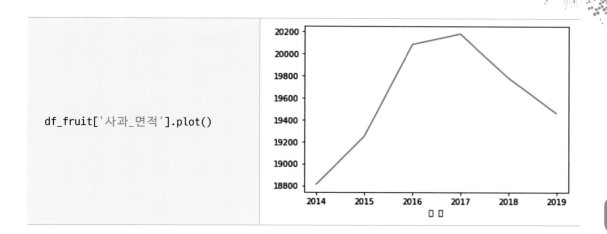

```
df_fruit['사과_면적'].plot()
```

사과_면적은 2014년도부터 1027년도까지 증가하다가, 그 후 2019년까지 감소하는 추세의 꺾은 선 그래프가 그려진다. plot()의 기본 kin는 'line'이기 때문이다. X축의 label을 보면 □ □이 보이는데, 그래프에서 한글이 지원되지 않아 글자 출력에 문제가 있어서 저렇게 표현된 것이다.

한글폰트를 지정하기 위해서는 다음 절에서 배울 matplotlib 라이브러리를 사용해야 한다. (matplotlib 라이브러리는 6.2절에서 소개)

● **그래프에서 한글 폰트 출력**

〈 한글 폰트 출력을 위한 코드 1〉

```
import matplotlib.pyplot as plt
plt.rc('font', family='Gulim')     # 한글 폰트 지정
```

〈 한글 폰트 출력을 위한 코드 2〉

```
import matplotlib.pyplot as plt
import matplotlib.font_manager as fm
plt.rcParams['font.family'] = 'Arial' # 한글 폰트 지정
plt.rcParams['font.size'] = 15        # 글자 크기 지정
```

〈 한글 폰트 출력을 위한 코드 3〉

```
import pandas as pd
```

판다스로 쉽게 배우는 데이터 분석과 시각화

```python
import matplotlib.pyplot as plt
import matplotlib as mpl
mpl.rc('font', family = 'Malgun Gothic')    #한글폰트 지정
mpl.rcParams['font.size'] = 15              #폰트 크기 지정
```

rcParams['font.size']를 통해 Matplotlib이 생성하는 그래프의 제목, 라벨, 축의 눈금 등 모든 글꼴의 크기가 15포인트로 설정된다.

*** 한글 폰트 적용을 위해 6장 전체의 예제 및 문제에서는 위의 코드가 실행되어 있다고 가정되어 있다. 주피터 노트북을 재실행하는 경우 그래프에서 한글 폰트의 깨짐을 방지하기 위해 위 코드를 반드시 한 번 실행하자. ***

세 방법 중 하나를 실행 후 그래프를 다시 출력시키면 그래프에서 정상적으로 한글이 출력된다. 참고로 C드라이브 Windows 폴더 안 Fonts 폴더에 글꼴들이 저장되어 있으며, 한글로 표시된 글꼴들을 선택해야 그래프에서 한글 출력이 가능하다.

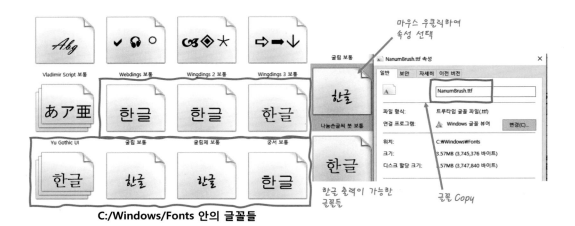

[그림 6-3] 한글 글꼴 선택 방법(Window 기준)

matplotlib의 패키지 버전을 확인해 보자.

```
mpl.__version__   # 버전 확인
```

```
'3.4.3'
```

아나콘다 설치 버전에 따라 사용자마다 다르겠지만, 저자의 경우 3.4.3이므로 최신 버전으로 업데이트가 필요하다.

```
!pip install matplotlib --upgrade
```

만약, Could not install package due to an OSError가 발생하면,

```
!pip install matplotlib --upgrade --user
```

로 진행한다.

커널을 다시 restart 한 후에 **mpl.__version__**을 실행하면,

```
1  mpl.__version__
```

'3.7.2'   최신 버전(현재 **3.7.2**)으로 update 될 것이다.

이제 다시 plot() 그래프를 출력해 보자.

df_fruit에 plot()을 적용하면 모든 수치 열들에 대한 line 그래프가 출력된다.

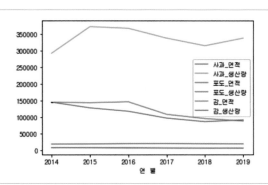

```
#한글 폰트 적용
import pandas as pd
import numpy as np
import matplotlib.pyplot as plt
import matplotlib.font_manager as fm
plt.rcParams['font.family'] = 'New Gulim'
plt.rcParams['font.size'] = 15
df_fruit.plot()
```

이번에는 모든 과일이 아니라, 즉 df_fruit 데이터프레임의 모든 열이 아닌 각 과일의 생산량 그래프를 그려 보자. 각 과일의 생산량 열들의 이름을 리스트로 선택하여 plot 하거나, plot의 파라미터 중 y에 그래프 출력을 원하는 열들의 이름을 나열하면 된다.

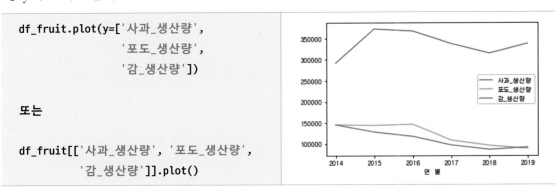

```
df_fruit.plot(y=['사과_생산량',
                 '포도_생산량',
                 '감_생산량'])


또는


df_fruit[['사과_생산량', '포도_생산량',
          '감_생산량']].plot()
```

이제 kind 파라미터를 제외한 주요 파라미터들에 대해 살펴보자.

```
df_fruit.plot(y=['사과_생산량', '포도_생산량', '감_생산량'], subplots = True,
          sharex = False, sharey = True, figsize = (12,12),
          title = '각 과일별 생산량', grid = True, fontsize = 15,
          ylabel = '과일별 생산량', ylim = (0, 500000))
plt.tight_layout()   #subplot 사이의 간격, 패딩을 자동으로 조정
```

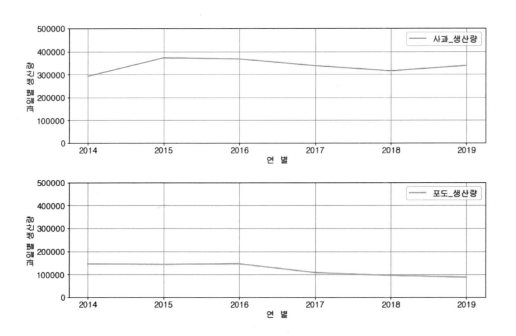

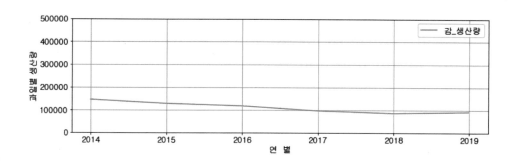

subplots=True로 각 열에 대한 그래프를 하나의 axes(축)가 아닌 각각 독립된 axes에 표현한다. sharex와 sharey의 default는 각 False와 True인데, X축 그래프의 범위는 share(공유)함으로써 제일 아래 표현된 그래프에만 x 범위가 표현되고 나머지 그래프들에는 각 데이터에 맞는 가변적 범위의 Y축 범위만이 표현됨을 의미한다.

figsize에는 튜플로 figure()의 가로, 세로 크기(인치) 정보를 입력하고, title, xlabel, ylabel에는 문자열로 제목, x축 레이블, y축 레이블을 지정할 수 있다. pandas에서 1인치는 72픽셀에 해당하며, 만약 figsize(5,2)의 경우 가로 5인치, 세로 2인치이고 픽셀 수로 계산하면 가로 360px, 세로 144px가 된다.

xlim, ylim에는 figure의 x축, y축 표현 범위를 지정할 수 있으며, grid=True를 통해 격자를 활성화할 수 있다. fontsize는 각 축의 tick 레이블의 크기를 조절할 수 있으며, title 또는 축 레이블의 크기는 plt.rcParams['font.size']에 값을 대입하여 조절할 수 있다.

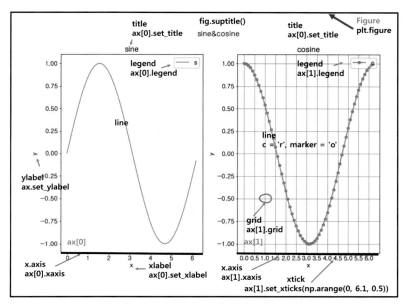

[그림 6-4] Figure의 구성 및 함수

6.1.2 box 그래프

수치형 데이터의 통계 정보 확인을 위해서는 **boxplot**을 이용하면 된다. box 그래프는 데이터의
분포를 한눈에 보여 준다.

```
# box그래프를 그리는 방법 1
df_fruit.plot( y=['사과_생산량', '포도_생산량', '감_생산량'], kind = 'box',
               figsize = (12,8), title= '각 과일별 생산량', grid  = True, fontsize = 15,
               ylabel = '과일별 생산량')
```

```
# box그래프를 그리는 방법 2
df_fruit.boxplot( column=['사과_생산량', '포도_생산량', '감_생산량'], figsize = (12,8),
               grid  = True, fontsize = 15)
```

```
# box그래프를 그리는 방법 3
df_fruit.plot.box( y=['사과_생산량', '포도_생산량', '감_생산량'], figsize = (12,8),
               grid  = True, fontsize = 15)
```

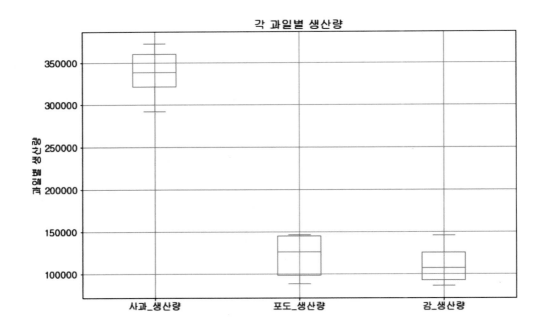

물론 연도별 과일 생산량 시각화는 꺾은선(line) 그래프가 가장 적합한 것은 사실이다. 하지만 각 과일의 통계량을 비교 분석하기 위해서는 box 그래프만큼 편리한 것도 없다. box 그래프는 통계를 공부한 경험이 있는 사람들에게는 매우 친숙한 그래프이지만, 반대로 경험이 없는 사람들에게는 매우 생소한 그래프이기도 하다.

박스 그래프는 데이터를 순서대로 나열했을 때 25%(Q1, 제1사분위수), 50%(중위수), 75%(Q3, 제3사분위수) 지점에 해당되는 값들을 박스 형태로 나타내고, 최솟값과 최댓값을 whisker(수염, line)로 표시하는 그래프이다. 한마디로 데이터의 분포를 박스와 line을 이용하여 시각화하는 그래프이다.

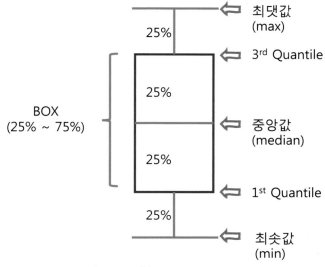

[그림 6-5] box 그래프 설명

사과 생산량에 대해서만 box 그래프로 출력하여 살펴보자.

```
df_fruit['사과_생산량'].plot(kind = 'box', figsize = (5,5), grid = True, fontsize = 15)
df_fruit['사과_생산량'].describe()
```

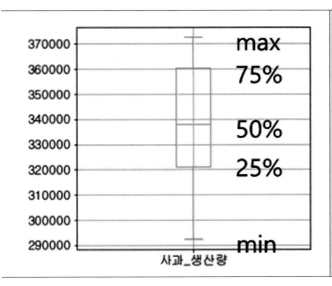

```
count         6.000000
mean     337337.666667
std       30601.954177
min      292340.000000
25%      320931.000000
50%      338059.500000
75%      360303.750000
max      372627.000000
```

사과_생산량의 박스 그래프와 descirbe()를 통해 출력된 통계 수치들을 비교해 보면, 그래프가 이해되리라 예상한다. 위의 사과_생산량은 다소 고르게 데이터가 분포되어 있는데, 이전 예제에서 출력된 그래프 중 포도_생산량과 감_생산량은 데이터가 고르지 않다. 포도 생산량의 경우 최댓값과 제3사분위수 지점의 데이터가, 감_생산량에서는 최솟값과 제1사분위수의 데이터가 크게 차이나지 않는다. 즉 데이터가 고르게 일정한 간격으로 분포되어 있지 않고 한쪽 방향으로 쏠려 있음을 의미한다.

● **이상치(Outlier)**

박스 그래프는 데이터 세트에서 유별나게 크거나 작은 데이터를 이상치(outlier)로 분류하고 이를 동그라미(○)로 표현해 주기도 한다.

위의 데이터 세트에서는 이상치가 없으므로 하나 추가하기로 하자. 매해 평균 337,337개의 사과를 생산하는데 2020년도에 실수로 360,000개 대신에 3,600개로 잘못 기재했다고 가정하자.

```
df_fruit.loc[2020, '사과_생산량'] = 3600
```

사과_생산량을 박스 그래프로 출력하면 3,600이 최솟값이 아니라 이상치로 분류된다.

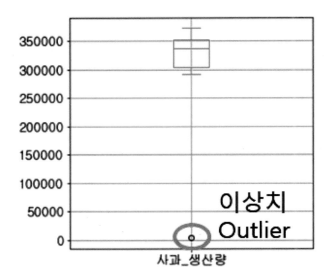

그럼, 이상치로 분류하는 기준은 무엇일까?

z-score, IQR(Interquantile Range), Isolation Forest 등 다양한 기준으로 이상치를 분류하고 있지만, pandas 박스 그래프에서는 기본적으로 IQR을 채택하고 있다.

IQR=제3분위수-제1분위수로 정의되어 있는데, 즉 데이터의 75%의 위칫값과 25%의 위칫값의 차를 IQR이라고 한다. IQR을 기준으로 제1사분위수-1.5*IQR보다 작거나 제3사분위수+1.5*IQR보다 큰 값을 이상치로 분류된다.

75%의 위칫값을 확인하기 위해서는 quantile() 메서드를 이용할 수 있다. quantile() 메서드에서 확인하고자 하는 분위수를 실수 형태로 단일 데이터(25% 지점, 0.25)로 전달하거나, 리스트 형태(25%와 75% 지점, [0.25, 0.75])로 전달하면 된다.

문제 1 사과_생산량에서의 IQR을 구하고, 상위 이상치와 하위 이상치를 구하라. 그리고 이상치에 해당되는 연도를 구하라.

문제 1.

	`df_fruit = pd.read_csv('d:/data/과실별생산량.csv', index_col = 0)`
	`df_fruit.loc[2020, '사과_생산량'] = 3600`
	`q1, q3 = df_fruit['사과_생산량'].quantile([0.25, 0.75])`
1	`print('Q1 =',q1,'Q3 =', q3)`
	`iqr = _____`
2	`print("IQR =", iqr)`
	`up_outlier = q3 + _____`
	`down_outlier = q1 - _____`
3	`print("상위 이상치 기준 = ", up_outlier)`
4	`print("하위 이상치 기준 = ", down_outlier)`
	`con = (df_fruit['사과_생산량']<down_outlier) ¦ (df_fruit['사과_생산량'] >`
	`        up_outlier)`
5	`df_fruit['사과_생산량'][con]`

결과		
	1	Q1 = 303785.0 Q3 = 352897.5
	2	IQR = 49112.5
	3	상위 이상치 기준 = 426566.25
	4	하위 이상치 기준 = 230116.25

5	연 별	
	2020	3600.0

- 참고

quantile() 메서드와 np.percentile() 모두 퍼진 정도의 축도를 나타내는 사분위수 범위 계산을
해준다. 아래처럼 조금 차이는 있지만 결과는 같다.

```
  q1, q3 = df_fruit['사과_생산량'].quantile([0.25, 0.75])
  q1_1, q3_1 = np.percentile(df_fruit['사과_생산량'], [25, 75])
1 print('Q1 = ', q1, q1_1)
2 print('Q3 = ', q3, q3_1)
```

결과	1	Q1 = 303785.0 303785.0
	2	Q3 = 352897.5 352897.5

다음으로 살펴볼 그래프는 bar 그래프이다.

6.1.3 bar 그래프

bar 그래프 범주형 데이터를 막대 형태의 bar를 이용하여 수직이나 수평으로 표시할 수 있으며
데이터의 크고 작음을 직관적으로 파악하기 용이하다. 하지만 시간의 흐름에 따라 변화하는 데이
터를 표시하기에는 적합하지 않다. 이때는 line 그래프를 이용하는 것이 좋다.

```
# bar 그래프를 그리는 방법1
df_fruit = pd.read_csv('d:/data/과실별생산량.csv', index_col = 0)
df_fruit.plot(y=['사과_생산량', '포도_생산량', '감_생산량'], kind = 'bar',
          figsize = (12,8), title = '각 과일별 생산량', grid  = True,
          fontsize = 15, ylabel = '과일별 생산량')
```

```
# bar 그래프를 그리는 방법2
df_fruit.plot.bar(y=['사과_생산량', '포도_생산량', '감_생산량'], figsize = (12,8),
            grid  = True, fontsize = 15)
```

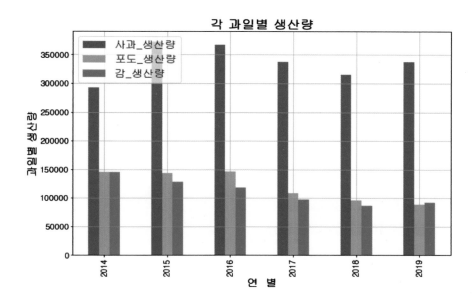

만약, 연도별 생산량 비교를 원한다면 stacked 옵션을 True로 지정하는 것도 좋은 방법이 된다.
이 옵션을 통해 각 연도에서 과일들 생산량의 상대적 비교가 가능해진다.

```
# Bar 그래프의 stack
df_fruit.plot(y=['사과_생산량', '포도_생산량', '감_생산량'], kind= 'bar',
        figsize = (12,8), title = '각 과일별 생산량', grid  = True,
        fontsize = 15, ylabel = '과일별 생산량', stacked = True)
```

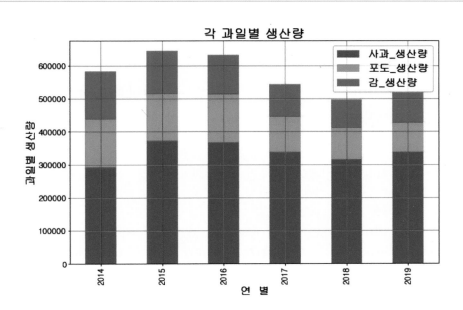

```
   #barh 수평으로 막대 그래프 출력
1  df_fruit.plot.barh( y=['사과_생산량'], figsize = (12,8), grid=True, fontsize=15)
2  df_fruit['사과_생산량'].plot(kind = 'bar', figsize= (12,8), grid=True, fontsize=15,
                               color = 'orange')
```

1	2

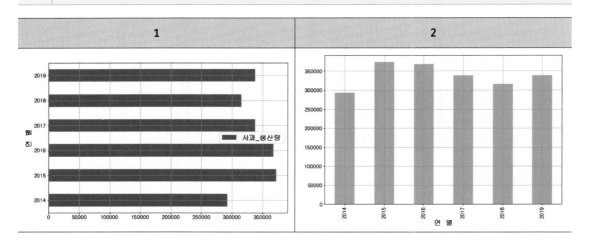

6.1.4 pie 그래프

파이(pie) plot 역시 bar plot처럼 범주형 데이터를 시각화하는데 자주 사용되는 그래프이다. pie 그래프는 각 데이터가 차지하는 비율을 백분율로 환산하여 이 비중을 원형 차트에서 표현한 것으로, 주로 범주 간의 상대적 비교를 위해 사용한다.

데이터프레임에 pie 그래프를 적용할 수는 있지만 반드시 subplots=True로 지정해야 하며(아래 1번), 원하는 열들만 선택하여 pie 그래프를 적용하기 위해 아래 2번처럼 적용하면 에러가 발생하므로 3번처럼 접근해야 함에 주의하자.

pie 그래프는 주로 시리즈에 적용하므로 4번 또는 5번처럼 코딩하는 것이 일반적이다.

```
   # pie 그래프를 그리는 다양한 방법
   df_fruit = pd.read_csv('d:/data/과실별생산량.csv', index_col = 0)
1  df_fruit.plot(kind = 'pie', figsize = (20,8), grid  = True, fontsize = 10,
                 subplots = True)
```

2	`df_fruit.plot(y =['사과_생산량','포도_생산량','감_생산량'], kind = 'pie', figsize = (20,8), grid  = True, fontsize = 10, subplots = True) #에러`
3	`df_fruit[['사과_생산량','포도_생산량','감_생산량']].plot(kind = 'pie', figsize = (20,8), grid  = True, fontsize = 15, subplots = True)`
4	`df_fruit.plot(y='사과_생산량', kind = 'pie', figsize = (20,8), grid  = True, fontsize = 10)`
5	`df_fruit.plot.pie(y='사과_생산량', figsize = (20,8), fontsize = 15)`

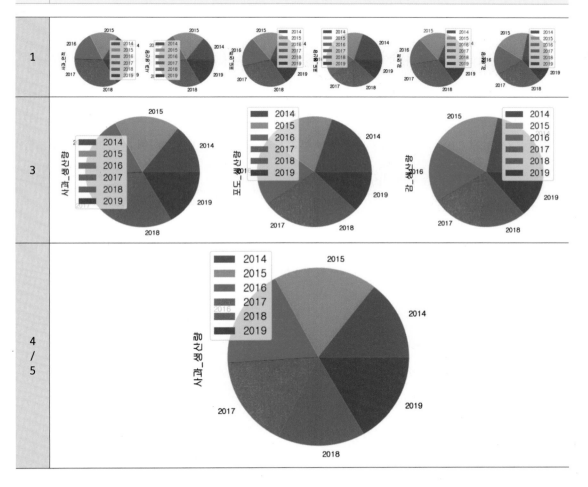

연도별 감_생산량의 상대적 비율을 pie 그래프로 표현해 보자.

여기에 각 연도별 생산량의 비중을 수치(%)로 그래프에 추가해 보도록 한다. 이때 추가 지정해야 하는 옵션이 바로 **autopct**이다. **autopct** 매개변수에는 문자열 형태로 표현하고자 하는 소수점 자

릿수를 지정해야 한다. 예를 들어 소수점 둘째 자리까지 나타내고 수치에 '%'를 더해 주기 위해서
는 (예를 들어 21.34%) autopct='%.2f%%'처럼 소수점 자릿수를 표현해 줘야 한다.

labeldistance(default=1.1)로 연도(인덱스)의 위치를 조절할 수 있고, **pctdistance**를 통해(default=0.6)
상대적 비율이 표시되는 위치를 조절할 수 있다. 또한, **startangle**에 각도를 입력하여 파이 차트를
회전시킬 수 있는데, 이때 회전의 기준이 되는 0도는 아래 그림을 참조하자.

explode(터뜨리다)를 이용하여 파이 차트의 중심점으로부터 각 색깔의 부분 조각들을 떨어뜨려 놓
을 수 있는데, 2014년부터 2019년까지 6개의 데이터에 대해 list 형태로 개별적으로 원점과의 분리된
거리를 실수 형태로 전달하면 된다. 아래의 예에서는 2014년도만 0.2 정도로 떨어뜨려 놓고, 나머지
는 아주 미세하게 0.01 정도로 원점으로부터 분리시켜 놓았다. 참고로 0이면 원점과 연결되어 있다.

pie plot에서 디자인을 위해 자주 사용하는 파라미터들

```
df_fruit.plot.pie(y='감_생산량',
                figsize = (10,8), fontsize = 15, autopct = '%.1f%%',
                labeldistance = 1.05, startangle = 180, pctdistance = 0.7,
                explode=[0.2, 0.01, 0.01, 0.01, 0.01, 0.01] )
```

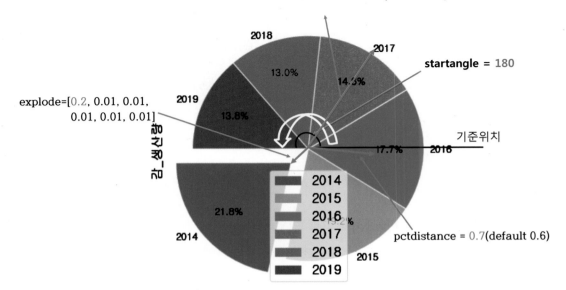

6.1.5 hist 그래프

이번에 살펴볼 히스토그램(hist plot)은 bar 그래프와 마찬가지로 막대로 표시하는 유사점이 있지만, bar 그래프는 범주형 데이터에 적합하고, hist 그래프는 데이터가 많고 연속적이거나 수치형 이산 데이터에 더욱 적합하다.

df_fruit의 과일별 생산량은 각 과일별 데이터의 개수가 적어서 이전에 보간 예제를 위해 살펴봤던 '22제주_기후.csv' 파일을 이용하여 hist plot을 살펴보려 한다. hist plot은 데이터 분포를 명확히 보여 주는 장점이 있고, box plot과 마찬가지로 이상치를 구분하는 데 도움이 된다.

```
df_jeju = pd.read_csv('d:/data/2022제주_기후.csv', encoding = 'euc-kr', index_col = 0)
df_temp = df_jeju['평균기온(℃)'].interpolate()
df_temp.plot( figsize = (12,8), grid  = True, fontsize = 15 ) #line 그래프
1    df_temp.plot( kind = 'hist', figsize = (12,8), grid  = True, fontsize = 15,
2             bins = 10)
```

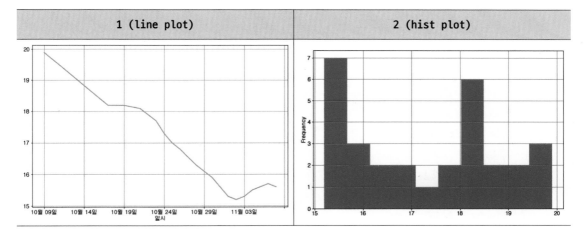

히스토그램은 bins를 이용하여 데이터 구간을 나누어 각 구간을 카운트한 후, 개수를 막대로 표현한다.

위의 line plot을 살펴보면 15도 부근과 18도 부근의 데이터 개수가 많은 것으로 관측되며, 실제로 hist plot으로 확인해 보면 15도 부근의 데이터가 가장 많고, 18도 부근의 데이터가 다음으로 많은 것을 확인할 수 있다.

위 예제는 bins=10으로 구간을 10개로 설정했다. '10'의 의미는 10개의 연속된 막대를 전 구간에 걸쳐 나누어 표현함을 의미하며, 이는 실제로 데이터 세트의 최솟값과 최댓값을 10개의 구간으로 균등하게 나누어 각 구간에 속한 데이터의 개수를 단순 카운트하여 표현한다.

df_temp의 경우 최솟값은 15.20이고, 최댓값은 19.90이며, 이 범위 4.7도를 10개의 구간으로 균등하게 나누게 되므로 막대 하나는 0.47도 범주에 드는 날들의 수를 의미한다. hist plot의 첫 번째 막대가 7로 표현된 이유는 15.2도부터 15.67도까지 7개 있기 때문이다.

아래의 내용은 참고로 알아두길 바란다. bins=10으로 설정했을 때 각 구간과 데이터의 개수를 확인하기 위해서는 **pd.cut**()을 이용하면 된다.

- 참고

```
df_temp = df_jeju['평균기온(℃)'].interpolate()  # 이전 보간(interpolate()) 설명 참조
fc = pd.cut(df_temp, 10)      # 10개 분위로 분할
df_temp.groupby(fc).count()  #groupby()으로 분할된 개수 count
```

결과	평균기온(℃)	
	(15.195, 15.67]	7
	(15.67, 16.14]	3
	(16.14, 16.61]	2
	(16.61, 17.08]	2
	(17.08, 17.55]	1
	(17.55, 18.02]	2
	(18.02, 18.49]	6
	(18.49, 18.96]	2
	(18.96, 19.43]	2
	(19.43, 19.9]	3
	Name: 평균기온(℃), dtype: int64	

bins의 수를 10개가 아닌 5개, 또는 20개로 변경하고, 그 결과를 살펴보자. plot을 동일 figure에서 연속으로 그리면 오버레이되어 표현된다.

```
df_temp.plot(kind = 'hist', figsize = (12,8), grid  = True, fontsize = 15, bins = 5)
df_temp.plot.hist(figsize = (12,8), grid  = True, fontsize = 15, bins = 20)
```

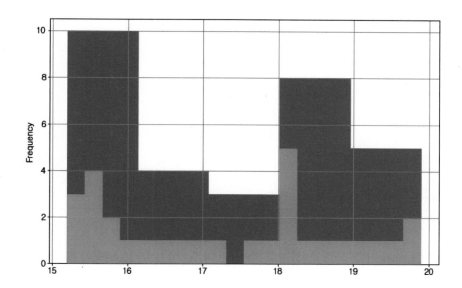

bins=5는 위의 파란색 막대이고, bins=10은 주황색 막대이다. bin의 개수가 너무 작으면 분포를 유추하기 어렵고, 반대로 bin의 개수가 너무 많으면 데이터를 이해하거나 특징을 찾아내기 어렵다.

6.1.6 kde 그래프와 scatter 그래프

다음은 커널 밀도 추정 그래프(kernel density estimation, kde)에 대해 알아보자.

kde는 커널 함수와 데이터를 이용하여 확률 밀도 함수를 추정하는 것인데, 다시 말해 전체 확률을 100%로 두고, 구간별로의 확률을 나타내는 함수이다. kde plot은 hist plot과 유사한 형태를 띠며, bins 대신 **bw_method**(대역폭)로 그래프의 스무딩을 조절한다.

```
df_temp.plot.kde(figsize = (12,8), grid  = True, fontsize = 15, bw_method=0.8)
df_temp.plot( kind='kde', figsize = (12,8), grid  = True, fontsize = 15,
              bw_method=0.5)
```

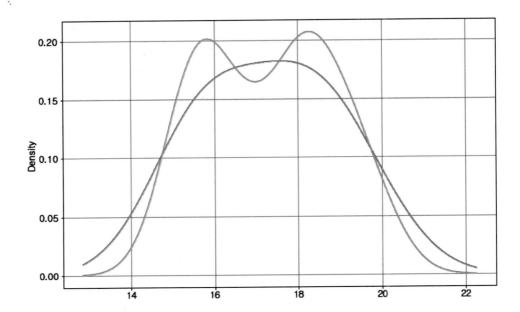

대역폭은 bw_method 옵션으로 설정할 수 있으며, 값이 크면 스무딩이 많이 되어 전체적으로 완만한 형태를 가지며, 반대로 값이 작으면 날카롭게 표현된다.

위의 주황색 그래프와 hist 그래프를 비교해 보면 유사하게 표현됨을 알 수 있다. 위의 그래프에서도 알 수 있는 것이 15.5세 부근과 18.5세 부근에 각각 약 20% 정도 데이터가 분포하고 있음을 알 수 있다.

마지막으로 살펴볼 그래프는 산점도(scatter plot)이다. 산점도는 두 변수를 하나는 X축에 또 다른 하나는 Y축에 두어서 두 개의 연속형 변수 간의 관계를 확인하기 위해 사용되는 그래프이다. 두 변수의 관계를 도식화하여 이상치를 찾기에도 용이하며, 상관 분석에서 많이 사용된다.

제주의 온도와 습도는 어떤 상관관계를 가지고 있을까? 즉 온도가 변화할 때 습도는 어떻게 변화될까? 바로 그래프를 통해 확인해 보자.

```
df_hum = df_jeju['습도(%)'].interpolate()
df_temp = df_jeju['평균기온(°C)'].interpolate()
df_weather = pd.DataFrame({'temp': df_temp , 'hum':df_hum})
df_weather.plot(kind = 'scatter', x= 'temp', y= 'hum', figsize= (12,8), grid= True,
```

```
                    fontsize = 15,xlim=[15,20], ylim=[50,70])
```

또는
```
df_weather.plot.scatter(x= 'temp', y= 'hum', figsize= (12,8), grid= True,
                    fontsize= 15, xlim=[15,20], ylim=[50,70])
```

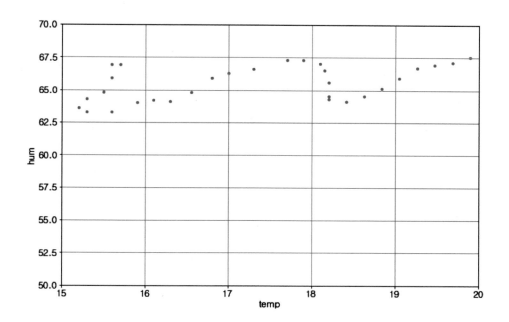

관찰하고자 하는 온도, 습도 두 변수를 x와 y의 파마리터로 각각 전달하면, 해당 x축의 데이터와 y축의 데이터를 (x, y) 좌표로 하는 곳에 점이 출력되어 표시된다.

두 변수의 관계를 분석하는 것이 상관분석이다. 그리고 두 변수 사이의 선형적 관계를 수치로 나타낸 것을 상관계수(correlation coefficient, r로 표현)라고 한다. 피어슨, 스피어만, 켄달 등의 상관분석이 있지만 pandas에서는 기본적으로 피어슨 상관분석과 상관계수를 사용한다. 상관관계 분석을 위해 scatter plot을 이용하고, 상관계수를 구하기 위해 corr() 메서드를 사용한다.

상관관계에는 양의 상관관계에 있거나, 음의 상관관계에 있거나, 아니면 두 데이터 간에 상관관계가 없음을 그래프를 보고 분석할 수 있는데, x가 증가할 때 y도 증가하면 **양의 상관관계에 있다**라고 하고, x가 증가할 때 y가 감소하면 **음의 상관관계에 있다**라고 한다. 각 점의 데이터들이 선형적(직선) 관계를 띄면, 매우 높은 상관관계를 지니게 된다.

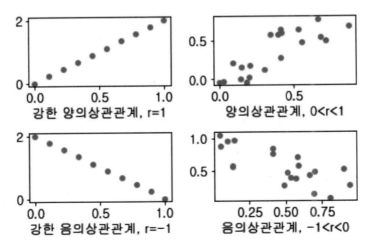

[그림 6-6] 상관계수와 상관관계

[표 6-1] 상관계수와 상관관계 분석

상관계수 (r)	상관관계
+/- 0.9 >= r	매우 강한 상관관계
+/- 0.7 <= r< 0.9	높은 상관관계
+/- 0.4 <= r< 0.7	상관관계
+/- 0.2 <= r< 0.4	낮은 상관관계
+/- 0.2 < r	상관관계 없음

	1	`# 온도와 습도의 상관계수` `df_weather.temp.corr(df_weather.hum)`
	2	`df_weather.corr(method = 'pearson') #spearman, kendall, default = pearson`

결과	1	0.4942148560988582

			temp	hum
	2	temp	1.000000	0.494215
	5	hum	0.494215	1.000000

열끼리 상관계수를 구할 수도 있지만, 데이터프레임 전체를 대상으로 상관계수를 구할 수 있다. 이때 default는 pearson(피어슨)으로 설정되어 있으며, spearman, kendall 등으로 변경도 가능하다.

6.2 matplotlib 라이브러리

공학이나 과학 전공을 한 사람들이면 matlab(매트랩)에 대해서 한 번쯤 들어본 적이 있을 것이다. 막강한 시뮬레이션과 모델링도 훌륭하지만 수치 해석과 시각화 역시 추종을 불허하고, 특히 공학 관련 논문 작성 시에는 matlab을 거의 필수적으로 이용한다고 보면 된다.

그런 매트랩의 시각화(visualization)와 아주 유사한 파이썬 패키지를 만들기 위해 2002년도에 프로젝트가 시작되었고 matplotlib이라는 라이브러리가 만들어졌다.

벌써 20년도 지났지만 현재도 성능 향상과 기능 추가를 위해 업데이트가 이루어지고 있으며, 파이썬으로 차트 및 그래프를 표현하기 위해서는 matplotlib 패키지를 거의 필수적으로 이용하고 있다. 이전 챕터에서 pandas만으로도 원하는 그래프를 출력할 수 있었지만 세부 옵션 설정에서는 한계를 지닌다. 그래서 matplotlib 패키지와 함께 사용하는 것이 일반적이다.

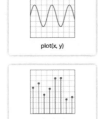

[그림 6-7] matplotlib 홈페이지 (https://matplotlib.org/)

주피터 노트북을 이용하면 matplotlib이 기본적으로 설치되어 있지만, 만약 주피터를 이용하지 않는다면,

```
pip install matplotlib
```

으로 패키지를 설치하자.

6.2.1 matplotlib으로 기본 그래프 생성

간단하게 matplotlib을 이용하여 그래프를 하나 그려 보자.

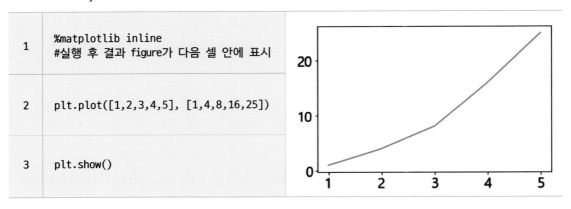

1	`%matplotlib inline` `#실행 후 결과 figure가 다음 셀 안에 표시`
2	`plt.plot([1,2,3,4,5], [1,4,8,16,25])`
3	`plt.show()`

위 1번 블록에 있는 **%matplotlib**은 파이썬 코드가 아닌 주피터 노트북의 cell magic 명령어이다. 주피터에게 그래프 출력에 관련된 기능을 수행하는 명령어로 한 번만 실행시켜 놓으면 계속해서 종료 전까지 옵션이 유지된다. **%time**처럼 수행되는 시간을 측정하여 반환해 주는 커맨드와 **%who**와 같이 커널의 메모리에 할당되어 있는 변수의 정보를 반환해 주는 cell magic 명령어들도 있다.

%matplotlib inline은 그래프 출력을 코드 바로 아래에서 보여 주도록 해준다. 2번 코드를 실행하면, 2번 셀 아래에 그래프가 바로 출력되도록 한다. 굳이 설정해 주지 않아도 실행되겠지만 버전이나 상황에 따라

```
[<matplotlib.lines.Line2D at 0x25c35028d90>]
```

와 같은 text 결과만 출력될 때 위의 셀 매직 명령어를 실행시켜 줘야 제대로 된 그래프가 출력된다. 또한, plt.show() 없이도 그래프가 출력되게 해준다.

3번 블록의 코드는 주피터에서 의미 없다. 다만, 파이참이나 Visucal Code, IDLE 등에서는 plt. show()가 필요할 수 있으며, 특별히 따로 설정하지 않으면 그래프는 새로운 팝업 창으로 출력된다.

이제 matplotlib으로 간단한 line 그래프를 그려보자.

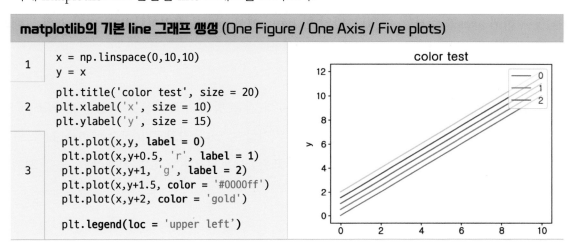

matplotlib의 기본 line 그래프 생성 (One Figure / One Axis / Five plots)

```
1   x = np.linspace(0,10,10)
    y = x

2   plt.title('color test', size = 20)
    plt.xlabel('x', size = 10)
    plt.ylabel('y', size = 15)

3   plt.plot(x,y, label = 0)
    plt.plot(x,y+0.5, 'r', label = 1)
    plt.plot(x,y+1, 'g', label = 2)
    plt.plot(x,y+1.5, color = '#0000ff')
    plt.plot(x,y+2, color = 'gold')

    plt.legend(loc = 'upper left')
```

위 2번의 plt.title()을 통해 그래프의 제목을 설정할 수 있으며, xlabel(), ylabel()로 x, y축 이름을 설정할 수 있다. title, xlabel, ylabel 모두 size로 글자 크기를 지정할 수 있고, 글꼴이나 글자 색도 변경 가능하다.

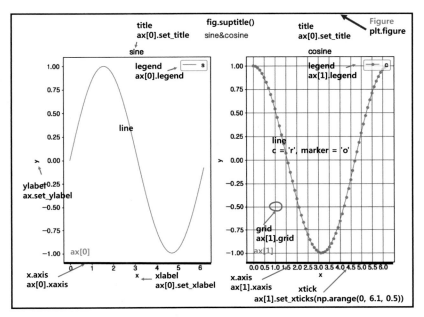

[그림 6-8] Figure의 구성 및 함수

figure 안에는 하나 이상의 axes가 존재하는데 [그림 6-8]에서는 하나의 figure 안에 두 axes가 존재하며, 두 axes는 각각 하나의 plot만을 가지고 있다.

이전 라인 그래프 예제에서는 하나의 figure에 하나의 axes가 있으며, 한 axes 안에 5개의 plot이 존재한다. 새로운 figure를 만드는 방법은 plt.figure()로 가능하며, subplot() 또는 add_subplot() 을 통해 하위 axes를 추가할 수 있다. 만약 한 figure에서 axes를 추가하지 않고 여러 개의 그래프 를 출력하면 그래프가 모두 겹쳐 출력된다.

그래프의 색상은 color='r','g','b','c','m','k','y','w'와 같은 방법으로 색상을 지정할 수 있고, CSS (black~lightpink까지 148개) 또는 16진수로 color 색을 지정할 수 있다. 참고로 16진수는 #rrggbb로 표기 하며, red, green, blue 각각을 0에서 ff(255)까지 표현함으로써 $2^8*2^8*2^8$ 해상도, 즉 2^{24}까지 의 색상을 표현할 수 있다.

● **기본 색상**

r		c		y	
g		m		w	
b		k			

위 라인 그래프 예제 코드의 3번 영역에서는 세 개의 plot에 순차적으로 label을 0,1,2로 지정하 였고, 나머지 plot에는 label을 지정하지 않았다. **plt.legend()**로 지정한 레이블을 차트 안에서 표현 할 수 있는데, 기본은 'best'로 자동으로 여백을 찾아서 최적의 장소에 범례를 표시해 준다. 총 10개 의 위치에 지정할 수 있으며, 'best'를 제외하고는 아래와 같다.

upper left	upper center	upper right
center left	center	center right (right)
lower left	lower center	lower right

아래 예제는 title, xlabel, ylabel의 글꼴과 글자색, weight(또는 fontweight) 등을 각각 변경하기 위 한 예제로써, f1, f2, f3로 세 개의 폰트 정보들을 딕셔너리 형태로 만들어 적용한 예제이다.

plt.title()과 plt.xlabel(), plt.ylabel()에는 fontdict라는 딕셔너리 자료형을 받을 수 있는 파라미터가 있는데, 여기에는 키(key)로 **fontfamily**(or family), **fontsize**(or size), **fontweight**(or weight), **color**, **verticalalignment**(or va), **horizontalalignment**(or ha), **fontstyle**(or style) 등을 지정하여 변경할 수 있다. title과 xlabe, ylabel 모두 다른 글꼴, 다른 색상, 다른 크기, 그리고 다른 weight를 적용하여 표현해 보자.

```python
import matplotlib.pyplot as plt
import matplotlib.font_manager as fm
font_list = [f.name for f in fm.fontManager.ttflist] # 한글폰트 리스트

print(set(font_list)) #중복된 글꼴 제거를 위해 집합(set)으로 변경

f1 = {'family' : 'Arial', 'color' : 'r', 'fontsize' : 20, 'fontweight' : 'bold'}
f2 = {'family' : 'Batang', 'color' : 'g', 'size' : 15, 'weight' : 'light'}
f3 = {'family' : 'Ink Free', 'color' : 'b', 'fontsize' : 15,'weight' : 'roman'}

plt.title('color test', fontdict = f1) #fontdict는 생략 가능, red ,size = 20, bold 적용
plt.xlabel('x', f2)     #green. size = 15, light 적용
plt.ylabel('y', f3)     #blue , size = 15, roman 적용
plt.plot(x,y, label = 0)
plt.plot(x,y+0.5, 'r', label = 1)
plt.plot(x,y+1, 'g', label = 2)
plt.plot(x,y+1.5, color = '#0000ff')
plt.plot(x,y+2, color = 'gold')
plt.legend(loc = 'upper right')
```

<print(set(font_list))의 결과>

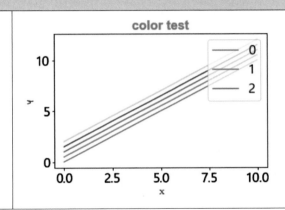

fontfamily 또는 **family** key에는 글꼴을 value로 매칭시켜야 하고, **fontweight** 또는 **weight** 에는 0에서 1000 사이의 값이나 'ultralight', 'light', 'normal', 'regular', 'book', 'medium', 'roman', 'semibold', 'demibold', 'demi', 'bold', 'heavy', 'extra bold', 'black' 등의 값으로 매칭시킬 수 있다.

verticalalignment(va)와 **horizontalalignment(ha)**에는 글꼴 정렬에 관련된 값들이 매칭될 수 있다. **va**에는 'bottom', 'baseline', 'center', 'center_baseline', 'top'이, **ha**에는 'left', 'center', 'right'로 지정할 수 있으며, '**fontstyle**'에는 'normal', 'italic', 'oblique' 중 하나를 선택할 수 있다.

아래 예제는 하나의 figure 안에 3개의 axes를 만들고, 각 axes에는 하나의 line plot을 그리려고 한다. 이전과는 다르게 마커와 라인스타일을 변경하여 적용해 보고, 범례(legend) 역시 여러 가지 방법으로 출력해 보자.

matplotlib의 기본 line 그래프 생성 (One Figure / Three Axes / each one plot)

```
1   x = np.linspace(0,10,10)
2   y = x
3   fig = plt.figure(figsize = (12,5))
4   ###########################
5   plt.subplot(131)
6   plt.title('1번', fontsize = 15) #fonstsize 또는  size로 크기 조절 가능
7   plt.xlabel('X', size = 12)
8   plt.ylabel('Y', size = 12)
9   plt.plot(x,y,ls = '-.' , marker = '*', ms = 10, color = 'r', lw = 2, mfc = 'b',
    label = 'y=x')
10  plt.legend(loc = 'best')
11  ###########################
12  plt.subplot(1,3,2)
13  plt.plot(x,y+0.5, 'ro')  #red marker 'o' = circle
14  plt.title('2번', size = 15)
15  plt.legend(labels = ['y=x+05'])
16  ###########################
17  plt.subplot(133)
18  plt.plot(x,y+2, ls = ':', marker = 'v', c = 'gold')
19  plt.title('3번', size = 15)
20  plt.legend(labels= ['y=x+0.5'], bbox_to_anchor= (0,-0.2,1,0.2), mode= 'expand',
            shadow= True, loc= 'lower center')
```

```
21    plt.suptitle('legend & line & mark test', size= 30)
22    plt.tight_layout()
23    print(fig)
```

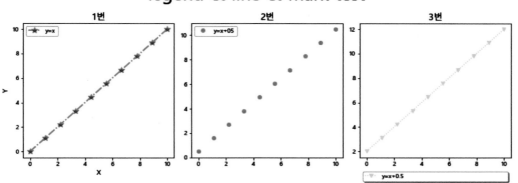

9번 줄처럼 plot() 메서드에 **linestyle**(또는 ls, 아래 표 참조), **linewidth**(lw, float)로 변경할 수 있으며, **marker**(아래 표 참조), **markersize**(또는 ms, float 타입), **markerfacecolor**(또는 mfc, color), markeredgecolor(또는 mec, color), **markeredgewidth**(또는 mfw, float 타입)로 marker의 디자인을 변경할 수 있다.

또는 13번 줄처럼 line 없이 마커만으로 표현이 가능하며, 굳이 ls와 color의 매개변수를 지정하지 않고, 'ro' (●) , 'b-.' (-.-.) 등으로 마커의 색상과 라인의 색상을 간단하게 표기할 수도 있다.

라인스타일과 마커(marker)의 종류는 아래 표를 참고하기 바란다.

[표 6-2] 라인스타일(linestyle) 종류

linestyle 또는 ls	설명	이름으로 표기
'-'	Solid line	'solid'
'--'	dashed line	'dashed'
'-.'	dash-dotted line	'dashdot'
':'	dotted line	'dotted'
' '	draw nothing	'none'

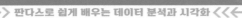

[표 6-3] 마커(maker) 종류

maker	설명	심볼	maker	설명	심볼	maker	설명	심볼
'.'	point	●	'1'	tri_down	⅄	'h'	hexagon1	⬡
','	pixel	·	'2'	tri_up	⅄	'H'	hexagon2	⬢
'o'	circle	●	'3'	tri_left	⊰	'x'	x	✕
'v'	triangle_down	▼	'4'	tri_right	⊱	'X'	x (filled)	✖
'^'	triangle_up	▲	'8'	octagon	⬣	'+'	plus	＋
'<'	triangle_left	◀	's'	square	■	'D'	diamond	◆
'>'	triangle_right	▶	'p'	pentagon	⬟	'd'	thin_diamond	◆
'*'	star	★	'P'	plus (filled)	✚	'|'	vline	|
						'_'	hline	—

3번 줄에서 figsize=(12,5)로 Figure의 사이즈를 지정하였는데, 이 12, 5의 의미는 가로 12인치, 세로 5인치를 나타내며, 픽셀로는 72*12=864, 72*5=360으로 정해진다. (72px per 1 inch)

23번 줄의 결과 Figure(864x360)로 만들어진 figure 크기를 확인할 수 있다. 6, 14, 19번 줄의 plt.title()은 각 axes의 제목을 의미하며, 21번 줄의 plt.suptitle()을 통해 figure 전체 제목을 나타낼 수 있다. 참고로 suptitle은 sub+title의 합성어로 '부제' 정도로 이해하면 된다.

범례를 표기하는 방법은 이전 예제에서도 살펴본 것처럼 plot(label='제목')으로 지정한 후 plt.legend()로 axes 위에 범례를 표기할 수도 있지만, 15번, 20번 줄처럼 legend(labels=['제목1', '제목2'])로 표기할 수도 있다. 다만, 범례가 단 하나라도 리스트로 전달해야 함에 주의하자.

범례의 위치를 loc의 9개 값('left upper'~'right lower')으로만 지정하지 않고, 범례 박스가 바운딩 박스 안과 밖 모두에 지정한 위치에 표현되도록 legend의 bbox_to_anchor 매개변수를 통해 범례의 크기와 위치를 조절할 수 있다.

각 축의 왼쪽 하단(0,0) 위치가 기준점이 된다. (0,-0.2,1, 0.2)의 의미는 범례 박스를 왼쪽 하단 지점(0), 축 아래(-0.2만큼) 지점에 위치시키고, 축의 가로 너비만큼(축 전체가 1), 높이를 0.2만큼 설정한 것이다. 가로 3번째 그림처럼 전체에 범례 박스를 표현하려면, mode='expand'로 설정해야 한다. shadow=True로 지정하여 범례 박스에 입체감을 표현하였다.

6.2.2 Figure 생성과 subplot 추가

figure를 생성하고, subplot들을 추가하는 방법에는 크게 두 가지 방법이 있다.

먼저, 쉬운 방법부터 설명하자. 이 방법은 위의 예제와 같은 방법으로, 지금껏 다루었던 방법이다. 예제에서와 같이 **plt.figure()**로 빈 도화지를 생성한 후, **plt.subplot()**을 반복 이용하여 원하는 수만큼의 axes를 원하는 형태로 배치할 수 있다. subplot은 12번 줄처럼 **plt.subplot(row, columns, index)** 순서로 콤마(,)로 구분하거나, 5번 줄처럼 row, columns, index를 연결하여 세 자리 숫자로 지정할 수도 있다.

그리고 두 번째 방법은 **OOP 스타일**을 사용하는 방법으로, OOP는 Object Oriented Plotting(객체지향 그래프)의 약어이다. OOP 스타일 역시 흔하게 사용되는 방법으로는 두 가지 방법으로 주로 사용된다.

● **OOP 스타일로 figure와 subplot 만드는 방법** 1.

```
fig = plt.figure()
ax = fig.add_subplot(row, col, index)
ax.plot()
ax.set_tilte()
ax.legned()
   plt.show()
```

plt.figure()를 실행하면 그래프나 그림이 그려질 빈 화면의 프레임(Figure)을 생성하면서 Figure를 반환한다. 그 Figure를 fig라는 인스턴스로 받아서 figure가 가진 속성(변수)과 기능(함수)을 fig로 사용할 수 있다.

인스턴스 fig의 메서드들 중에는 axes를 추가할 수 있는 **add_subplot()**이 있는데, **fig.add_subplot()**를 적용하면 빈 화면에 하나의 축(axis)을 가진 Axes가 생성되면서 동시에 Axes를 반환한다. 반환된 객체는 ax라는 인스턴스 명으로 사용되고, Axes가 가진 여러 기능을 사용할 수 있다.

● **OOP 스타일로 figure와 subplot 만드는 방법** 2.

```
fig, ax = plt.subplots(row, col, **args)
ax[0 ~ row-1, 0 ~ col-1].plot()
ax.set_tilte()
ax.legned()
plt.show()
```

plt.subplots()의 경우 **add_subplot()**과는 다르게 Figure와 Axes를 모두 반환하는 차이가 있다.

위에서 소개한 두 방법 모두 반환된 Axes를 subplot인 ax로 받아들이게 되므로, Axes의 여러 기능을 ax라는 이름으로 대신 사용할 수 있게 된다.

대표적으로 **ax.set_xlabel()**, **ax.set_ylabel()**, **ax.set_xticks()**, **ax.set_yticks()** 등이 있는데, 각각은 **plt.xlabel()**, **plt.ylabel()**, **plt.xticks()**, **plt.ytikcs()**와 거의 유사하다. 굳이 차이를 두어 설명하면 **plt.xlabel()**과 **ax.set_xlabel()**의 경우, **ax.set_xlabel()**은 특정 **subplot()**의 x축 레이블을 설정하지만, **plt.xlabel()**은 현재 활성화된 subplot의 x축 레이블을 설정한다.

matplotlib에는 기본 디자인 서식이 여러 개 설치되어 있다. 적용 가능한 디자인 style을 확인하기 위해서는 아래와 같이 실행하면 된다.

```
print(plt.style.available)
```

필자의 컴퓨터에는 30개 정도 서식이 있으며, 이 중 가장 흔히 사용되는 서식으로는 'ggplot', 'grayscale', 'seaborn-v0_8', 그리고 'tableau-colorblind10' 등이 있다.

'ggplot'은 R 사용자에겐 친숙한 디자인이며, 6-3절에서 다룰 'seaborn' 스타일까지도 간단히 적용할 수 있다. 특히 **'seaborn-v0_8-옵션'**을 사용하여 seaborn 스타일의 세분화된 디자인 서식 적용이 가능하다.

```
seaborn의 서식 옵션 종류: white, whitegrid, poster, pastel, dark-palette,
                        bright, muted, notebook, deep
```

plt.style.use(디자인 서식명)으로 디자인 서식을 적용할 수 있다.

OOP 1번 방법 적용 (이전 예제 참조)

```
   import matplotlib.pyplot as plt
1  stl = ['default','classic', 'dark_background', 'ggplot', 'grayscale',
          'seaborn-v0_8', tableau-colorblind10]
2  plt.style.use(stl[5])          #스타일 서식 중 seaborn 이용
3  plt.rc('font', family='Gulim') #한글 표현을 위해 굴림으로 설정
4  x = np.linspace(0,10,10)
5  y = x
6  fig= plt.figure(figsize = (12,5), dpi = 100)  #default dpi = 72,
7  ############################
8  ax1 = fig.add_subplot(131)
9  ax1.set_title('1번', fontsize = 15)
10 ax1.set_xlabel('X', size = 12)
11 ax1.set_ylabel('Y', size = 12)
12 ax1.plot(x,y,ls = '-.', marker = '*', ms = 10, color = 'r', lw = 2, mfc = 'b', label = 'y=x')
13 ax1.legend(loc = 'best')
14 ############################
15 ax2 = fig.add_subplot(1,3,2)
16 ax2.plot(x,y+0.5, 'ro') #red marker 'o' = circle
```

```
17   ax2.set_title('2번', fontsize = 15)
18   ax2.legend(labels = ['y=x+05'])
19   ###########################
20   ax3= fig.add_subplot(133)
21   ax3.plot(x,y+2,ls = ':', marker = 'v',c = 'gold', ) #
22   ax3.set_title('3번', fontsize = 15)
23   ax3.legend(labels= ['y=x+0.5'], bbox_to_anchor= (0,-0.2,1,0.2),
                 mode= 'expand', shadow= True, loc= 'lower center')
24   fig.suptitle('legend & line & mark test', size= 30)
25   fig.tight_layout()   # subplot들이 figure 영역안에 맞도록 마진 조정
26   print(fig)
```

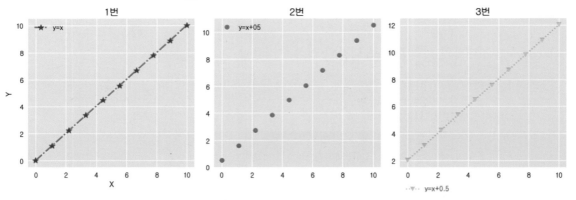

6번 줄 **fig=plt.figure(figsize=(12,5), dpi=100)**을 통해 빈 Figure를 생성하고 설정할 수 있는데, dpi 옵션 지정을 통해 기본 DPI를 변경할 수 있다. 이 예제에서는 기본 DPI가 72px에서 100px로 변경된다. 따라서 **26번** 줄을 확인하게 되면 기존 Figure(864x360)에서 **Figure(1200x500)**으로 Figure의 사이즈가 커진 것을 알 수 있다.

ax1=fig.add_subplot(131)로 subplot(Axes)을 Figure에 추가 가능한데, 131의 의미는 1행 3열 중 1번째라는 의미이다. 1행 3열이므로 한 행에 3개의 axes가 생성되게 되고, 각 Axes의 인스턴스 (ax1, ax2, ax3)에 plot을 적용한 형태, 즉 ax1.plot(), ax2.plot(), ax3.plot()으로 각 Axes에 그래프를 표현할 수 있다.

OOP 두 번째 방법에 대해서도 알아보자.

OOP 2번 방법 적용 (이전 예제 참조)

```
1   stl = ['default','classic', 'dark_background', 'ggplot', 'grayscale', 'seaborn-v0_8']
2   plt.style.use(stl[3])
3   plt.rc('font', family='Gulim') #한글 표현을 위해 굴림으로 설정
4   x = np.linspace(0,10,10)
5   y = x
6   fig, axs = plt.subplots(1,3, figsize = (12,5), dpi = 100)  #default dpi = 72,
7   ############################
8   axs[0].set_title('1번', fontsize = 15)
9   axs[0].set_xlabel('X', size = 12)
10  axs[0].set_ylabel('Y', size = 12)
11  axs[0].plot(x,y,ls = '-.', marker = '*', ms = 10, color = 'r', lw = 2, mfc = 'b', label = 'y=x')
12  axs[0].legend(loc = 'best')
13  ############################
14  axs[1].plot(x,y+0.5, 'ro') #red marker 'o' = circle
15  axs[1].set_title('2번', fontsize = 15)
16  axs[1].legend(labels = ['y=x+05'])
17  ############################
18  axs[2].plot(x,y+2,ls = ':', marker = 'v',c = 'gold', ) #
19  axs[2].set_title('3번', fontsize = 15)
20  axs[2].legend(labels= ['y=x+0.5'], bbox_to_anchor= (0,-0.2,1,0.2), mode= 'expand',
                 shadow= True, loc= 'lower center')
21  fig.suptitle('legend & line & mark test', size= 30)
22  fig.tight_layout()
23  print(fig)
```

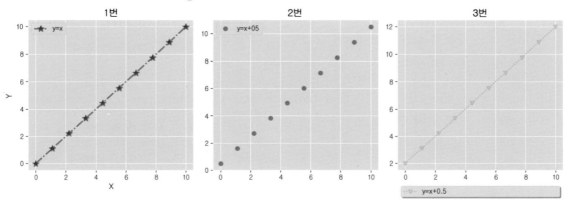

legend & line & mark test

6번 줄 **fig, axs=plt.subplots(1,3, figsize=(12,5), dpi=100)**의 의미는 하나의 Figure에 3개의 subplot을 만들고, Figure 객체는 fig 인스턴스로, 3개의 Axes 객체들은 axs 인스턴스로 설정하여 이 인스턴스들로 Figure와 Axes의 기능들을 사용하겠다는 의미이다. 1행 3열이므로 axs[0], axs[1], axs[2]로 3개의 Axes로 개별 접근할 수 있는데, 만약 2행, 2열 이상일 경우, 즉 2차원 배열 형태 격자로 subplot이 만들어질 때는 각 격자의 axes에 접근하기 위해서 2차원 인덱스로 지정해야 한다.

예를 들어 fig, axs=plt.subplots(2,2)로 설정하면, 1행의 두 Axis는 axs[0,0], axs[0,1]로 2행은 axs[1,0], axs[1,1]로 각 축을 설정하고 그래프를 출력할 수 있다.

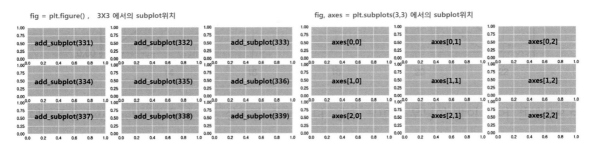

[그림 6-9] Axes의 위치

matplotlib.pyplot에서 자주 사용하는 함수들을 정리하면 다음과 같다.

[표 6-4] matplotlib.pyplot에서 자주 사용하는 함수들

함수명	설명	사용 예
figure()	새로운 figure 생성	plt.figure(num, figsize, dpi, ...)
add_subplot()	현재 figure에 axes(그래프) 추가	fig.add_subplot(pos) pos는 (2,1,1) 또는 (211)로 가능 *2행 1열의 1번째 인덱스
subplot()		plt.subplot(pos)
subplots()	figure와 subplot들로 구성된 집합 생성	plt.subplots([nrows, ncols, sharex, sharey, ...])
show()	figure 디스플레이	plt.show()

style.use()	스타일 서식 지정	plt.style.use(option)
		option: classic, dark_background, ggplot, grayscale,
		                seaborn
		#seaborn의 경우 추가적인 서식 선택 가능
		seaborn-(white,whitegrid, poster, pastel, dark-
		                palette, bright, muted, notebook, deep)

suptitle()	figure 중앙에 제목 추가	plt.suptitle('title', x=0.5, y=0.98, fontsize = 'large'
title()	각 axes에 대한 제목 설정	plt.title(label, fontdict, loc='center', pad)
xlabel()	x 축에 대한 label 설정	plt.xlabel(xlabel, fontdict, labelpad)
ylabel()	y 축에 대한 label 설정	plt.ylabel(ylabel, fontdict, labelpad)
plot()	x에 대한 y의 line 그래프	plt.plot(x,y,,maker,linewidth, makersize, linesytle, ...)
scatter()	x vs y의 scatter plot (산점도)	plt.scatter(x,y,c, maker, linewidth, edgecolors,alpha,...)
boxplot()	box and whisker(박스)	plt.box(x, flierprops, vert, whis,...)
hist()	histogram(히스토그램)	plt.hist(x, bins, range, density, weights, histtype, align, color, stacked, ...)
bar()	bar plot(막대)	plt.bar(x, height, width=0.8,

pie()	pie chart(파이차트)	plt.pie(x, explode, labels, colors,
		                 pctdistance, labeldistance, shadow,
		                 textprops, autopct)

legend()	범례 생성	plt.legend(loc, bbox_to_anchor, ...)
grid()	격자 생성	plt.grid(which='both', axis='both', colors, linestyle, lindewidth)
axhline()	축을 가로지르는 수평선 생성	plt.axhiline(y=0, xmin=0, xmax=1, linewidth, color)
axvline()	축을 가로지르는 수직선 생성	plt.axviline(x=0, ymin=0, ymax=1, linewidth, color)
xticks()	x축 labels의 tick 위치 설정	plt.xticks(ticks, [labels], rotation,...)
yticks()	y축 labels의 tick 위치 설정	plt.yticks(ticks, [labels], rotation,...)
ylim()	현재 axes의 x limit 설정	plt.xlim(min, max)
xlim()	현재 axes의 y limit 설정	plt.ylim(min, max)
axis()	현재 axes의 x, y limit 설정 axis 축 label 표시 On/ Off 또는 scaling 조정	plt.axis([xmin,xmax,ymin,ymax]) plt.axis('on'/True,'off'/False,'equal', 'scaled','auto','normal','square')

savefig()	현재 figure 저장	plt.savefig(fname, dpi, facecolor,
		                 edgecolor, bbox_inches,
		                 pad_inches, frameon, metadata)

text()	axes에 text 추가	plt.text(x,y,s,fontdict)
annotate()	주석달기(텍스트 + 화살표)	plt.annotage(s,xy=(x,y),xytext=(x,y), arrowprops)

그럼, pandas의 내장 함수로 출력했던 이전의 예제들을 이번에는 matplotlib을 이용하여 출력해 보자. 서로 비교하며 살펴보길 바란다.

문제 2 df_fruit으로 데이터프레임을 생성하고 사과, 포도, 감 생산량의 그래프를 하나의 Figure에 3개의 subplot으로 출력하자. 이때 포도 생산량의 xticks는 14~19로 표기하고, 각도를 30도 부여한다. 또한, 감 생산량 그래프에는 주축과 보조 축에 grid를 표시한다.

힌트 1: xticks 표시 - 두 번째 plot의 ticks 설정은 아래와 같다

```
ax[1].set_xticks(ticks=np.arange(2014, 2020), labels=[i for i in range(14,20)],
                 rotation=30)
```

ticks: Axes의 x축 tick(눈금) 위치 list, **labels**: Axes의 x축 tick label list

힌트 2: grid 표시 - ax[2].grid(which = 'both', axis = 'both' , color, ls)
which: {'major(주축)', 'minor(보조축)', 'both'}, **axis** : {'both', 'x', 'y'}

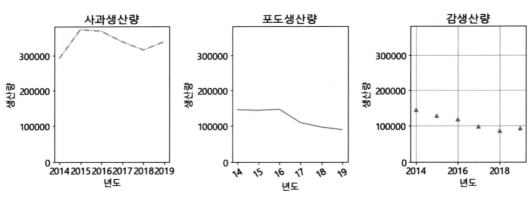

```
#기본 설정
import matplotlib.pyplot as plt
import matplotlib.font_manager as fm
import pandas as pd
plt.rcParams['font.family'] = 'Malgun Gothic'   #글꼴 지정
plt.rcParams['font.size'] = 15                   #글자 크기

df_fruit = pd.read_csv('d:/data/과실별생산량.csv', index_col = 0)
df_fruit
```

결과	사과_면적	사과_생산량	포도_면적	포도_생산량	감_면적	감_생산량
연 별						
2014	18811	292340	8069	145403	7574	145592
2015	19247	372627	7714	143712	7166	128412
2016	20083	367710	7786	146564	6625	118095
2017	20178	338034	6809	108602	6715	97386
2018	19780	315230	6769	95840	6437	86537
2019	19462	338085	6773	88416	6128	91937

문제 2

```
1    fig, ax = plt.subplots(1,3, figsize = (12,5))
     ###########################
2    ax[0]._____
3    ax[0].set_xlabel('연도')
4    ax[0].set_ylabel('생산량')
5    ax[0].set_ylim(0, 380000)
6    ax[0].set_title('사과생산량')
7    ax[0]._____
     ##############################
8    ax[1]._____
9    ax[1].set_xlabel('연도')
10   ax[1].set_ylabel('생산량')
11   ax[1].set_ylim(0, 380000)
12   ax[1].set_title('포도생산량')
13   ax[1]._____
     ##############################
14   ax[2]._____
15   ax[2].set_xlabel('연도')
16   ax[2].set_ylabel('생산량')
17   ax[2].set_ylim(0, 380000)
18   ax[2].set_title('감 생산량')
19   ax[2]._____
20   fig.suptitle('과일 생산량')
21   fig.tight_layout()
```

6.2.3 box 그래프와 bar 그래프

이번에는 하나의 Axes에 사과, 포도, 감 생산량에 대한 박스 그래프를 그려보자. 박스 그래프는 **boxplot**()으로 출력할 수 있는데, 단일 Axes에 세 개의 박스 그래프를 표현하기 위해서는 df_fruit[['사과_생산량', '포도_생산량', '감_생산량']]처럼 데이터프레임을 전달해야 한다.

```
fig, ax = plt.subplots(figsize = (12,5))
ax.boxplot(df_fruit[['사과_생산량','포도_생산량','감_생산량']], labels= ['사과','포도','감'])
ax.grid()
fig.suptitle('과일 생산량')
```

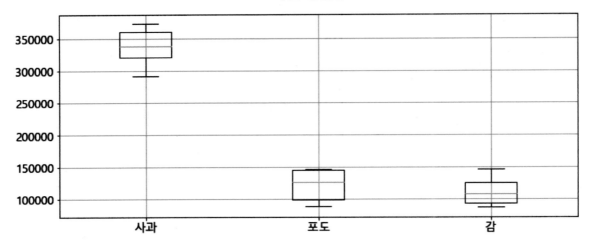

이번 예제는 matplotlib.pyplot에서의 barplot에 대한 것이다. plt.bar(x, height)로 막대그래프를 표현할 수 있으며, 막대의 색상은 **color**로, 막대의 두께는 **width**에 값을 대입하여 변경할 수 있다. default 막대 두께는 0.8이다. 3행 1열로 하나의 Figure에 3개의 Axes로 표현하여, 각 Axes에는 사과, 포도, 감 생산량을 막대로 표현해 보자.

```
1  import seaborn as sns        #seaborn 라이브러리의 색상 팔레트 적용 위해
2  fig, ax = plt.subplots(3,1,figsize = (12,8))
3  #######################
4  ax[0].bar(x=df_fruit.index, height=df_fruit['사과_생산량'])
```

```
5    ax[0].grid()
6    ax[0].set_xlabel('연도')
7    ax[0].set_ylabel('생산량')
8    ax[0].set_title('사과생산량')
9    #####################
10   ax[1].bar(x=df_fruit.index, height=df_fruit['포도_생산량'],
             color = ['r','g','b','c','m','k'])
11   ax[1].grid()
12   ax[1].set_xlabel('연도')
13   ax[1].set_ylabel('생산량')
14   ax[1].set_title('사과생산량')
15   ################# seaborn의 색상 팔레트 적용하기 위해
16   color_pal = sns.color_palette('pastel', len(df_fruit.index))
17   ax[2].bar(x=df_fruit.index, height=df_fruit['감_생산량'], color = color_pal)
18   ax[2].grid()
19   ax[2].set_xlabel('연도')
20   ax[2].set_ylabel('생산량')
21   ax[2].set_title('사과생산량')
22   fig.suptitle('과일 생산량')
23   fig.tight_layout()
```

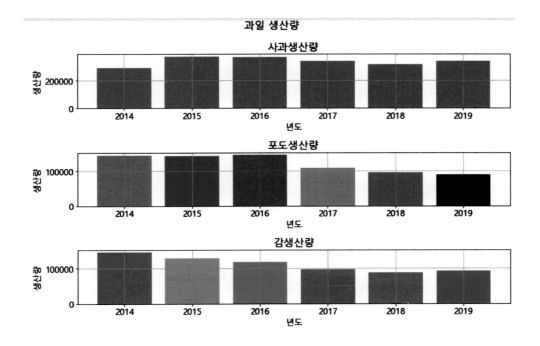

bar() 그래프는 막대가 놓일 x의 위치 그리고 막대로 표현될 양(量)을 표시해 줘야 한다. 그리고 따로 색상을 지정하지 않으면 파란 단색으로 표현되고, 막대의 수만큼 color를 지정하면 두 번째에 위치한 plot처럼 지정한 색의 순으로 표현된다.

seaborn 라이브러리 안에 있는 color_palette를 이용하면 막대그래프의 색상을 자동으로 통일성 있는 색상으로 지정해 주는데, seaborn은 matplotlib을 이용하여 만들어진 시각화 라이브러리이다. 다음 챕터에서 seaborn 라이브러리에 대해 자세히 알아보자.

16번 줄처럼 seaborn의 color_palette() 메서드에 palette 종류와 색상 수를 전달하면, 색상의 수만큼 선택한 팔레트의 색상이 반환된다. 위의 마지막 3번째 그래프는 이를 적용한 예이다.

pallete의 종류는 deep, muted, bright, dark, hls, pastel 등이 있다.

다음으로 한 Axes에 3과일의 생산량을 막대그래프로 표현해 보자. bar 그래프는 box 그래프처럼 여러 열의 선택, 즉 데이터프레임을 지원하지 않는다. 그래서 아래와 같이 막대그래프의 위치를 지정해야 하는데, 이때 막대의 개수(3개)와 여백을 고려한 (1/4=0.25) 값을 막대의 위치에 누적하여 그래프를 중첩 표현한다.

```
1    fig, ax = plt.subplots(figsize = (12,8))
2    ax.bar(x=df_fruit.index +0.25, height=df_fruit['사과_생산량'], width = 0.25,
            color = 'r',label = '사과')
3    ax.bar(x=df_fruit.index +0.25*2, height=df_fruit['포도_생산량'], width = 0.25,
            color = 'g',label = '포도')
4    ax.bar(x=df_fruit.index +0.25*3, height=df_fruit['감_생산량'], width = 0.25,
            color = 'c', label = '감')
5    ax.legend()
6    ax.grid()
7    ax.set_xticks(np.arange(2014,2020)+0.5)
8    ax.set_xticklabels([14,15,16,17,18,19], size =25)
9    ax.set_xlabel('연도', size = 15)
10   ax.set_ylabel('생산량', size = 15)
```

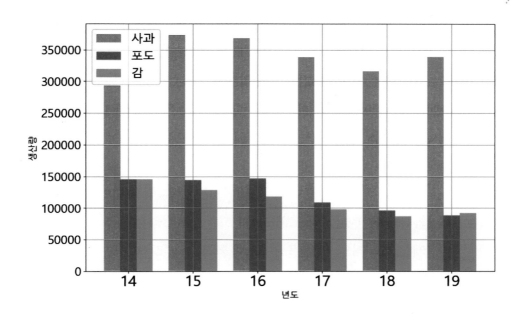

7번 줄에서 2014.5부터 2019.5까지의 위치에 xticks를 생성하게 되고, 8번 줄을 실행하면 xticks의 label을 14, 15, 16, 17, 18, 19로 변경하게 된다.

df_fruit.index는 2,014~2,019 사이의 큰 정수형 범위를 가지게 되므로, 아래와 같이 표현하는 것도 좋은 방법이다. 아래

```
     # xtick 변경 (기존 2014 ~ 2019 -> 변경 1 ~ 6)
1    fig, ax = plt.subplots(figsize = (12,8))
2    xtick = np.arange(1, 7)
3    ax.bar(x= xtick +0.25, height=df_fruit['사과_생산량'], width = 0.25, color = 'r',
            label = '사과')
4    ax.bar(x= xtick +0.25*2, height=df_fruit['포도_생산량'], width= 0.25, color = 'g',
            label = '포도')
5    ax.bar(x= xtick +0.25*3, height=df_fruit['감_생산량'], width = 0.25, color = 'c',
            label = '감')
6    ax.legend()
7    ax.grid()
8    ax.set_xticks(xtick + 0.5)
9    ax.set_xticklabels([14,15,16,17,18,19],size =25)
10   ax.set_xlabel('년도', size = 15)
11   ax.set_ylabel('생산량', size = 15)
```

ax.bar()는 막대그래프를 출력할 수도 있지만 동시에 바컨테이너(barcontainer) 클래스를 리턴해준다. 즉 3번 줄의 실행 결과로 막대그래프가 출력되고, 막대그래프에서의 각 막대의 정보들이 반환되어 bar_container에 저장된다. 여기에는 막대들의 width(너비), height(높이), xy 위치, angle 등에 대한 정보가 담겨 있다.

```
1   fig, ax = plt.subplots(figsize = (12,8))
2   xtick = np.arange(1, 7)
3   bar_container = ax.bar(x= xtick, height=df_fruit['사과_생산량'], width = 0.25,
                           color = 'r',label = '사과')
4   ax.set_xticks(xtick)
5   ax.set_xticklabels([14,15,16,17,18,19],size =25)
6   ax.bar_label(bar_container)
7   print(type(bar_container))      #bar_container의 타입
8   print(len(bar_container))       #bar_container의 개수
9   for i in bar_container:         #bar_container의 파라미터 값 확인
10      print(i)
```

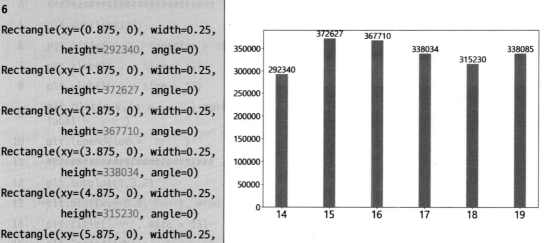

```
<class 'matplotlib.container.BarContainer'>
6
Rectangle(xy=(0.875, 0), width=0.25,
          height=292340, angle=0)
Rectangle(xy=(1.875, 0), width=0.25,
          height=372627, angle=0)
Rectangle(xy=(2.875, 0), width=0.25,
          height=367710, angle=0)
Rectangle(xy=(3.875, 0), width=0.25,
          height=338034, angle=0)
Rectangle(xy=(4.875, 0), width=0.25,
          height=315230, angle=0)
Rectangle(xy=(5.875, 0), width=0.25,
          height=338085, angle=0)
```

8번 줄의 결과가 위의 결과 창에 6으로 출력되었고, 이는 막대의 수와 일치한다. 9번, 10번 줄로 인해 bar_container의 정보인 6개 bar 각각의 위치, 높이, 너비로 출력되며, 6번 줄 **bar_label**()에 아규먼트로 bar_container(bar()의 반환값)를 전달하면, bar 그래프 상단 끝(label_type='edge')에 bar 의 높이가 표기되어 나타난다. bar_container에서 xy 위치가 0.875, 1.875 등과 같이 표현된 이유는 xtick이 1, 2, 3, 4, 5, 6이고, width=0.25이므로, 바(막대)의 시작이 1~6 사이의 정수 − (0.25/2) = [0.875, 1.875, 2.875, 3.875, 4.875, 5.875]가 된다.

사과, 포도, 감 생산량을 모두 bar로 출력하고, 각 bar_label을 표기하기 위해서는 이전 예제처럼 각각의 bar() 그래프를 출력하고, 반환된 바컨테이너 클래스들을 bar_label() 각각의 아규먼트로 전달하면 된다. **bar_label**()의 아규먼트 중 label_type은 bar에 표기되는 숫자의 위치를 지정할 수 있는데, default는 'edge'이며, 'center'의 경우 막대 높이의 중앙에 위치한다. padding 아규먼트에 양수 또는 음수 숫자를 입력하면 표기되는 숫자의 높이를 미세 조정할 수 있다.

```
1   fig, ax = plt.subplots(figsize = (12,8))
2   bar_container1 = ax.bar(x=df_fruit.index + 0.25, height=df_fruit['사과_생산량'],
                            width = 0.25, color = 'r')
3   bar_container2 = ax.bar(x=df_fruit.index + 0.25*2, height=df_fruit['포도_생산량'],
                            width = 0.25, color = 'g')
4   bar_container3 = ax.bar(x=df_fruit.index + 0.25*3, height=df_fruit['감_생산량'],
                            width = 0.25, color = 'c')
5   ax.grid()
6   ax.bar_label(bar_container1)
7   ax.bar_label(bar_container2, label_type = 'edge', fmt = '%g개', padding = 5 )
8   ax.bar_label(bar_container3, label_type = 'center', size = 20)
9   ax.set_xlabel('연도')
10  ax.set_ylabel('생산량')
```

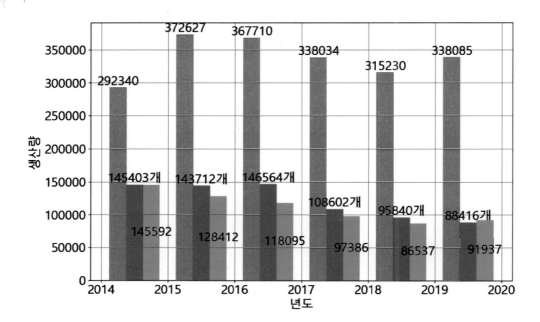

이번 예제는 bar_container를 더욱 적극적으로 활용할 수 있는 방법에 대한 것이다. 경우에 따라서는 bar_label()로 막대별 value(height)를 표시했을 때, 글자들이 겹쳐져 알아보기 힘들거나 다양한 설정 적용이 필요할 수도 있다.

이런 경우 **ax.text()** 또는 **ax.annotate()**를 이용할 수 있는데, **ax.text()**, **ax.annotate()**에는 xy 위치, 높이, 화면에 출력하려는 텍스트(아래의 경우 막대 높이), 정렬(수평/수직) 그리고 크기 등의 정보를 옵션으로 지정할 수 있다.

```
1   fig, ax = plt.subplots(figsize = (12,8))
2   bar_container1 = ax.bar(x=df_fruit.index +0.25, height=df_fruit['사과_생산량'],
                        width = 0.25, color = 'r')
3   bar_container2 = ax.bar(x=df_fruit.index +0.25*2, height=df_fruit['포도_생산량'],
                        width = 0.25, color = 'g')
4   bar_container3 = ax.bar(x=df_fruit.index +0.25*3, height=df_fruit['감_생산량'],
                        width = 0.25, color = 'c')
5   ax.grid()
6   ax.bar_label(bar_container1, padding = -20)
7   for p in bar_container2: #두 번째 green bar
8       ax.annotate(text = f'{p.get_height()}',
```

```
9                          ha = 'center', va = 'center',
10                         xy = (p.get_x() + p.get_width() / 2. , p.get_height()+10000))
11    for p in bar_container3:  #세 번째  cyan bar
12        ax.text(p.get_x()+p.get_width()/2,
13                (p.get_y()+p.get_height())*0.9,
14                f'{p.get_height()}'+'개',
15                size = 12,
16                ha = 'center' )
17    ax.set_xticks(df_fruit.index + 0.5)
18    ax.set_xlabel('연도')
19    ax.set_ylabel('생산량')
```

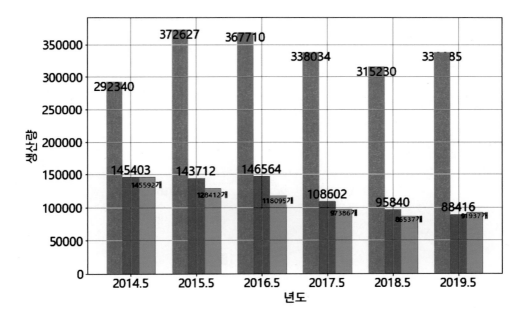

6.2.4 pie 그래프

이번 절에서는 matplotlib의 pie 차트에 대해서 알아보자. 파이 차트는 각각의 부채꼴이 차지하는 비율, 즉 중심 각도를 통해 전체에서 부분이 차지하는 비율을 한눈에 볼 수 있는 장점이 있다. 막대그래프와 더불어서 뉴스나 보도자료에 많이 등장하는 차트 중 하나이다. pandas의 파이 차트와는 다소 차이가 있는데, 6.2.3에서 살펴본 bar 그래프처럼 데이터프레임이 아닌 시리즈에 대해서만 그래프를 그릴 수 있다.

```
1  import seaborn as sns #seaborn 라이브러리 import
2  color_pal = sns.color_palette('deep', len(df_fruit.index))
3  fig, ax = plt.subplots(1,3, figsize = (12,8))
4  ax[0].pie(x=df_fruit['사과_생산량'], autopct = '%.1f%%') # x = 1D array
5  ax[0].set_title('사과_생산량')
6  ax[1].pie(x=df_fruit['감_생산량'], explode=[0.2, 0.01, 0.01, 0.01, 0.01, 0.01],
           labels = df_fruit.index, autopct = '%.1f%%', textprops={'fontsize': 18})
7  ax[1].set_title('감_생산량')
8  ax[2].pie(x=df_fruit['포도_생산량'],l abels = df_fruit.index, autopct = '%.1f%%',
             colors = color_pal, pctdistance = 0.75, labeldistance = 1.2,
             shadow = True)
9  ax[2].set_title('포도_생산량')
```

파이 그래프는 색상, 레이블의 위치, 거리 등의 설정 외에 donut(도넛) 모양으로 설정도 가능하다. 이때 도넛 안에는 강조하고 싶은 데이터의 수치 정보 등을 기입할 수 있다.

도넛 모양으로 변경하기 위해서는 wedgeprops 아규먼트를 딕셔너리로 전달해야 하며, 퍼센트(autopct)를 입력하는 경우 pctdistance 조절이 필요하다.

ax.text()에서(7,8번 줄), 수평/수직 방향의 'center' 위치에 y 값의 offset을 조정하면 여러 줄의 정보를 text로 차트에 표기하는 것도 가능하다.

```
1   fig, ax = plt.subplots(figsize = (12,8))
2   ax.pie(x=df_fruit['포도_생산량'], wedgeprops = {'width' : 0.3},
            labels = df_fruit.index, autopct = '%.1f%%', colors = color_pal,
            pctdistance = 0.81, shadow = True, startangle = 90)
    #가장 많은 생산량을 기록한 해의 생산량 (K 단위로 표시)
3   grape_pdt = df_fruit['포도_생산량'].sort_values(ascending=False).iloc[0] // 1000
    #가장 많은 생산량을 기록한 해
4   grape_year = df_fruit['포도_생산량'].sort_values(ascending=False).index[0]
5   ptr1=  str(grape_year)+'년 생산량 '
6   ptr2 = str(grape_pdt) + 'K'
7   ax.text(0, 0.3, ptr1, ha='center', va='center', size = 20)
8   ax.text(0,-0.2, ptr2, ha='center', va='center', size = 50)
9   ax.set_title('포도_생산량')
```

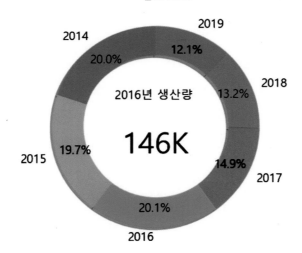

6.2.5 hist 그래프

이제 matplotlib에서의 히스토그램을 그려보자. df_fruit의 데이터양이 적으므로 pandas의 히스토그램 예제와 마찬가지로 제주도의 온도와 습도를 이용해 본다.

```python
# 한글 글꼴 설정 및 필요 라이브러리 import
import matplotlib.pyplot as plt
import matplotlib.font_manager as fm
import pandas as pd
import numpy as np
plt.rcParams['font.family'] = 'Malgun Gothic'  #글꼴 지정
plt.rcParams['font.size'] = 20 # 글자 크기
# 보간된 온도와 습도를 가지는 데이터프레임 생성
df_jeju = pd.read_csv('d:/data/bool/2022제주_기후.csv', encoding = 'euc-kr', index_col = 0)
df_temp = df_jeju['평균기온(℃)'].interpolate()  #평균기온 보간
df_hum = df_jeju['습도(%)'].interpolate()         #습도 보간
df_weather = pd.DataFrame({'temp': df_temp , 'hum': df_hum})
```

히스토그램은 **plt.hist**(), **ax.hist**()로 출력할 수 있으며, 설정된 bins의 수로 연속되어 표현되는 막대의 수를 설정할 수 있다. 아래 코드의 2번, 3번 줄처럼 중첩하여 표현하거나 시리즈나 어레이 (array)를 시퀀스 형태로 표현할 수도 있다.

(ex, ax[0].hist(x= (df_temp1, df_temp2))

6번 줄과 같이 width와 edgecolor를 설정하여 hist에서 bar 그래프처럼 막대 형태로 표현도 가능하며, 10번 줄의 density를 이용하면 막대 너비에 의한 정규화된 확률 밀도 함수를 생성할 수도 있다. 이때 전체 합은 1이며, 전체 데이터 세트에서 개별 데이터가 존재하는 확률로 쉽게 분석할 수 있다.

```python
1   fig, ax = plt.subplots(3,1, figsize = (12,8))
2   ax[0].hist(x= df_temp, bins = 10, label = 'bins 10') # 단일 또는 시퀀스 array
3   ax[0].hist(x= df_temp, bins = 20, label = 'bins 20')
4   ax[0].legend(loc = 'upper right')
5   ax[0].set_title('bins')
6   ax[1].hist(x=df_temp, histtype = 'bar', edgecolor = 'black', width = 0.3)
7   ax[1].set_title('edge')
8   ax[1].set_xticks(np.arange(15,20.5, 0.5))
9   ax[1].set_xticklabels(np.arange(15,20.5,0.5))
10  ax[2].hist(x=df_temp, density = True, label = 'density', color = 'darkcyan' )
11  ax[2].set_title('density')
12  fig.tight_layout()
```

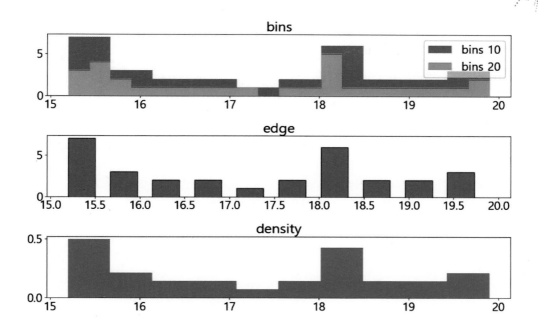

6.2.6 scatter 그래프

matplotlib의 그래프 중 마지막으로 소개할 산점도 그래프는 두 데이터 간의 상관관계 분석에 사용되며, **plt.scatter**() 또는 **ax.scatter**()로 시각화할 수 있다. 위에서 다룬 그래프들과는 다르게 산점도는 두 데이터 간의 비교가 목적이므로 x, y축 각각에 데이터를 지정하고, 그 데이터가 만나는 지점에 점(dot)을 표시한다.

```
1   fig, ax = plt.subplots(3,1, figsize = (12,8))
2   ax[0].scatter(x= df_temp, y = df_hum)    # 데이터프레임 또는 시리즈 모두 가능
3   ax[1].scatter(data = df_weather, x ='temp',y = 'hum', c = 'red')
4   ax[2].scatter(data = df_weather, x ='temp',y = 'hum', c = np.arange(30),
5               cmap = 'autumn')
    ax[0].set_title('default 설정')
6   ax[1].set_title('단일 color 적용;)
7   ax[2].set_title('그래디언트 색상 적용 -color map')
8   fig.tight_layout()
```

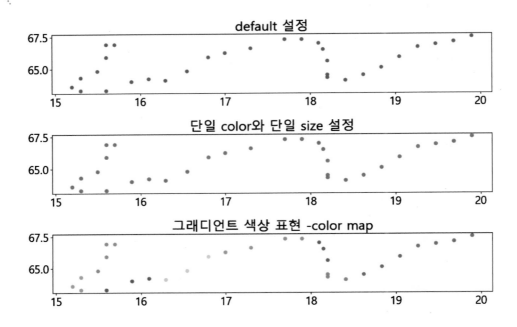

세 개의 Axes 중 첫 번째 ax[0]에는(2번 줄) 기본 설정으로 x축에 temp를, y축에는 hum으로 지정하였고, ax[1]에는(3번 줄) df_weather의 데이터프레임을 **data** 아규먼트에 넣고 **x, y**를 데이터프레임의 열 이름으로 각각 지정하였다. ax[1]에서처럼 **c**에 'red'와 'green'과 같은 단일 색상을 지정할 수도 있지만, ax[2] 에서는 데이터의 개수만큼 색상을 어레이로 지정할 수도 있음을 보여 준다.

후자의 경우는 **cmap**(color map) 아규먼트에 특정 color map을 지정하여 그래디언트한 색상 조합을 지정할 수 있다. 기본은 'viridis' 컬러맵이며, 가장 흔히 사용되는 컬러맵으로는 4계절을 상징하는 spring, summer, autumn, winter와 tab20, tab20b, tab20c, coolwarm, accent, Set1, Set2, Set3 그리고 흑백인 gray 등이 있다.

matplotlib 3.7.3의 경우 기본적으로 color map의 종류가 166개 있으며, color map의 종류와 지정 방법은 아래와 같은 방법으로도 가능하다. 참고로 앞서 살펴봤던 color palette(컬러팔레트)와 colomap(컬러맵)은 다른 개념이다.

colormap은 한 색상에서 다른 색상으로 선형적으로 서서히 변화하는 그래디언트 색상을 표시하며, colorpalette는 고정된 색상 집합을 의미한다. 다시 말해 colormap을 이용하면 데이터가 커질수록 점점 밝아지거나 또는 어두워지는 것처럼 보이므로 데이터 변화를 시각적으로 파악하기 용이하다.

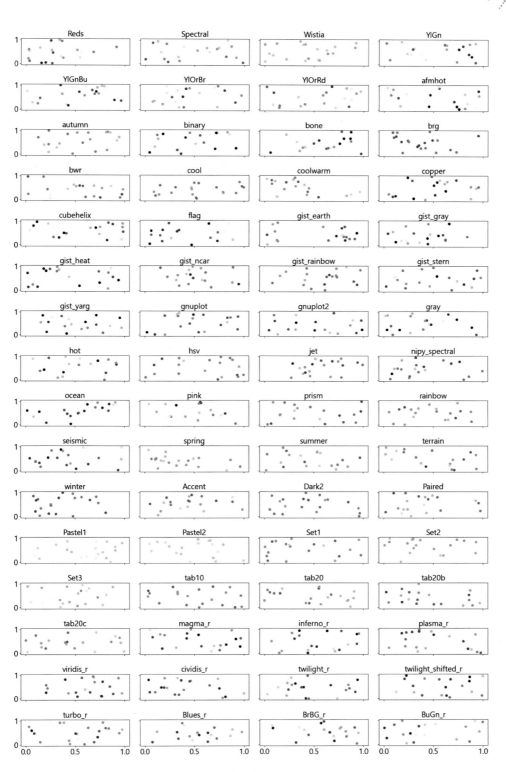

[그림 6-10] colormap의 종류

데이터의 인덱스가 증가할수록 또는 감소할수록 점의 크기를 증가/감소하게 할 수 있는 방법도 있다. 이때는 's'(size)라는 아규먼트에 적용하면 되는데, 's' 역시 'c'와 마찬가지로 단일 사이즈 또는 x축, y축 데이터와 동일한 개수를 가진 어레이로 지정해야 한다.

matplotlib의 subplots() 메서드에는 gridspec_kw 아규먼트도 존재하는데, 이 아규먼트는 한 Figure 안에 위치할 subplot들의 가로, 세로의 크기와 배치 등에 관련된 옵션을 dict로 전달해야 한다. dict의 key로는 width_ratios(한 행에 배치하는 axes의 비율), height_ratios(한 행과 다음 행에 배치하는 axes의 비율), wspace(한 행의 axes간 비움 간격), hspace('한 열의 axes간 비움 간격) 등이 있다.

아래 예제는 위의 두 아규먼트들을 이용하여 점의 크기와 subplot의 크기를 변경하여 표현하는 방법에 대한 것이고, colormap의 색상을 수치로 표현해 주는 colorbar에 대한 것이다. colorbar()는 fig, ax의 메서드가 아니므로 plt.colorbar()로 호출해야 하며, scatter() 그래프 실행 후 반환된 값을 아규먼트로 전달해야 한다.

```
1    grd_sp = {'width_ratios': [1, 1],  height_ratios': [1, 2],
                  'wspace': 0.2, 'hspace': 0.5}
2    fig, ax = plt.subplots(2,2, figsize = (12,8), gridspec_kw = grd_sp)
3    ax[0, 0].scatter(data = df_weather, x ='temp',y = 'hum' , c = np.arange(30),
                      cmap = 'autumn', s= 100)
4    ax[0][1].scatter(data = df_weather, x ='temp',y = 'hum' , c = 'temp',
                      s= (30 -  np.arange(30))*10, cmap = 'spring')
5    sct1 = ax[1][0].scatter(data = df_weather, x ='temp',y = 'hum' , c = 'hum',
                      s= np.arange(30)*10)
6    sct2 = ax[1][1].scatter(data = df_weather, x ='hum',y = 'temp' , c = 'temp',
                      s =df_weather.temp*50 , alpha = 0.5)
7    plt.colorbar(sct1)                      #color bar 설정(외부)
8    plt.colorbar(sct2, location = 'bottom')  #color bar 설정(외부)
9    plt.winter()                            #cmap 적용의 다른 방법
10   fig.suptitle('gridspce_kw옵션 적용하여 subplot 크기 변경')
11   ax[0,0].set_title('autumn cmap 적용')
12   ax[0,1].set_title('size 변경(증가)')
13   ax[1,0].set_title('size&colorbar 적용 (default=LEFT)')
14   ax[1,1].set_title('size&colorbar 적용 (bottom)')
```

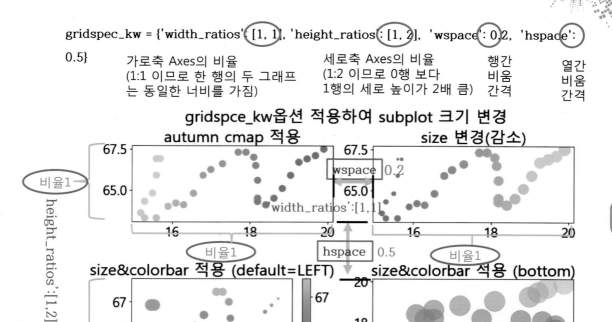

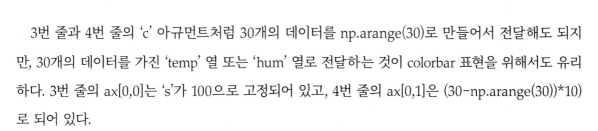

3번 줄과 4번 줄의 'c' 아규먼트처럼 30개의 데이터를 np.arange(30)로 만들어서 전달해도 되지만, 30개의 데이터를 가진 'temp' 열 또는 'hum' 열로 전달하는 것이 colorbar 표현을 위해서도 유리하다. 3번 줄의 ax[0,0]는 's'가 100으로 고정되어 있고, 4번 줄의 ax[0,1]은 (30-np.arange(30))*10)로 되어 있다.

위의 결과를 보면 ax[0,0]의 모든 점은 동일하지만, ax[1,0]은 시작 번째 데이터부터 끝 번째 데이터까지 점차 크기가 증가되는 것을 확인할 수 있다. 위의 식 (30~1)*10으로 첫점(67.5(제일 우측 상단))이 size=300으로 가장 크고, 끝점 66.90이 size=10으로 가장 작다. ax[1,0]은 크기가 반대로 시작이 가장 작고(10), 끝이 가장 크다(300).

ax[1,1]은 점들의 크기가 동일해 보이지만, temp 열의 크기에 50이 곱해진 크기이다. 다만, temp의 온도 변화가 4~5도 차이어서 점의 사이즈의 차이는 작아 보인다. 또한, ax[1,1]에는 alpha를 적용하여 점들에게 투명도를 추가하였다. 다른 그래프에서와는 다르게, 점들이 투명도를 가지고 있으므로 겹쳐진 정도를 알 수 있다.

7번 줄, 8번 줄로 그래프에 표현된 색상의 수치 값을 colorbar로 나타낼 수 있는데, 기본 위치는 그래프 오른쪽 옆이며, location 아규먼트를 이용하여 'top', 'bottom', 'left', 'right'로 변경할 수 있다.

6.3 | Seabron 라이브러리

seaborn은 6.2절에서 배운 matplotlib을 기반으로 데이터 시각화를 위해 만들어진 라이브러리이다. matplotlib보다 간단하지만 미(美)적으로 화려한 그래프를 제공하며, 다양한 색상과 테마들을 제공한다.

pandas의 그래프, matplotlib의 그래프, seaborn의 그래프 역시 디자인 적으로 차이를 무시하면, 유사한 그래프를 출력시킬 수 있다. seaborn까지 학습하고 나면 시각화 하는 것은 이제 어렵지 않을 것이다. 다만, 어떤 경우에 어떤 시각화 라이브러리를 이용할 것인지를 경험적으로 선택하는 것이 중요하다.

seaborn에는 또 다른 장점이 있다. 파이썬에서 가장 유명한 시각화 라이브러리로, 시각화 연습을 위한 다양한 예제 데이터 세트를 준비해 두고 있다.

타이타닉 생존자(titanic), 식당에서의 팁(tips), 자동차 연비 데이터(mpg), iris 꽃 데이터(iris), 연속형/범주형 데이터(dots) 등의 22개의 예제 데이터 세트가 있다. 데이터 세트들을 그룹핑하여 분석하거나, 결측치를 채우는 등 충분한 데이터 정제 연습도 가능하다. 또한, 구글링을 통해 웹에서 각 데이터 세트들을 이용하여 분석한 데이터들도 쉽게 구할 수 있어 본인의 분석과 비교하고 팁을 얻을 수도 있다.

시각적으로도 화려하고, 간편하여 오히려 초보자들에게도 적합하며, 앞서 배운 fig, ax=plt.subplots()와 연계하면 seaborn 그래프의 단점을 커버링할 수 있다.

● **seaborn의 설치**

아나콘다의 주피터 노트북에는 이미 seaborn이 설치되어 있지만, 혹시 pycharm이나 python IDLE 등을 이용하는 경우에는 따로 설치해야 한다.

```
pip install seaborn      #seaborn 설치
import seaborn as sns   # seaborn의 별칭: sns
sns.__version__         # seaborn 버전 확인
결과: '0.12.2'
```

0.11.0 이후의 버전은 크게 차이가 없겠지만, 가능하면 최신 버젼을 설치하고 사용하길 권장한다.

```
!pip install seaborn --upgrade     #주피터에서의 seaborn 업그레이드
```

참고로 홈페이지 주소는 다음과 같다. https://seaborn.pydata.org/

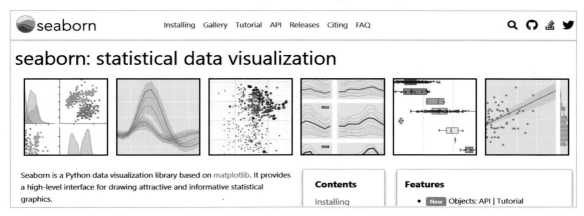

[그림 6-11] seaborn 홈페이지

6.3.1 seabron 예제 데이터 세트 활용

```
import seaborn as sns           #seaborn 라이브러리
import matplotlib.pyplot as plt  # matplotlib의 pyplot 라이브러리
```

```
        import pandas as pd
        import numpy as np
        plt.rcParams['font.family'] = 'Malgun Gothic'  #글꼴 지정
        plt.rcParams['font.size'] = 20 # 글자 크기
1       print(sns.__version__)
        for i in sns.get_dataset_names(): # 예제 데이터세트 이름 반환 # total 22개
2          print(i, end = ' ')
```

결과		
	1	0.12.2 # version 6번 줄 실행결과
	2	anagrams anscombe attention brain_networks car_crashes diamonds dots dowjones exercise flights fmri geyser glue healthexp iris mpg penguins planets seaice taxis tips titanic

22개의 예제 데이터 세트 중 이 책에서는 자동차 휘발유 연비 데이터인 Mile Per Gasoline('mpg')를 이용하여 분석과 시각화를 진행한다.

load_dataset('예제데이터세트이름')

```
df_mpg = sns.load_dataset('mpg')
df_mpg
```

	mpg	cylinders	displacement	horsepower	weight	acceleration	model_year	origin	name
0	18.0	8	307.0	130.0	3504	12.0	70	usa	chevrolet chevelle malibu
1	15.0	8	350.0	165.0	3693	11.5	70	usa	buick skylark 320
2	18.0	8	318.0	150.0	3436	11.0	70	usa	plymouth satellite
3	16.0	8	304.0	150.0	3433	12.0	70	usa	amc rebel sst
4	17.0	8	302.0	140.0	3449	10.5	70	usa	ford torino
...	...	...	...	...	...	...	...	...	...
393	27.0	4	140.0	86.0	2790	15.6	82	usa	ford mustang gl
394	44.0	4	97.0	52.0	2130	24.6	82	europe	vw pickup
395	32.0	4	135.0	84.0	2295	11.6	82	usa	dodge rampage
396	28.0	4	120.0	79.0	2625	18.6	82	usa	ford ranger
397	31.0	4	119.0	82.0	2720	19.4	82	usa	chevy s-10

398 rows × 9 columns

398개의 행과 9개의 열로 이루어져 있고, 데이터프레임의 길이가 길어서 숨김 처리되어 있지만, 보이는 영역 내에서는 결측치는 보이지 않는다. 그리고 맽 끝에 두 열 '**origin**'과 '**name**'은 범주형 데이터로 보이고, 나머지는 수치형 연속형 데이터로 보인다. 그럼, **describe()**와 **info()**를 통해 데이터의 전반적인 정보를 살펴보자.

```
df_mpg.info()
```

```
#   Column         Non-Null Count   Dtype
0   mpg            398  non-null    float64
1   cylinders      398  non-null    int64
2   displacement   398  non-null    float64
3   horsepower     392  non-null    float64
4   weight         398  non-null    int64
5   acceleration   398  non-null    float64
6   model_year     398  non-null    int64
7   origin         398  non-null    object
8   name           398  non-null    object
dtypes: float64(4), int64(3), object(2)
memory usage: 28.1+ KB
```

df_mpg는 float 자료형 4개, int 자료형 3개, object 자료형이 2개인 데이터프레임이며, 결측치는 **horsepower**에만 6개 있다.

```
df_mpg.describe()
```

	mpg	cylinders	displacement	horsepower	weight	acceleration	model_year
count	398.000000	398.000000	398.000000	392.000000	398.000000	398.000000	398.000000
mean	23.514573	5.454774	193.425879	104.469388	2970.424623	15.568090	76.010050
std	7.815984	1.701004	104.269838	38.491160	846.841774	2.757689	3.697627
min	9.000000	3.000000	68.000000	46.000000	1613.000000	8.000000	70.000000
25%	17.500000	4.000000	104.250000	75.000000	2223.750000	13.825000	73.000000
50%	23.000000	4.000000	148.500000	93.500000	2803.500000	15.500000	76.000000
75%	29.000000	8.000000	262.000000	126.000000	3608.000000	17.175000	79.000000
max	46.600000	8.000000	455.000000	230.000000	5140.000000	24.800000	82.000000

수치형 자료의 열들은 **mpg**(효율), **cylinders**(실린더 개수), **displacement**(차 길이), **horsepower**(마력, hp), **weight**(중량), **acceleration**(가속력), **model_year**(연식)이 있다. 범주형 자료들도 역시 확인해 보자.

```
df_mpg.describe(include = 'O')
```

결과		origin	name
	count	398	398
	unique	3	305
	top	usa	ford pinto
	freq	249	6

제조국은 3개국이며 그중 usa가 398개 중에 약 60%를 차지한다. 자동차는 ford pinto이며, 6개가 반복된다.

6.3.2 countplot()과 barplot()

seaborn에서는 matplotlib의 bar 그래프와 유사한 **countplot()과 barplot()을 이용하여 데이터의 수치를 막대로 표현**할 수 있는데, 두 plot()은 제법 큰 차이가 있다. countplot()은 주로 범주형 데이터를 x(주로) 또는 y 파라미터에 대입하며, 범주형 데이터의 value_counts(), 즉, 범주형 데이터의 개수를 그래프로 나타낸다. 이때 x와 y 두 파라미터를 동시에 사용할 수는 없다. barplot()은 수치형 데이터를 주로 y 파라미터에 대입하고, 범주형 데이터를 x 파라미터에 대입한다. barplot()은 기본적으로, 수치형 데이터의 평균 데이터를 막대로 나타내는데, estimator 파라미터를 이용하여 Numpy의 통계용 메서드를 적용할 수 있다.

먼저 데이터의 개수를 바(막대)로 출력하는 **countplot()**에 대해 살펴보자.

countplot(data, x(or y), order, hue, color, palette)

```
sns.countplot(data = df_mpg, x= 'origin')
```

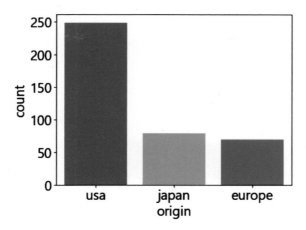

matplotlib과 비교하면, 간단히 막대그래프가 출력되는데, df_mpg.value_counts()와 비교해 보길 바란다.

이제 여기 각 막대에 count 숫자도 추가해 보자. seaborn에서는 matplotlib의 barcontainer와 유사하게 sns.countplot()의 return된 ax 객체에 bar_label 메서드를 이용하여 막대의 높이(count 값)를 적용할 수 있다.

```
ax.bar_label(ax.containers[0])
```

```
plt.subplots(figsize = (12,8))
ax = sns.countplot(data = df_mpg, x= 'origin') #sns.countplot()은 ax로 반환
ax.bar_label(ax.containers[0], padding = -1)
```

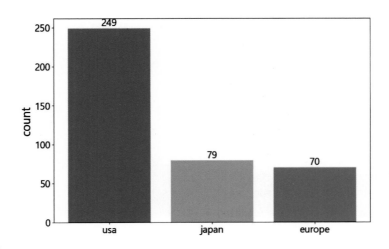

문제 3 위의 그래프와 유사한 출력을 matplotlib의 bar 그래프를 이용하여 출력하라.

문제 3.

```
df_mpg = sns.load_dataset('mpg')
fig, ax = plt.subplots(figsize = (12,8))
```

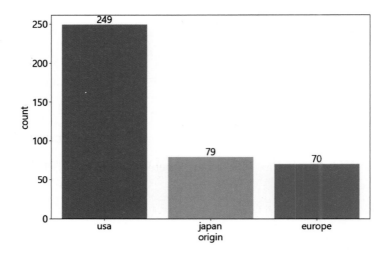

countplot()은 수평과 수직으로 막대를 세우거나 눕힐 수 있는데, 수평으로 누운 막대가 분석에 용이한 경우도 많다.

아래 예는 '**cylinders**'를 기준으로 수평/수직 방향으로 countplot을 적용한 것이다.

수평 / 수직 countplot

```
fig = plt.figure(figsize = (12,8))
plt.subplot(211)
ax = sns.countplot(data = df_mpg, x= 'cylinders')
ax.bar_label(ax.containers[0], padding = -1)
plt.subplot(212)
ax = sns.countplot(data = df_mpg, y= 'cylinders')
ax.bar_label(ax.containers[0], padding = -1)
fig.tight_layout()
```

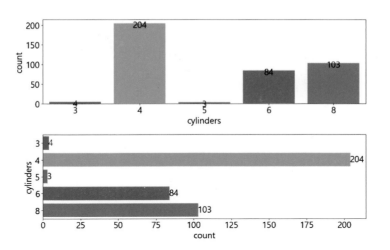

문제 4 위의 그래프와 유사한 출력을 matplotlib의 bar 그래프를 이용하여 표현하라. (수직 막대만 표현)

문제 4.

```
df_mpg = sns.load_dataset('mpg')
fig, ax = plt.subplots(figsize = (12,8))
```

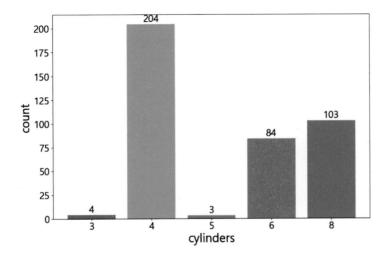

seaborn의 강력하고 편리한 기능 중에 hue(뜻 : 색조)가 있는데, hue를 통해 데이터를 구분하여 각각 다른 색상으로 분리하여 나타낼 수 있다. 예를 들어, 위의 실린더에 범주형 데이터인 '**origin**'을 추가하면, 각 실린더의 개수와 origin(자동차 제조국)의 정보가 같이 분리되어 **countplot**()으로 표시된다. 참고로, **seaborn의 모든 plot에 hue가 적용 가능하며, 이때 hue는 범주형 데이터여야 된다는** 것에 주의하자.

```python
fig = plt.figure(figsize = (12,8))
sns.countplot(data = df_mpg, x= 'cylinders' , hue = 'origin')
```

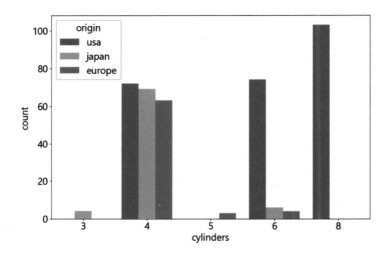

이 막대들에도 count 수를 입력할 수 있는데, matplotlib과는 조금 차이가 있다.

sns.countplot으로 반환되는 축은 총 3개(ax[0], ax[1] , ax[2])이므로, for문을 이용하여 아래와 같이 접근해야 한다.

```python
fig = plt.figure(figsize = (12,8))
ax = sns.countplot(data = df_mpg, x= 'cylinders' , hue = 'origin')
for i in ax.containers:
    ax.bar_label(i, fmt = '%.0f'+'개')
```

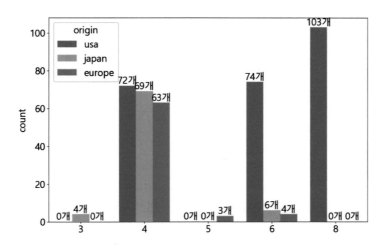

hue가 추가된 seaborn의 countplot은 판다스에서 어떻게 그룹화된 데이터일까?

```
df_mpg.groupby(['cylinders','origin'])['mpg'].agg('count')
pd.crosstab(index = [df_mpg['cylinders'],df_mpg['origin']], columns = 'mpg')
```

결과	1			2		
					col_0	mpg
	cylinders	origin		cylinders	origin	
	3	japan	4	3	japan	4
	4	europe	63	4	europe	63
		japan	69		japan	69
		usa	72		usa	72
	5	europe	3	5	europe	3
	6	europe	4	6	europe	4
		japan	6		japan	6
		usa	74		usa	74
	8	usa	103	8	usa	103
	Name: mpg, dtype: int64					

위의 그룹핑된 그룹 데이터에 plot을 적용해 보면, seaborn 그래프와 유사함을 확인할 수 있다.

```
1    df_mpg.groupby(['cylinders','origin'])['mpg'].agg('count').plot(kind = 'bar')
2    pd.crosstab(index = [df_mpg['cylinders'],df_mpg['origin']],
             columns = 'mpg').plot(kind = 'bar')
```

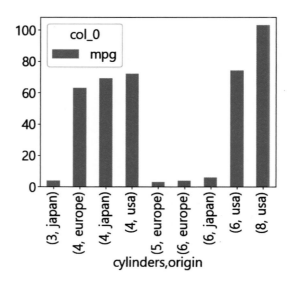

● **barplot()**

countplot()은 **value_counts()**처럼 범주에 속하는 데이터의 빈도(개수)를 막대 높이로 표시하지만, **barplot()**은 주로 연속형 범주와 범주형 변수의 관계를 시각화하는데 사용되는 그래프이다. 따라서 countplot과는 다르게 x, y 정보가 필요하다. (물론, y 또는 x 단독으로 사용 가능한데, 이 경우 수치형 데이터의 평균이 출력된다.)

sns.barplot(data, x, y, hue, order, estimator, errorbar, color, palette,ci)

```
fig = plt.figure(figsize = (12,8))
sns.barplot(data = df_mpg, x = 'origin', y = 'mpg')
```

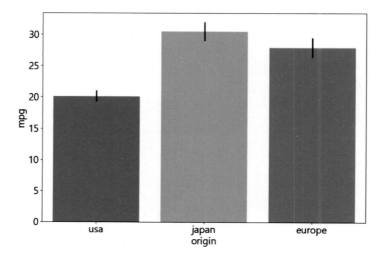

위의 그래프는 x축에는 범주형 데이터인 'origin(제조국)'이, y 축에는 'mpg(효율)'의 평균이 표현되고 있다. 즉, 일본에서 만든 자동차가 평균 연비(mpg)가 가장 높고, 미국에서 만든 차가 연비가 가장 낮다. 위의 막대 중간에 표시된 선을 Cofidence Interva(신뢰 구간), CI라고 부르며, 모집단의 평균이 포함될 확률이 95%인 구간을 의미한다. 따라서 모집단에서 추출된 샘플 데이터에서는 CI가 의미를 지니겠지만, 아닌 경우에는 errobar = None 또는 ci = None (버전에 따라 error 발생)으로 생략하자.

> 문제 5 위의 예제를 matplotlib의 bar()그래프를 이용해서 표현하라. (단 CI는 생략)

문제 5.

```
fig, ax = plt.subplots(figsize = (12,8))
```

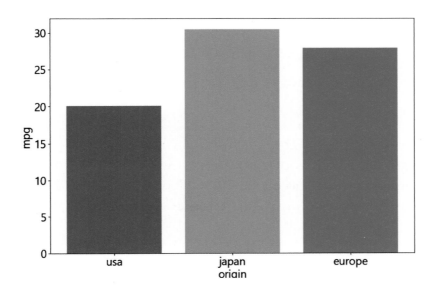

문제 6   위의 문제에서 다음의 조건을 추가하여 시각화하라.

1. hue = 'cylinders'
2. 각 막대의 수치 데이터를 소수점 한자리까지만 막대 위에 표시

문제 6.

```python
fig = plt.figure(figsize = (12,8))
ax = sns.barplot(_____)
for i in ax.containers:
    ax.bar_label(i, fmt = '%.1f')
plt.legend(loc = 'lower right')
```

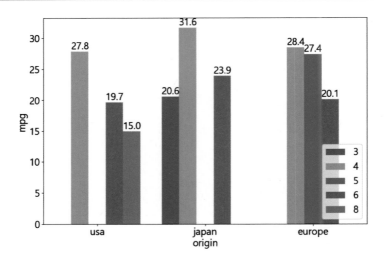

만약에 평균값이 아닌 합이나 max, 또는 min 등을 표현하고 싶을 경우도 있다. 이 경우 **estimator** = 'sum' 또는 'max', 'std'(표준편차), 'var'(분산) 등을 입력 할수 있다.

---

estimator 적용

```python
1    # estimator 적용
2    fig = plt.figure(figsize = (12,8))
     ax = sns.barplot(data = df_mpg, x = 'origin', y = 'mpg', errorbar=None,
                      hue = 'cylinders', estimator = sum)
3    for i in ax.containers:
4        ax.bar_label(i, fmt = '%.1f')
5    plt.legend(loc = 'lower right')
```

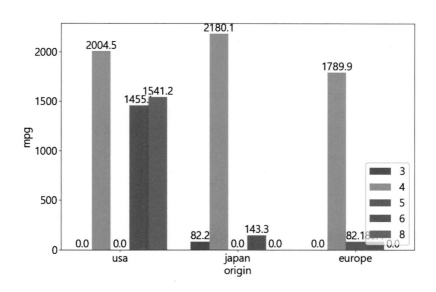

위의 그래프는 이전 그래프와는 다르게 y축은 각 나라에서 만든 실린더를 기준으로 정리한 자동차의 효율의 합이다. (이전 그래프는 자동차 효율의 평균) 유독 4 실린더의 합이 높다는 것은 그만큼 4 실린더가 많이 만들어졌다는 것을 의미한다.

cylinder 별 자동차의 개수
df_mpg['cylinders'].value_counts()

결과	cylinders	
	4	204
	8	103
	6	84
	3	4
	5	3
	Name: count, dtype: int64	

6.3.3 histplot()과 boxplot(), violinplot()

● **sns.histplot()**

히스토그램은 데이터를 몇 개의 구간(bin)으로 나눈 후 각 구간에 포함된 데이터의 개수(도수)를 그래프로 표현한 것이다. **countplot()**처럼 단일 변수(단변량)를 시각화하는 데 많이 사용된다.

```python
import pandas as pd
import seaborn as sns
import matplotlib.pyplot as plt
plt.rcParams['font.family'] = 'Malgun Gothic'   #글꼴 지정
plt.rcParams['font.size'] = 20                   # 글자 크기
df_mpg = sns.load_dataset('mpg')
fig = plt.figure(figsize = (12,8))
plt.subplot(311)
sns.histplot(data = df_mpg, x ='mpg')
plt.subplot(312)
sns.histplot(data = df_mpg, x ='mpg', hue = 'origin')
plt.subplot(313)
sns.histplot(data = df_mpg, x ='mpg', kde = True, hue = 'origin' )
```

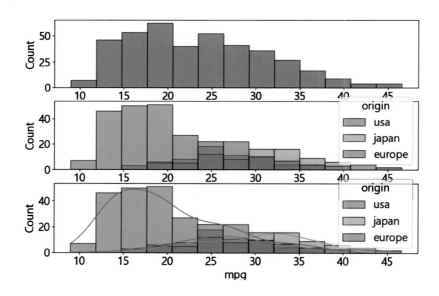

첫 번째 그래프는 'mpg' 열을 히스토그램으로 표현한 것이다. 그리고, 아래 두 번째 그래프는 첫 번째 그래프에 'hue'로 'origin'을 추가한 것으로, 색상에 의해 mpg와 origin에 의한 빈도수를 알 수 있다. 그리고 맨 아래 그래프는 kde를 추가한 것으로 커널밀도 추정 그래프를 함께 표현하였다. 두 번째, 세 번째 그래프에는 **multiple** = **'stack'**을 사용하여 여러 그룹의 데이터를 쌓아서 표현할 수도 있다. **'stack'** 옵션 외에도, **'layer'**, **'dodge'**, **'fill'** 등의 옵션을 통해 겹쳐지는 데이터를 각각 다르게 표현할 수 있는데, 데이터 특성과 분석 목적에 따라 적절한 옵션을 선택하는 것이 중요하다.

● **sns.boxplot()**

boxplot()은 사분위값과 최소, 최대 그리고 이상치를 표현해 주는 그래프로 데이터의 전체적인 분포를 확인하는데 유용한 그래프이며, x 또는 y 아규먼트에 수치형, 연속형 데이터를 입력하면 된다.

```
sns.boxplot(data, x, y, hue, order, orient, color, palette, width=0.8)
```

```python
fig = plt.figure(figsize = (12,12))
plt.subplot(311)
sns.boxplot(data = df_mpg, x ='mpg')
plt.subplot(312)
sns.boxplot(data = df_mpg, x = 'origin', y ='mpg')
plt.subplot(313)
sns.boxplot(data = df_mpg, x = 'origin', y ='mpg' , hue = 'cylinders')
fig.tight_layout()
```

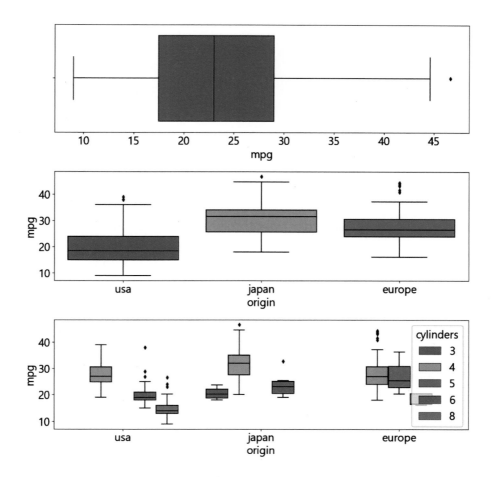

● **sns.violinplot()**

violinplot()은 matplotlib에 없는 seaborn의 독특한 그래프이다. **boxplot()**과 사용법은 동일하며, **boxplot()**이 데이터의 사분위수를 이용해서 그림을 그리지만, **violinplot()**은 커널밀도 추정 그래프를 이용해서 전체 형상을 시각화하는 장점이 있다. 단점으로는 이상치를 표현할 수 없다.

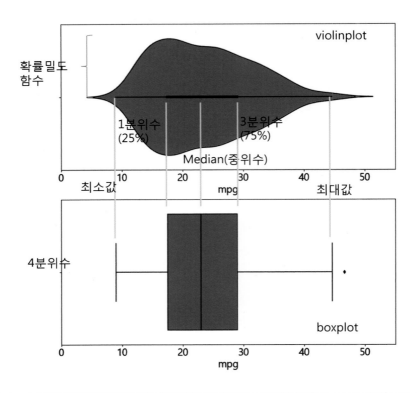

```
sns.violinplot(data, x, y, hue, order, orient, color, palette, width=0.8)

fig = plt.figure(figsize = (12,12))
plt.subplot(311)
sns.violinplot(data = df_mpg, x ='mpg')
plt.subplot(312)
sns.violinplot(data = df_mpg, x = 'origin', y ='mpg')
plt.subplot(313)
sns.violinplot(data = df_mpg, x = 'origin', y ='mpg' , hue = 'cylinders')
fig.tight_layout()
```

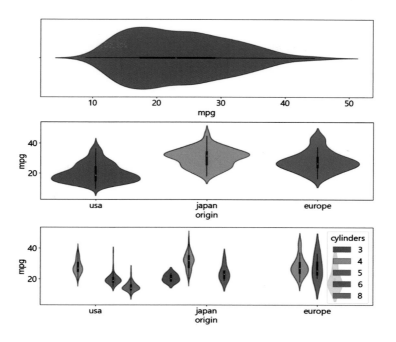

6.3.4 scatterplot()과 relplot()

마지막으로 살펴볼 그래프는 변수가 2개 이상인 다변량 그래프를 시각화하는데 사용되는 산점도 그래프인 **scatterplot()**이다.

matplotlib의 scatter를 기반으로 만들어졌으므로, 이와 유사하게 색상, 점 크기, 점 모양 등을 설정할 수 있다.

```
sns.scatterplot(data, x, y, size, style, hue, order, palette, makers, style_order )

fig = plt.figure(figsize = (12,12))
plt.subplot(311)
sns.scatterplot(data = df_mpg, x ='mpg', y = 'acceleration')
plt.subplot(312)
sns.scatterplot(data = df_mpg, x ='mpg', y = 'acceleration', hue = 'cylinders')
plt.subplot(313)
sns.scatterplot(data = df_mpg, x = 'mpg', y ='acceleration', hue = 'cylinders',
                style = 'cylinders' )
fig.tight_layout()
```

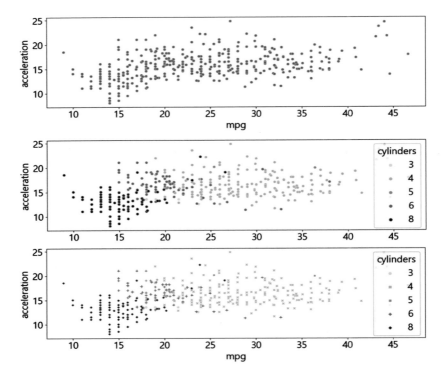

scatter는 x축 mpg와 y축 acceleration의 데이터의 교점을 점이나 마커로 표시하게 된다. 효율이 증가할수록 가속이 증가하는 등의 상관관계는 그림에서 분석되진 않는다. 두 번째 그래프 세 번째 그래프에는 hue를 cylinders로 지정하여 각 축의 데이터들과 cylinders에 따른 분포를 한눈에 파악할 수 있다.

위에서 다루었던 그래프들의 경우 축 수준(axes-level)의 그래프이며, 아래의 그래프들은 그래프 수준(Figure-level)의 그래프들로 그래프의 종류를 지정하는 파라미터를 사용해 데이터를 시각화하기도 한다.

relplot() - 산점도와 선 그래프를 함께 그리는 그래프

displot() - 히스토그램과 kde를 함께 이용한 분포 시각화 그래프

capplot() - 카테고리컬 데이터 플롯

pairplot() - 데이터프레임의 수치형 데이터들 간의 관계를 그래프로 표현

이 중 우리는 **relplot**()을 이용하여 위의 산점도를 다르게 표현해 보자.

relplot()에는 kind를 이용하여 그래프의 종류를 지정할 수 있다. 산점도는 scatter로 꺾은선 그래프는 line으로 지정하면 된다. 아래 4번 줄처럼, col = 'origin'으로 지정하면 origin 별로 각각의 그래프가 개별 출력된다.

sns.relplot(kind = 'scatter', data, x, y, size, style, hue, row, col, col_wrap, row_order, col_order)

```
1    sns.relplot(kind = 'scatter', data = df_mpg, x = 'mpg', y ='acceleration')
2    sns.relplot(kind = 'line', data = df_mpg, x = 'mpg', y ='acceleration')
3    sns.relplot(data = df_mpg, x = 'mpg', y ='acceleration', hue = 'cylinders',
                 style = 'cylinders')
4    sns.relplot(data = df_mpg, x = 'mpg', y ='acceleration', hue = 'cylinders',
                 style = 'cylinders', col = 'origin')
```

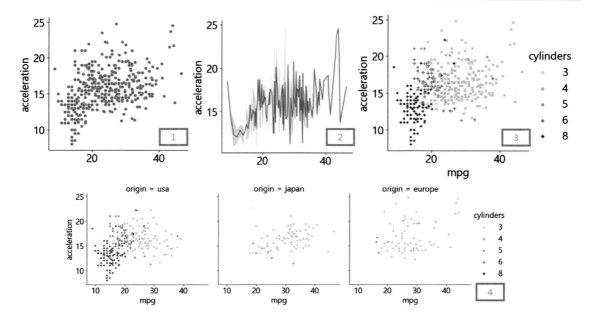

seaborn()은 적은 노력으로, 고급스러운 디자인의 그래프를 표현하는 시각화 라이브러리이다. 다양한 색상 팔레트를 지원하며(sns.set_palette(옵션)), 멀티 플롯 그리드를 제공하여 데이터의 탐색 및 이해를 위한 많은 기능을 제공한다.

이 책에서는 기본적인 중요한 몇 가지 plot에 대해 다루었지만, 꼭 시간을 내어 https://seaborn.pydata.org/ 을 탐독하길 바란다.

판다스로 쉽게 배우는

P andas 데이터분석과 시각화

| 2024년 | 2월 11일 | 1판 | 1쇄 | 인 쇄 |
| 2024년 | 2월 20일 | 1판 | 1쇄 | 발 행 |

지 은 이 : 조　　　승　　　근
펴 낸 이 : 박　　　정　　　태

펴 낸 곳 : **주식회사 광문각출판미디어**

10881
파주시 파주출판문화도시 광인사길 161
광문각 B/D 3층
등　　　록 : 2022. 9. 2 제2022-000102호
전 화(代) : 031-955-8787
팩　　　스 : 031-955-3730
E - mail : kwangmk7@hanmail.net
홈페이지 : www.kwangmoonkag.co.kr

ISBN : 979-11-93205-18-1　　93560

값 : 25,000원

※ 교재와 관련된 자료는 광문각 홈페이지
　자료실(www.kwangmoonkag.co.kr)에서
　다운로드 할 수 있습니다.`

한국과학기술출판협회
Korean Science & Technology Publisher Association